## 中国学生
# 军事学习百科

总策划／邢 涛　主编／龚 勋

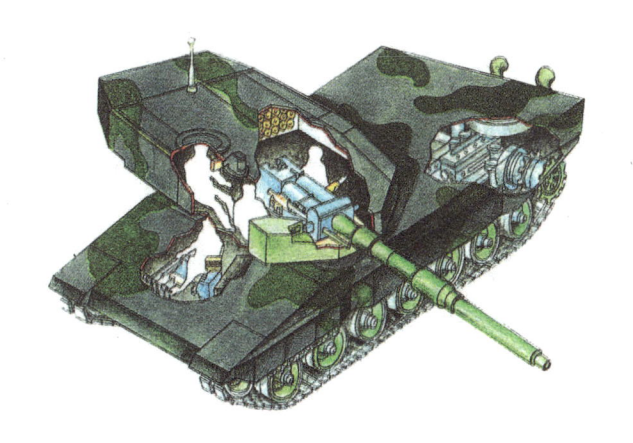

汕头大学出版社

图书在版编目（CIP）数据

中国学生军事学习百科/龚勋主编. —汕头：汕头大学出版社，2012.1（2021.6重印）
ISBN 978-7-5658-0428-1

Ⅰ.①中… Ⅱ.①龚… Ⅲ.①军事－青年读物②军事－少儿读物 Ⅳ.① E-49

中国版本图书馆 CIP 数据核字（2012）第 003549 号

# 中国学生军事学习百科
ZHONGGUO XUESHENG JUNSHI XUEXI BAIKE

| 总策划 | 邢 涛 | 印 刷 | 唐山楠萍印务有限公司 |
|---|---|---|---|
| 主 编 | 龚 勋 | 开 本 | 705mm×960mm 1/16 |
| 责任编辑 | 胡开祥 | 印 张 | 10 |
| 责任技编 | 黄东生 | 字 数 | 150 千字 |
| 出版发行 | 汕头大学出版社 | 版 次 | 2012 年 1 月第 1 版 |
|  | 广东省汕头市大学路 243 号 | 印 次 | 2021 年 6 月第 6 次印刷 |
|  | 汕头大学校园内 | 定 价 | 37.00 元 |
| 邮政编码 | 515063 | 书 号 | ISBN 978-7-5658-0428-1 |
| 电 话 | 0754-82904613 |  |  |

● 版权所有，翻版必究 如发现印装质量问题，请与承印厂联系退换

# 推荐序

　　学生阶段是一个人长知识、打基础的重要时期，这个时期会形成一个人的兴趣爱好，建立一个人的知识结构，一个人一生将从事什么样的事业，将会在哪一个领域取得多大的成功，往往取决于他在学生时代读了什么样的书，摄取了什么样的营养。身处21世纪这个知识爆炸的时代，面临全球化日益激烈的竞争，应该提供什么样的知识给我们的孩子们，是每一位家长、每一位老师最最关心的问题。学习只有成为非常愉快的事情，才能吸引孩子们的兴趣，使孩子们真正解放头脑，放飞心灵，自由地翱翔在知识的广阔天空！纵观我们的图书市场，多么需要一套能与发达国家的最新知识水平同步，能将国外最先进的教育成果汲取进来的知识性书籍！现在，摆在面前的这套《中国学生学习百科》系列令我们眼前一亮！全系列分为《宇宙》、《地球》、《生物》、《历史》、《艺术》、《军事》六种，分别讲述与学生阶段的成长关系最为密切的六个门类的自然科学及人文科学知识。除了结构严谨、内容丰富之外，更为可贵的是这套书的编撰者在书中设置了"探索与思考"、"DIY实验"、"智慧方舟"等启发智慧、助人成长的小栏目，引导学生以一种全新的方式接触知识，超越了传统意义上单方面灌输的陈旧习惯，让学生突破被动学习的消极角色，站在科学家、艺术家、军事家等多种角度，自己动手、动脑去得出自己的结论，获取自己最想了解的知识，真正成为学习的主人。这样学习到的知识，将会大大有利于我国学生培养创造力、开拓精神以及对知识发自内心的好奇与热爱，而这正是我们对学生的全部教育所要达到的最终目的！

《中国教育报》副总编辑

翟博

# 审订序

宇宙、地球、生物、艺术、历史、军事，这些既涉及自然科学，又包涵人文科学、社会科学的知识门类，是处在成长与发育阶段正在形成日渐清晰的世界观与人生观的广大学生们最好奇、最喜爱、最有兴趣探求与了解的内容。它们反映了自然界的复杂与生动，透射出人类社会的丰富与深邃。它们构成了人的一生所需的知识基础，养成了一个人终生依赖的思维习惯，以及从此难舍的兴趣取向。宇宙到底有多大？地球是独一无二的吗？自然界的生物是如何繁衍生息的？科学里有多少奥秘等待解答？我们人类社会跨过了哪些历史阶段才走到今天？伟大的军事家是如何打赢一场战争的？伟大的艺术是如何令我们心潮起伏、沉思感动的？……学生们无不迫切地希望了解这一个个问题背后的答案，他们渴望探知身边的社会与广阔的大自然。知识的作用就是通过适当的引导，使他们建立起终生的追求与探索的精神，让知识成为他们的智慧、勇气，培养起他们的爱心，磨炼出他们的意志，让他们永远生活在快乐与希望之中！这一套《中国学生学习百科》共分六册，在相关学科的专家、学者的指导下，融合了国际最新的知识教育理念，吸纳了世界最前沿的知识发展成果，以丰富而统一的体例，适合学生携带与阅读的形式专供学生学习之用，反映了目前为止国内外同类书籍的最先进水平。中国的学生们这一次站在了与世界各国同龄人同步的起跑线上。他们的头脑与心灵将接受一次全新的知识洗礼，相信这套诞生于21世纪之初，在充分消化吸收前人成果的基础上又有新的发展与创造的知识百科能让我们的学生由此进入新的天地！

美国加州大学伯克利分校博士
北京大学副教授

武瀚章

# 前言

古今中外，军事对于一个国家和民族都具有最重要的意义。掌握最先进的军事知识也就成为每一代人责无旁贷的光荣使命。军事荟萃了自然科学与社会科学的核心内容，是众多学科相互交叉、相互渗透、相互结合而又具有很强独立性、综合性和实用性的科学领域。她凝聚了人类的智慧，体现了社会的发展。学习军事知识，有助于学生增进历史知识，建立科学意识，还能让学生认识到战争的本质，从而懂得珍惜今天的和平幸福生活，从青少年时代就树立起保卫和平、造福人类的远大理想和抱负。

全书分为武器装备、军队、作战方式、著名战争及军事人物五大部分，是一部集科学性、知识性、趣味性、实用性于一体的军事学习百科全书。本书详细介绍了武器和作战方式的演变过程，揭示了战争和科技的相互促进关系；汇集了人类历史上最著名的将帅，用他们所指挥的经典战役，来展示他们出类拔萃的战略和战术才能。本书最大的特色是在每个章节开始部分设置了"像军事家一样思考"栏目，栏目除了对本章节的内容进行提纲挈领的介绍外，还精心设置了有针对性的思考题，让学生在阅读中去进行思考，在思考中去找寻答案。本书每个章节都按照一定的时间顺序编写，脉络清晰，便于学生学习把握。同时又使用了大量宝贵的图片，生动直观，有助于学生提高学习兴趣，对军事内容建立感性认识。相信在这样一本引人入胜的军事书籍的适当引导下，能有更多优秀的青少年对军事产生越来越浓厚的兴趣，真正选择祖国的国防事业作为自己一生的追求！

# 如何使用本书

为了方便读者阅读,现将这本《中国学生军事学习百科》的使用方法做简单的介绍:本书共分为"武器装备"、"军队"、"作战方式"、"著名战争"、"军事人物"5个篇章,每个篇章又分出若干知识点作为主题,主题下面又包含了若干与之相关的知识内容。本书的"小资料"是对正文内容的补充,可以使你更方便、更全面地了解正文内容。

**书眉**
双数页码的书眉标示出书名;单数页码的书眉标示每一章的名称。

**主标题**
本节主要知识内容的名称。

**像军事家一样思考**
通过对主标题的概括性地介绍,然后从中提炼出有深度和针对性的思考问题。

**辅标题**
与本节内容相关的知识点的名称。

**副标题**
对辅标题最直观的说明和阐释。

**辅标题说明**
对本节内容某一知识点的详细阐述。

## 如何使用本书

**次辅标题**
对辅标题内容进一步说明的内容名称。

**次辅标题说明**
对次辅标题的文字细述，是对辅标题内容的详细说明与解释。

**战争示意图**
根据文章内容，由资深插图画家绘制的表现战争行军路线及相关军事行动的地图，说明性强，使您一目了然。

**小资料**
与辅标题内容的说明文字密切相关的资料性内容，是对辅标题的补充和参考。

**图片**
与本节知识点相关的图片，让您对相关内容有更真切、直观的认识。

**图文表格**
图文结合，是对某些重要内容的系统化介绍。

---

### 步枪
**由火枪演进而来的步兵武器**

步枪是单兵最常用、最基本的武器，它的枪管长，射程远，命中率高，在400米以内射击效果最好，600米以内能准确地杀伤敌人的活动目标。步枪被称为"枪中之王"，各种各样的枪都是在步枪的基础上发展起来的。老式步枪靠手来完成推弹、闭锁、击发、开锁、退壳等动作，而自动步枪是在火药气体压力及复进弹簧的作用下自动完成推弹、闭锁、击发、开锁、退壳、供弹等动作。目前世界各国装备的都是自动步枪。

### AK-47突击步枪
**生产量和装备量最大的步枪**

AK-47式7.62毫米突击步枪是由苏联枪械设计师卡拉什尼科夫设计的。全枪长870毫米，带30发空弹匣及附品全枪重4.3千克，初速710米/秒，理论射速600发/分，有效射程300米，采用导气式自动方式。后来，卡拉什尼科夫又对AK-47加以改造，成为AKM步枪。AK-47和AKM在全球共生产了5500万支，使它成为迄今为止世界上生产和装备量最大的一种枪。它的特点是火力猛烈，结构紧凑，故障率低，坚固耐用。

### 枪械的发展

火药在中国发明后，很快用于战争。公元13世纪前后，通过阿拉伯人的中转，欧洲人才懂得如何使用火药。14世纪时，黑火药在欧洲用于战争，欧洲人开始制造枪械。

**火绳枪**
15世纪欧洲的火绳枪。从枪口装入黑火药和铅丸，转动一个杠杆，用硝酸钾浸过的燃着的火绳头移近火孔，即可用手点燃火药发射。

**燧石枪**
燧石枪是一种枪口装弹的滑膛发火式武器。主要优点有：射速快，口径小、枪身短、重量轻、后坐力小等。燧石枪由于优点显著，渐渐取代了火绳枪，成为军队的主要武器，使用了约300年。

**击发枪**
1800年，人们发现了雷汞，紧接着便又发明了含雷汞击发药的火帽。把火帽套在带火孔的击砧上，打击火帽即可引燃膛内火药，这就是击发式枪机。

# 目录

## 武器装备　　10～75

武器装备是直接用于杀伤敌人有生力量和破坏敌方作战设施的器械、装置。从刀、枪、剑、戟到飞机大炮再到声、光、电武器，随着科技的进步，武器装备的发展日新月异，令人目不暇接

| | |
|---|---|
| 冷兵器 | 10 |
| 轻武器 | 16 |
| 火炮 | 22 |
| 弹药 | 28 |
| 装甲战车 | 32 |
| 坦克 | 36 |
| 军用飞机 | 40 |
| 舰艇 | 50 |
| 导弹 | 60 |
| 非常规武器 | 66 |
| 军事工程 | 70 |
| 军事通信及侦察设备 | 72 |
| 三防装备 | 74 |

## 军队　　76～93

军队是为政治目的服务的武装组织，军事战争的主角，国家安全稳定的柱石。他们的身份特殊，责任重大。陆上、海里（底）、空中无不有他们矫健的身影

| | |
|---|---|
| 军制 | 76 |
| 陆军 | 78 |
| 海军 | 82 |
| 空军 | 86 |
| 军用标志和军衔 | 90 |
| 军服 | 92 |

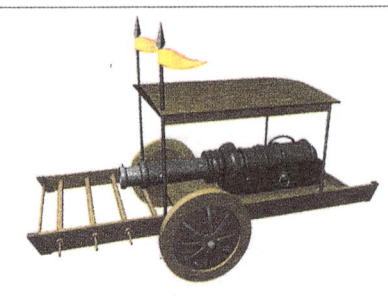

### 佛郎机（第23页）

佛郎机是欧洲15世纪末至16世纪初的一种火炮。它大多作为舰炮使用，并采用了子铳与母铳结构。这种结构大大提高了射击速度。佛郎机还安装了瞄准具，提高了射击速度。关于火炮详见第22～27页。

### 反坦克导弹（第65页）

反坦克导弹可单兵携带使用，也可装备在各种车辆上使用；可在地面上使用，也可在直升机上使用。具有体积小、重量轻、命中精度高、射程远、威力大和机动性强等优点。关于导弹详见第60～65页。

### 舰艇战斗队形（第84页）

舰艇组成一定的战斗队形便于受到攻击时能集中火力还击，防御时方便组织火网。关于海军详见第82～85页。

## 车战（第94页）

车战是一种典型的阵地战，适合于开阔平坦的地区。它使军队的机动性趋于合理。关于古代作战方式详见第94～95页。

## 德凯利亚战争（第117页）

公元前413年，斯巴达军占领德凯利亚。斯巴达舰队于公元前405年在羊河口重创雅典海军。关于世界古代与近代著名战争详见第116～129页。

## 拿破仑（第154页）

被誉为"战争之神"的法国皇帝。他多次打败反法联盟的军队，称霸欧洲大陆。但最后却在滑铁卢会战中一败涂地。关于世界古代与近代著名军事家详见第148～155页。

## 作战方式　94～99

打仗的方式不是一成不变的，它随着时代和科技的发展而不断变化，科学技术的进步促使新的作战方式不断的出现，这不单单改变了战争本身，更改变了人们脑海里的战争形象

　　古代作战方式　　　　　94
　　现代与未来作战方式　　96

## 著名战争　100～137

战争是民族与民族之间、国家与国家之间、阶级与阶级之间或政治集团与政治集团之间的武装斗争。人类几千年历史长河中，留下了许多的著名战争。它们之所以流传于世，有的是因为战略战术方法上有超人之处，有的则是本身地位重要、影响深远

　　中国著名战争　　　　　　100
　　世界古代与近代著名战争　116
　　世界现代著名战争　　　　130

## 军事人物　138～159

他们一般是指挥战争的人，是军队的灵魂人物。在战场这个大舞台上，他们用胆略、智慧演绎着自己的人生，无论战场上是成功还是失败，他们的人生无疑是绚烂多彩的

　　中国著名军事家　　　　　　138
　　世界古代与近代著名军事家　148
　　二战时期著名军事家　　　　156

## 武器装备

# 冷兵器

### • 像军事家一样思考 •

冷兵器一般指不利用火药、炸药等热能打击系统、热动力机械系统和现代技术杀伤手段,在战斗中直接杀伤敌人、保护自己的武器装备。冷兵器按材质可分为石、骨、蚌、竹、木、皮革、青铜、钢铁等种;按作战使用可分为步战兵器、车战兵器、骑战兵器、水战兵器和攻守城器械等;按结构形制可分为短兵器、长兵器、抛射兵器、系兵器、护体装具、器械、兵车、战船等。

想一想 与现代武器相比,冷兵器具有怎样的特点?哪些是被完全淘汰出现代战争的?

## 长兵器
**战车时代的杀伤利器**

长兵器是古代较长的手持格斗兵器的统称。一般将等于身长或超过身长,多用双手操持的冷兵器列为长兵器。长兵器的优点是可以延伸手臂,先发制敌。长兵器的基本构造是在一根长杆上安上不同形状的锋刃部分,安上斧可以劈、砍;安上刀,可以砍杀。在车战时代,长兵器是战车兵与骑兵的专用武器,借助于战车、战马的前冲之势,敌对双方无须贴近对方即可杀伤敌人。

秦铜矛

## 矛
**由投射工具演化的刺杀兵器**

矛出现于旧石器时代,最初的矛是削尖了的棍棒,后来的矛是在矛杆上装上矛头。在石器时代使用石矛头和骨矛头,从青铜时代开始使用金属矛头。矛使用最广泛的时间是在铁器时代,罗马步兵装备矛头重而长的投掷矛和长矛;在古罗马,矛是徒步军人和乘骑军人的一种通用武器。在中国,晋代之后矛被称为枪,枪与以前矛的差别主要在于,枪的尖头更短、更尖、更轻便。

## 戈
**中国古代击刺勾啄的长兵器**

戈一般在端首带有横向伸出的短刃,刃锋向内,安有长柄,用以勾割或啄刺敌人。戈头多为青铜铸造。柄多用竹木制作。戈盛行于商代至战国时期。战国晚期,铁兵器使用渐多,青铜戈逐渐被淘汰,至西汉后期已绝迹。

## 戟
**矛、戈合一的长兵器**

戟是比较特殊的一种长兵器,它将矛的直刺功能和戈的钩啄功能合二为一,这种形制是世界独有的。戟的前端安装直刃用以刺杀,旁边支生刃用以钩啄。它是中国春秋时车战的重要兵器。汉代出现了铁戟,常被步兵和骑兵使用。公元14世纪时一度在欧洲称雄的瑞士士兵就曾用过一种戟。这种戟的前端有矛尖,下面是能劈铠甲的斧头,再下面的是铁钩,能用来把骑兵从马上拉下来。瑞士方阵步兵用这种戟和长矛配合作战,曾多次打败其他国家的骑兵。

长杆三戈戟

## 短兵器
### 短兵相接的格斗武器

短兵器是古代较短的手持格斗兵器的统称。这种称谓是与较长的手持格斗兵器比较而言的。如刀、剑、鞭、铜、匕首等都是短兵器。此类器械主要以单手握持进行练习，偶有个别双手握持器械的动作。在步战时代，短兵器是步兵的必备武器，古希腊的重装步兵的主要武器就是短剑。短兵器既可以刺击，又可以砍杀，杀伤力很强。

## 匕首
### 用于白刃战的最短刺杀冷兵器

匕首由短刀身和刀柄组成。刀身有直的，也有弯的，有单刃的，也有双刃的。形制与剑相似，只是更短，为近战防身之用，匕首一般只有在其所有的刀刃部分刺入敌人身体时，才能具有致命效果，又因短小易藏，常为刺客使用。原始社会已有石匕首和角制匕首，商周后改为青铜或钢铁制造。匕首亦是军人行军和越野的有效工具，因此，即使在现代战争中，匕首仍是军人不可缺少的武器。

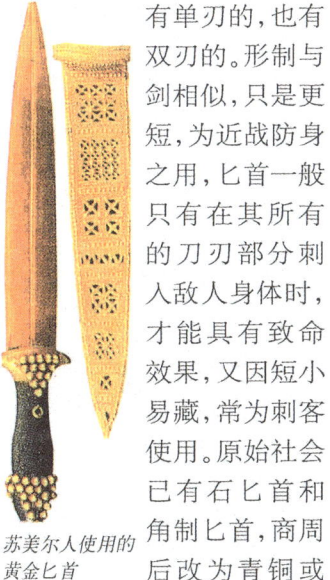

*苏美尔人使用的黄金匕首*

## 剑
### 双刃刺杀的短兵器

青铜剑出现于公元前2000年，铁剑出现于公元前1000年。依剑的形制和长度可分为刺剑和劈剑；有些剑则刺劈两用。公元前1000年，在欧洲和亚洲出现了长劈剑，在步兵和重骑兵中使用。剑的形制逐渐完善，除了在实战中用于防身和格斗，也成为贵族喜欢佩戴的一种兵器。

*商代铜羊首剑*

## 刀
### 形制最多的短兵器

刀是一种单面侧刃的格斗兵器，用于劈砍。我国三国时步兵已基本上以刀代剑。因为刀的一面开有长刃，劈砍功能很强。宋代步兵用的刀是一种叫"朴刀"的长刀，明代的刀刀体较窄，呈弧形，刀锐利，可以减少劈砍的表阻力。在刀类家族中，短刀供骑兵用，腰刀供步兵用。

*欧洲中世纪士兵用刀、剑进行格斗。*

## 冷兵器的发展
### 石器时代的兵器

原始兵器的材质是石、木、骨、角等非金属材料，正是文献上所说的"以石为兵"、"以木为兵"。其中石兵器是人类社会早期人们用自然石料磨制的武器，它是从石工具转化而来的。

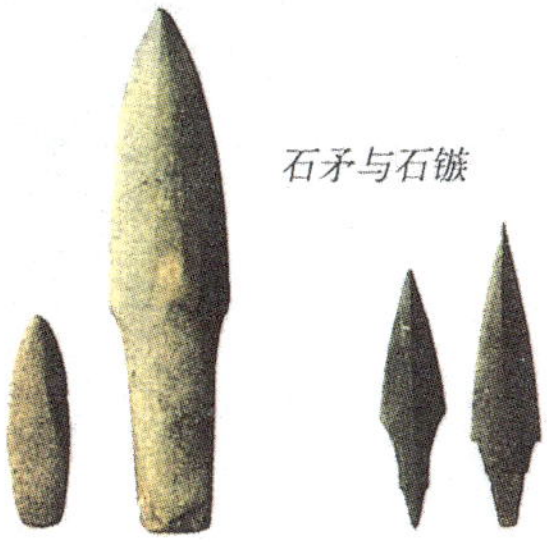

*石矛与石镞*

### 青铜时代的兵器

用铜铸造的兵器盛行于商、周、春秋时期，由红铜兵器发展为青铜兵器。中国最早的剑就是用青铜铸造的。青铜兵器的制造工艺精巧，外表雕饰、镶嵌着各种美丽的花纹。

*秦代铜箭镞*

### 钢铁时代的兵器

用钢铁铸造的兵器始于春秋末期，盛行于战国以至火器发明的漫长时期。随着炼钢术的不断进步，铁兵器的质量和形制及种类也不断发展、完善，其形状逐渐趋于统一和定型。

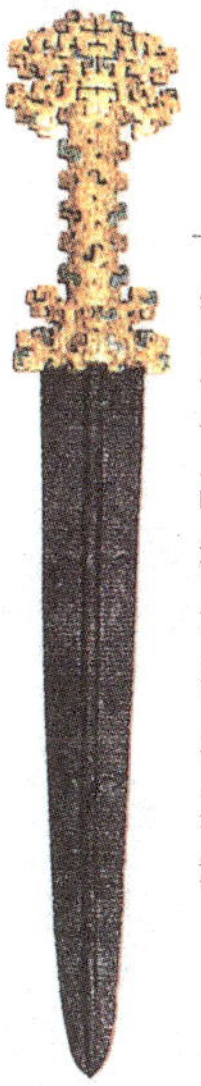

*春秋战国时期秦国的铁剑*

## 软兵器
**非致人死命的兵器**

泛指各种以环、链和绳索为中间环节而串连的兵器。软兵器的种类很多，有棍棒类、软鞭类、绳索类等。软鞭泛指由镖头、握把、若干铁节或数节棒棍以环相连制成的一类兵械。软鞭可击、可笞、可缚、可勾，善用者能胜刀剑。软鞭分类很多，但演练的技法和套路基本相似。除棍棒类软兵器外，其他软械都具有携带方便、使用灵活、遇敌时能出其不意攻其不备的特点。

## 系兵器
**古代"特种部队"的武器**

系兵器是古代系以绳索，抛放打击敌人后可以收回的兵器。它按杀伤方式分为打击、钩割、捆缚等类型。打击、钩割类系兵器在中国古代又称为犬兵。捆缚类系兵器一般称为羁索。系兵器是抛射兵器与长、短兵器的结合，具有独特的作用。这种兵器不算军队主要武器，往往用于特定人员和任务。

**悬牌**
悬牌是一种系兵器，它是由辘轳、铁索和滑轮操纵，能沿城墙外壁上下移动的小木堡。堡内可容纳一人，持5.5米长的两刃矛击刺爬城敌军。

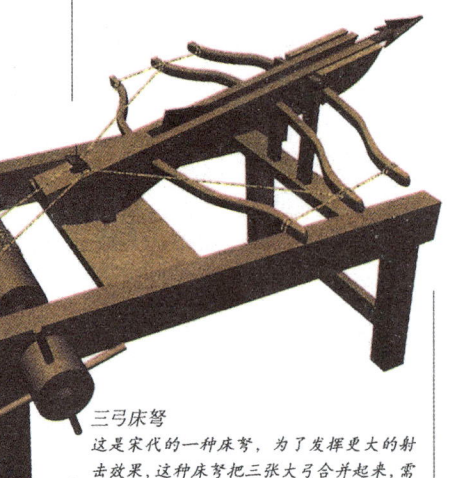

**三弓床弩**
这是宋代的一种床弩，为了发挥更大的射击效果，这种床弩把三张大弓合并起来，需要三十个人才能拉开。

## 轮索
**捆束敌人或装备的兵器**

轮索也称"套索"。轮索一般由徒步或骑马者手持，使用时抛出，套住敌人或牲畜并加以俘获、勒杀。轮索一般在亚洲、欧洲、美洲等平原游牧国家和民族中使用较多。波斯军队中有由游牧民组成的部队，他们的武器除一把匕首外，就是用草纽、皮革编成的轮索。当与敌人遭遇时，他们投出轮索套敌人的人或马，并拉紧套圈将其绞死。

## 抛射兵器
**由原始狩猎工具演进而来的兵器**

抛射兵器种类繁多，按赋予飞行动力形式可划分为手抛兵器、抛掷器械和弹射器械。抛射兵器源于原始社会用于狩猎的石块、木棒等工具。抛射兵器利用人的臂力、重力、木头的弹力、卷起或拉长的纤维的弹力投掷各种弹丸以杀伤敌人的有生力量和摧毁其防御工事。其中弓弩是最为常见的抛射兵器。

### 弓弩的发展

**手脚并用的汉代蹶弩**
在弓的基础上装上弩机就成了弓弩。因为弩的拉力很大，一些劲弩要用脚踏的力量来张弦发射，称为"蹶弩"。

汉代画像砖上的蹶弩放箭图

**可连发的元戎连弩**
这种武器的弩槽里可放10支箭。扣一下扳机就射出一支箭，接着又一支箭落入槽内，这样一次可连发10支箭。

元戎连弩

**宋代神臂弓**
神臂弓是一种单兵操射的弩。其威力巨大，在近500米的射程内，可以穿透两层铠甲。

神臂弓

武器装备 | 13

*身披护甲的战马与身着盔甲的士兵*

## 卫体装具
**格斗战中的肢体保护装具**

　　古代直接用于防护人体的防护装具，包括铠甲、头盔、盾牌等。卫体装备按制作材料区分，可分为木、竹、藤、革、金属等类型；按作用可分为单纯防御型和攻守结合型；按防护对象区分，可分为士兵铠甲、战马铠甲。

## 铠甲
**古代格斗时穿在身上的防护装具**

　　铠甲可分为甲身、甲裙、甲袖和配件几部分。早期，人们用兽皮柳条、木头等固定在躯干上用以防护兵器的攻击。随着生产技术的发展，逐步出现了皮铠甲、铜（青铜）铸铠甲、金属编织的锁子甲等等。

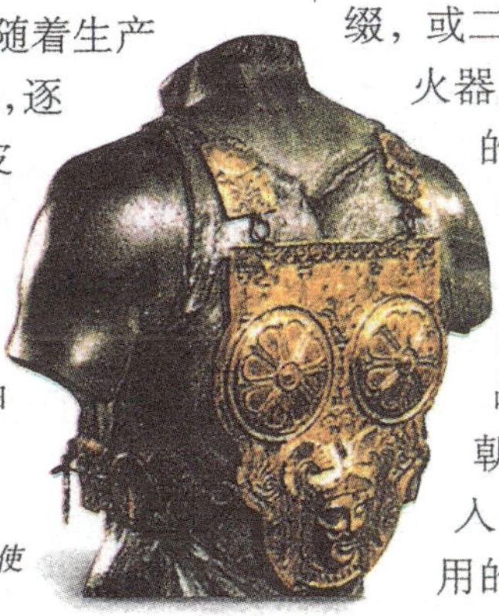

*古代迦太基军人使用的镀金铠甲*

## 头盔
**古代保护头部的卫体装置**

　　头盔是古代作战时用以保护头部的防护装备，其形如帽，可以同时防护头顶、面部和颈部。战国时代称为胄，战国以后称兜鍪，宋代以后称盔。最早人们用兽角、藤条、兽皮制成头盔。目前出土最早的铜胄为商代青铜胄，用青铜整体浇铸，饰有兽纹。周代铜胄也是整体浇铸，左右两侧向下延伸形成护耳，有的在周边宽带上凸出一排圆泡钉。战国时出现铁兜鍪，用铁甲片层层编压而成。此后至宋代，头盔一般为整体浇铸，铁甲片编缀，或二者结合制成。及至火器广泛应用后，铁盔的形制趋向轻体化。清中叶以后，甲胄成为仪仗、校阅时着用的装饰品，实战中较少应用。清朝末年，西式钢盔传入中国，成为步兵通用的防护器具。

*古代头盔*

## 盾
**古代一种手持的防卫兵器**

　　在古代东方、古希腊及古罗马诸国，盾作为一种防卫兵器被广泛使用。早期的盾用木、竹、皮革制成，后来用铜铁制造。盾包有一层或数层皮革，可防止箭、矛和剑的伤害，背后有握持的把手，通常与刀、剑等兵器配合使用。作战时，可将盾用皮带系在一只手臂上，或执其把手；行军时，以盾内侧的皮带挂在背后。盾形体多为长方形、圆形或梯形，表面涂以色彩及图案。公元9～13世纪，扁桃形、三角形和圆形带铁护手的木盾在西欧和东欧得到广泛应用。到公元13世纪中叶，步兵的扁桃形盾的高度与直径大大缩小。随着火兵器的出现与发展，盾逐渐被废弃。

*秦铜盾牌*

*手持盾牌的古罗马士兵*

亚述人使用架在轮子上的装甲板围塔，围塔配有攻城槌，用来敲打敌人的围墙。

## 作战器械
### 古代用于作战的工程保障器材

作战器械按尺寸可分为大型、中型、小型器械；按作用可分为攻击型、防守型、机动保障型、维修保障型等；按使用范围可分为攻守城器械、水战器械、车战器械等。随着攻城战的增多，用于攻城和守城的作战工具和设施不断发展完善。

巢车

## 巢车
### 古代作战瞭望塔

"巢车"是中国古代作战时用以登高观察敌情的车辆，车上高悬望楼，形状"如鸟之巢"，故名"巢车"。巢车又叫楼车。汉帝国与匈奴作战时，制造了许多楼车，用来观察对方。公元23年王莽围攻昆阳时，制造了高十余丈的大型楼车，称为云车。到了宋代，楼车分为两类。除了原来可以上下提升的巢车外，又出现一种望楼车。望楼车的形制比巢车高大且较为复杂完备，其车体为木质，底部有四轮，车上竖有望竿，竿上设置望楼，竿下装有转轴，可四面活动观察。观察者踏着木杆上钉的木橛，攀登到楼上观察敌情。架设时，以6条绳索，分3层从6面将竿固定，绳索底部则以带环铁橛楔入地下。当今的瞭望塔、塔台仍部分保留着当年楼车的遗制。

## 云梯
### 最有效的古代攻城器械

云梯为我国古代城郭攻战中用于攀登城墙、翻越高障碍物的一种攻城器械。早在夏、商、周时就有了云梯，当时叫"钩援"，即在梯顶部安装有铜钩的一种木制长梯；春秋战国时期，为搬运方便，底部装有车轮可以移动。梯身可上下仰俯，靠人力扛抬，倚架于城墙壁上。梯顶端装有钩子，用以钩抓城缘，并可保护梯首免遭守

云梯

军的推拒和破坏。云梯成为当时的主要攻城器械。到了唐代，为缩短架梯时间，减少敌前架梯的危险和艰难，将主梯以一定角度固定在底盘上，在主梯之外，增设一活动折"上城梯"，其顶端装有一对辘轳，登城时可以沿城墙壁面上下滑动，叫作"飞云梯"。宋代的云梯采用了中间以转轴连接的折叠式结构，降低了主体接敌前的高度，增加了云梯车运动的稳定性。同时还在梯的底部增添了防护设施。

武器装备 | 15

秦代军用指挥车

## 古代战车
**驰骋疆场的作战工具**

战车最早出现于公元前16世纪，这是一种苏美尔人发明的用驴拉的四轮战车，它主要功能是运输士兵。波斯人曾在战车的车轴和车轮上装上长柄大钩刀，能在作战中把敌军战马和士兵的腿削伤。在古代中国，战车是一种重要的作战工具，它既可以在进攻战中用来攻击敌军，又可以在防御战中用于屯守或载运辎重。西周时期的战车已成为战场上的主要军事装备。春秋时代战车更发展到了高峰，甚至成为军队的标志。直到汉代，由于步骑战成为主要作战方式，战车才逐渐从战场上消失。

苏美尔人的战车

## 蒙冲
**具有良好防护能力的进攻性快艇**

蒙冲又名车舡，体型小而行动敏捷，为作战时的主要攻击舰之一，可出其不意从任何方向进攻或偷袭敌舰。又依使用地区之不同，分为江面航行之江舡与航行海上的海舡两种。蒙冲的船身为木造，但以生牛皮包覆整个船舱与船板。左右两边各开数个桨孔以插船桨，距船头数尺处甲板上搭有船舱三层，亦以生牛皮裹之，以防敌人火攻。每层船舱四面皆开有弩窗矛穴，可从任何方向攻击敌人。

指南车模型

蒙冲

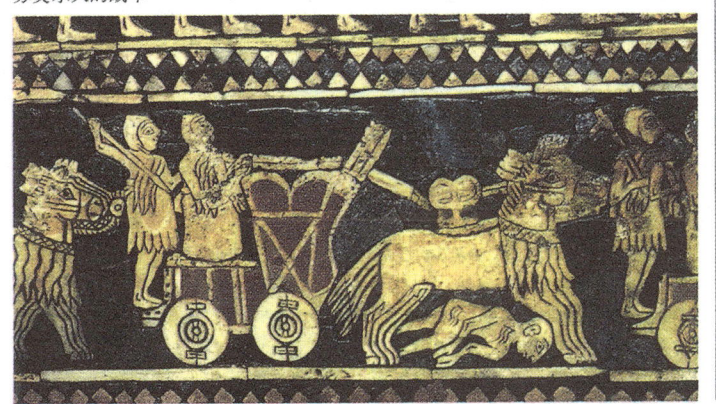

## 指南车
**为军队指明行进方向的车辆**

三国曹魏时期著名的机械制造家马均发明了一种指南车，对军队的行进有很大的帮助。指南车上面站着一个木头人，不管车子怎么改变方向，木头人的右手一直指向南方。指南车是利用齿轮原理制造的，和磁铁没有一点关系，可以说是世界上最早的自动化设备。车箱里是巧妙而复杂的机械装置：它的中央有一个太平轮，木头人就竖立在上面；在太平轮的两旁，还装着很多小齿轮。如果车子向左转，右边的车轮就会带动小齿轮，小齿轮再带动太平轮，使太平轮相反地向右转。因此，只要在指南车开动以前，先让木头人的右手指向南方，以后车子不论是向左转还是向右转，木头人的右手就总是指向南方。

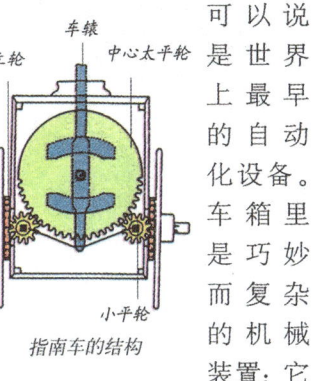

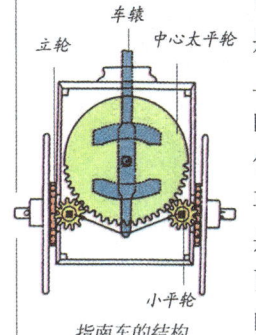

指南车的结构

# 轻武器

> **像军事家一样思考**
>
> 轻武器又称轻兵器，是可由单兵、小组携行使用的枪械等武器的统称。除枪械外，轻武器通常还包括手榴弹、榴弹发射器、火箭发射器等。但是，步兵装备的重点仍然是以枪械为主的轻武器。所以，轻武器被形象地称为"步兵的亲密伙伴"、"地面作战的王牌"。 
>
> **想一想** 轻武器为什么被称为"步兵的亲密伙伴"与"地面作战的王牌"？

轻武器是现代战争中步兵必不可少的作战武器。

## 形形色色的枪械

### 枪械的几种常见的分类

枪械通常按类型分为手枪、步枪、冲锋枪、机枪、滑膛枪和特种枪等。如果按自动化程度的不同，枪械又分为全自动枪械、半自动枪械和非自动枪械三种。按枪身有无枪托，枪械又可分为有托枪和无托枪。按使用子弹弹种的不同，枪械又可分为有壳弹枪和无壳弹枪。按其对目标杀伤方式的不同，现代枪械又可分为点杀伤武器和面杀伤武器。按照使用地点的不同，现代枪械又可分为水上使用枪械和水下使用枪械。

## 枪械的构造

### 枪械的组成结构

现代自动枪械通常由枪管、机匣、瞄准装置、自动机各机构、发射机构、保险机构和枪架等部分组成，部分枪械上还装有刺刀、枪口装置等辅助部件。自动机各机构用于实现连续射击，其包括闭锁、复进、供弹、击发和退壳机构等。枪械各组成部分形态各异，作用亦各不相同。

美国鲁格 P85 式 9 毫米自动手枪结构图

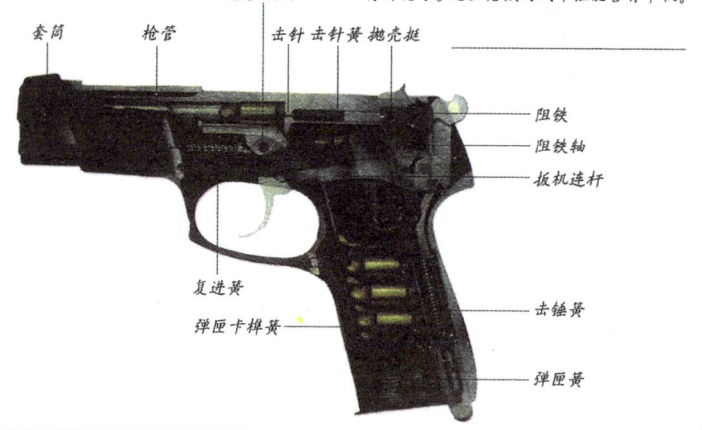

枪管铰链 套筒 枪管 击针 击针簧 抛壳挺 阻铁 阻铁轴 扳机连杆 复进簧 弹匣卡榫簧 击锤簧 弹匣簧

## 枪械的战术性能

### 考量枪械威力的标准

枪械的战术性能，通常由弹道参数、有效射程、战斗射速、尺寸和重量等要素来决定。弹道参数包括口径、弹头重和初速。由弹头重和初速决定的弹头枪口动能，是枪械威力的主要标志之一。枪械的口径一般可分三种：口径在 6 毫米以下的为小口径枪械；口径在 12 毫米以上的为大口径枪械；口径在 6~12 毫米的为普通口径枪械。

枪械通常分为手枪、步枪、冲锋枪、机枪和特种枪等。这些枪械的战斗性能各有千秋。

苏联造AKM7.62毫米突击步枪是AK-47的改进枪型。

## 步枪
**由火枪演进而来的步兵武器**

步枪是单兵最常用、最基本的武器，它的枪管长，射程远，命中率高，在400米以内射击效果最好，600米内能准确地杀伤敌人的活动目标。步枪被称为"枪中之王"，各种各样的枪都是在步枪的基础上发展起来的。老式步枪靠手来完成推弹、闭锁、击发、开锁、退壳等动作，而自动步枪是在火药气体压力及复进弹簧的作用下自动完成推弹、闭锁、击发、开锁、退壳、供弹等动作。目前世界各国装备的都是自动步枪。

## AK-47突击步枪
**生产量和装备量最大的步枪**

AK-47式7.62毫米突击步枪是由苏联枪械设计师卡拉什尼科夫设计的。全枪长870毫米，带30发空弹匣及附品全枪重4.3千克，初速710米/秒，理论射速600发/分，有效射程300米，采用导气式自动方式。后来，卡拉什尼科夫又对AK-47加以改造，成为AKM步枪。AK-47和AKM在全球共生产了5500万支，使它成为迄今为止世界上生产和装备量最大的一种枪。它的特点是火力猛烈，结构紧凑，故障率低，坚固耐用。

各式各样的步枪

## 枪械的发展

火药在中国发明后，很快用于战争。公元13世纪前后，通过阿拉伯人的中转，欧洲人才懂得如何使用火药。14世纪时，黑火药在欧洲用于战争，欧洲人开始制造枪械。

### 火绳枪
15世纪欧洲的火绳枪，从枪口装入黑火药和铅丸，转动一个杠杆，用硝酸钾浸过的燃着的火绳头移近火孔，即可用手点燃火药发射。

士兵正在发射火绳枪。

### 燧石枪
燧石枪是一种枪口装弹的滑膛燧发式武器。主要优点有：射速快、口径小、枪身短、重量轻、后坐力小等。燧石枪由于优点显著，渐渐取代了火绳枪，成为军队的主要武器，使用了约300年。

撞击式燧发手枪及装药盒

### 击发枪
1800年，人们发现了雷汞，紧接着便又发明了含雷汞击发药的火帽。把火帽套在带火孔的击砧上，打击火帽即可引燃膛内火药，这就是击发式枪机。

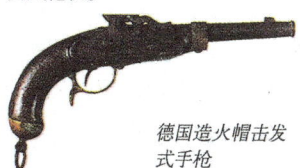

德国造火帽击发式手枪

*现代化的 P99 式 9 毫米手枪*

## 手枪
### 以单手发射的短枪

手枪是一种作为近战和自卫使用的小型武器，具有小而轻便，隐蔽性好，能突然开火，在50米距离内有良好的射击效能等特点。手枪主要由枪管、握把、击发机构、发射机构等组成，能单手操作，便于快速装弹和射击。手枪种类较多，按结构分有转轮手枪和自动手枪；按用途分有自卫手枪、冲锋手枪和特种手枪。

## 燧发手枪
### 早期的手枪

最早的手枪是14世纪意大利制造的"希奥皮"枪。有实际效用的手枪是16世纪用轮盘打火的燧发手枪。早期的燧发手枪是轮式发火枪，由带锯齿的钢轮、链条、弹簧和击锤等组成发火机构。射击前，射手先用扳手上紧发条，射击时解脱钢轮，钢轮快速旋转时其锯齿边缘与燧石摩擦，发出火花点燃火药。

## 转轮手枪
### 一种弹膛能转动的手枪

转轮手枪是一种非自动的多装弹枪械，枪框上有个圆筒叫转轮，转轮上开有几个孔，沿圆周均匀地排列，这些孔叫弹巢或弹膛，子弹就装在里面。转轮绕轴旋转，使弹膛依次与枪管对齐，能够进行连续射击。每扣一次扳机，转轮旋转一个角度，当弹膛的轴线、枪管

*各式各样的转轮手枪*

轴线与击锤尖端同在一条直线上，击锤向前打击子弹底火，枪弹就被发射出去。转轮手枪打完子弹后就得退壳和重新装弹。将转轮推出枪框常见的是转轮式甩出。

## 勃朗宁手枪
### 大威力半自动手枪

勃朗宁手枪为美国枪械设计师勃朗宁设计。这款枪结构简单，使用方便，它的

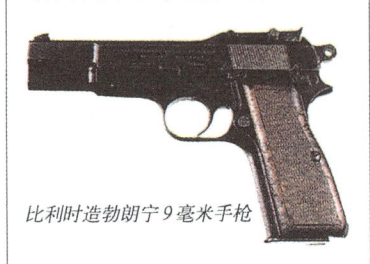

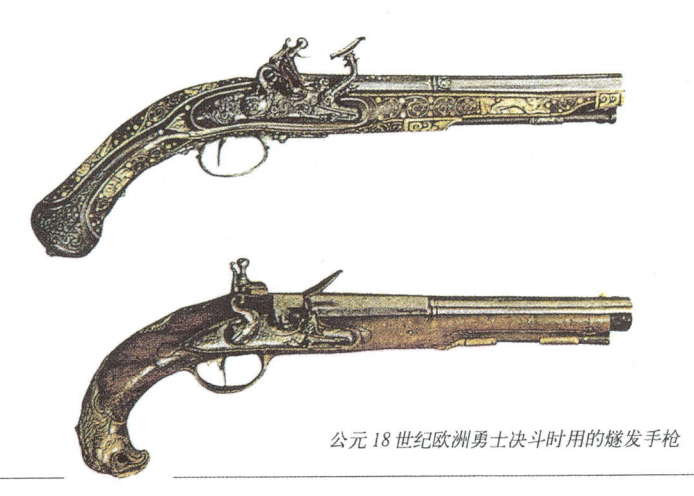

*比利时造勃朗宁9毫米手枪*

设计思想一直影响着美国等国家后来枪械的设计。该枪采用枪管短后坐式自动方式，枪管偏移式闭锁机构。勃朗宁大威力手枪口径为9毫米，枪长196毫米，枪重0.9千克，初速335米/秒，采用13发弹匣。之所以叫它为大威力手枪是因为弹匣容量大，而且可以将手枪装在手枪盒上使用，这时射程可增加到130米。勃朗宁9毫米大威力手枪已诞生70年了，至今许多国家还在继续使用。

*公元18世纪欧洲勇士决斗时用的燧发手枪*

## 毛瑟手枪
**世界上最早的军用自动手枪**

毛瑟手枪是德国毛瑟兵工厂制造的手枪的统称。1895年,世界上第一支军用自动手枪诞生,这就是7.63毫米毛瑟手枪。毛瑟手枪采用枪管短后退自动方式,即发射后枪管和枪机共同后坐一短距离,然后开锁。它配用10发弹匣,标准型枪枪管长133毫米,枪长305毫米,重1.16千克;短型枪枪管长97毫米,枪长218毫米。在我国毛瑟枪被称作"匣子枪"、"盒子炮"或驳壳枪。

## 水下手枪
**可在水中射击的新型枪械**

水下手枪是由美国、苏联研制的一种新型枪械。其代表枪型为P119式4.5毫米水下手枪,主要装备俄罗斯

*P119式4.5毫米水下手枪*

或其他苏联加盟共和国的蛙人部队。P119式4.5毫米水下手枪采用4根枪管联装结构,弹夹供弹,手工装填,单发射机。

## 隐身手枪

隐身手枪又称间谍手枪,是一种以日常用品形状伪装外形的手枪。其主要特征是口径小、重量轻、响声微弱,随身携带而不易被察觉。常作为近距离内秘密使用的射击工具。主要有钢笔手枪、手套手枪、手杖手枪、提包手枪、雨伞手枪、烟盒手枪和打火机手枪等。

*钢笔手枪*

## 卡宾枪
**枪管较短的骑兵用步枪**

卡宾枪,又叫骑枪、马枪,是一种枪管较短,子弹初速较低的步枪。中文"卡宾"是英文carbine一词的音译。据说是当年骑兵将普通步枪枪管截短后制成的,后来步兵也使用卡宾枪。早期的卡宾枪枪管长762毫米,现代的卡宾枪枪管一般短于588.8毫米。20世纪40年代美国专门研制了M1和M2卡宾枪。第二次世界大战与朝鲜战争是近代卡宾枪发展与装备的黄金时代。

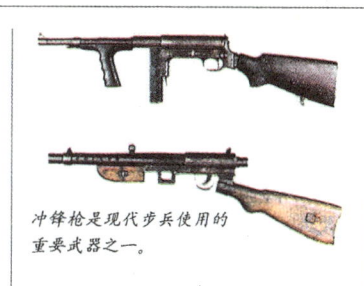

*冲锋枪是现代步兵使用的重要武器之一。*

## 冲锋枪
**步兵作战冲锋用枪**

冲锋枪是以双手握持,发射手枪弹,用于近距离作战、冲锋和反冲锋战斗的单兵连发自动枪械。一般认为冲锋枪源于第一次世界大战期间。第二次世界大战以后,各国研制了不同型号的火力密集、杀伤威力大的自动冲锋枪。后来又产生了微型冲锋枪。

## 单兵自卫武器
**新概念轻武器**

1990年,比利时FN公司推出了一种被称为P90的单兵自卫武器,它是一种功能界于手枪和冲锋枪之间的新概念武器。P90单兵自卫武器是为解决二线战斗人员武器装备繁杂的问题而研制的。设计目标是要减轻枪械重量,实现易于携带和操作,在一定距离上有效对付敌人的防弹衣或头盔。

*单兵自卫武器*

## 机枪

**能实施连发射击的自动枪械**

机枪枪械主要用于射击较远距离的有生力量，也可对空中、水面或地面轻型薄壁装甲目标或火力点进行射击。机枪有轻机枪、突击机枪、重机枪、航空机枪、舰艇机枪等多种。

*美国造M60式7.62毫米通用机枪*

## 轻机枪

**随步兵作战的便携机枪**

轻机枪是带有两脚架且重量轻，携行方便的一种机枪。用于射击地面或低空有生目标，伴随步兵行动。轻机枪通常配有两名射手，也可以单人操作。1902年，丹麦人麦德森研制成功世界上第一种带有两脚架、重量仅为9.98千克的轻机枪。

## 突击机枪

**可单兵携行使用的小巧机枪**

近年来英文军事书籍中出现了一个 Machine Rifle 这个术语。人们把它叫做突击机枪。突击机枪是与突击步枪同族的轻机枪，是现代战争中步兵的主要武器之一。普通轻机枪一般有两名射手，一名正射手，一名副射手，副射手也是弹药手。而现在有许多轻机枪是在突击步枪的基础上，加长和加粗枪管，加大供弹具容量，加装两脚架，既具有突击步枪的轻便灵活的突击性，又有接近轻机枪的火力持续性，并且不用副射手，可单兵携行使用。典型的突击机枪有俄罗斯RPK式、比利时米尼米式等。

*美国造勃郎宁M1917A1式7.62毫米重机枪*

## 重机枪

**可连续射击的远射程机枪**

重机枪主要用于射击集群目标、薄壁装甲和低空飞机等。其结构由枪身、枪架和瞄准装置组成。重机枪通常采用机械瞄准装置，有的还配有光学瞄准具和夜视瞄准具。有效射程：地面目标为800～1000米，低空目标为500米。枪架用以支撑枪身，赋予枪身一定的射角和射向，多为三脚架，有杆式和轮式。重机枪可灵活改变射向，方向射角为360°。

*勃朗宁M1919A4式7.62毫米轻机枪剖视图*

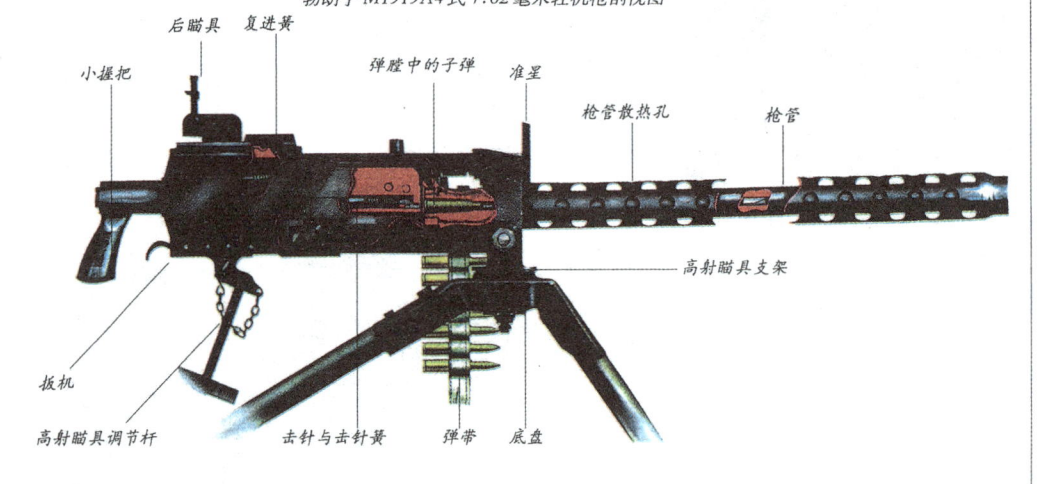

标注：小握把、后瞄具、复进簧、弹膛中的子弹、准星、枪管散热孔、枪管、高射瞄具支架、扳机、高射瞄具调节杆、击针与击针簧、弹带、底盘

## 坦克机枪
**专门装在坦克和装甲车上使用的机枪**

坦克机枪按其安装位置和作用可分为并列机枪、高射机枪、航向机枪和测距机枪。并列机枪又叫同轴机枪或同步机枪,与坦克炮平行安装在火炮摇架上,射击时与坦克炮共用一个火控系统。坦克机枪基本上没有人专门进行研制,它们都是由普通机枪改装而成。

*履带装甲输送车上的坦克机枪*

## 反坦克机枪
**专用于射击坦克及其他装甲目标的枪械**

反坦克机枪是在第一次世界大战中随着坦克的出现而研制出来的。主要装备于步兵,用来打击300米距离内的坦克和装甲目标,也可用于射击简易工事和火力点。一般带有两脚架和瞄准装置,有的还采用自动装填方式。由于弹头质量大,初速高,射击后坐大,枪口装有制退器,枪托上装有防护垫。

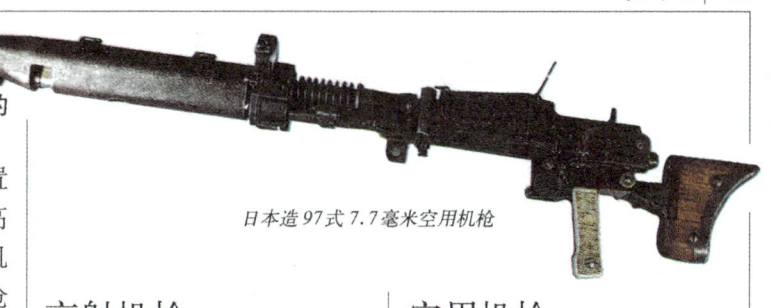

*日本造97式7.7毫米空用机枪*

## 高射机枪
**用于射击空中目标的机枪**

高射机枪具有口径大、初速高、射速快等特点,是有效的防空武器。其有效射程在2000米以内,射角大,高低射界为-30°~+90°,方向射界为360°,射击速度每分钟70~150发。高射机枪是随着军用飞机的出现在第一次世界大战结束后制造的,第二次世界大战中,得到广泛应用。最初的高射机枪口径为7.62毫米,现在多为12.7毫米和14.5毫米。高射机枪也可用于射击地面、薄壁装甲目标和火力点等。

*苏联造KIIB式14.5毫米高射机枪*

## 空用机枪
**用于空战的机枪**

机枪要装上飞机的最大困难是要减轻枪重,将水冷枪管改为汽冷。美国人路易斯发明了一种冷气式机枪,可发射30/06美国陆军步枪弹。机枪能成为空用机枪的关键技术是要使子弹避开旋转的螺旋桨叶片,因此早期的空用机枪是安装在机尾或机侧的。后来美国人康斯坦丁斯库发明了机枪射击同步装置之后,才成功地解决了空用机枪向前射击的问题。

### 机枪的散热

机枪连续发射一二百发子弹后,枪管就直冒热气,甚至发红,不能使用。这是因为枪械的发射是利用火药燃爆时释放出来的化学能作功来推动弹丸发射,剩余能量转化为热能,使枪管受热。早期的机枪为了散热采用了水冷枪管,后来有人将水冷改为气冷,即在枪管上开纵槽,以后又采用速换枪管的方法,即每挺机枪除了枪身上的一根枪管外,还有备用枪管,在连续射击几百发子弹后,可将热管卸下,换上新管。

# 火炮

## 像军事家一样思考

火炮是指以发射药为能源发射弹丸、口径在20毫米以上的身管射击武器。火炮种类较多,可发射多种弹药,可对地面、水上和空中目标射击,歼灭、压制有生力量和技术兵器,摧毁各种防御工事和其他设施,击毁各种装甲目标和完成其他特种射击任务。

**想一想** 超声波炮与激光炮是依据什么原理制造的?

## 最早的火炮

公元10世纪,由于火药的发明,抛石机演变到抛射火药包和火药弹,杀伤威力大增。13世纪末,滑膛火炮在中国首先出现,称作火铳。世界上现存最早的火铳是1332年制造的盏口铜铳。它由身管和药室两部分组成,身管直径为75毫米,全长35.3厘米,重6.94千克。这就是火炮的初始原型。

*元代铜火铳*

## 火炮的结构

### 火炮的构造与组件

火炮通常由炮身和炮架两大部分组成。以加农榴弹炮为例,其炮身部分由身管、炮尾、炮闩和炮口制退器组成。身管长度和指向决定弹丸初速及飞行方向,线膛炮使弹丸旋转;炮尾用来盛装炮闩;炮闩用来闭锁炮膛、击发炮弹和抽出发射后的药筒;炮口制退器用来减少炮身后坐能量。

## 早期滑膛炮

### 从炮口装填和发射球形弹药的早期火炮

14世纪上半叶,欧洲制造出了一种发射石弹的短粗身管火炮,叫作臼炮。这种火炮被安装在舰船的两舷,用于海战。直到19世纪中叶,火炮基本上都是滑膛前装炮,发射球形实心弹或爆炸弹,缺点是射速慢、射程近。

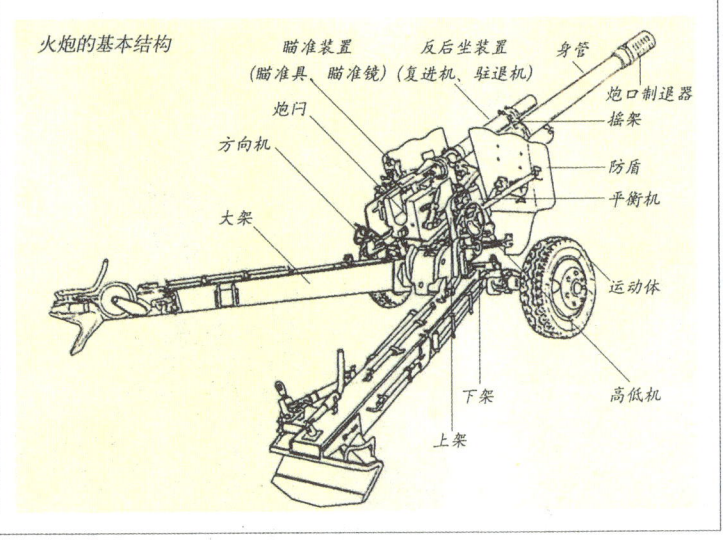

*15世纪欧洲战场上炮兵配合步兵作战。*

## 火炮的种类

### 火炮的几种分类方法

火炮按用途可分为地面压制火炮、高射炮、反坦克炮、航空机关炮、舰炮和海岸炮。按弹道特性可分为加农炮、榴弹炮和迫击炮。加农炮身管长,初速大,用定装式或分装式炮弹,适于对装甲目标、垂直目标和远距离目标射击。按运动方式可分为自行火炮、牵引火炮、骡马挽曳火炮和骡马驮载火炮。按炮膛构造可分为线膛炮和滑膛炮。

*火炮的基本结构:瞄准装置(瞄准具 瞄准镜)、反后坐装置(复进机、驻退机)、身管、炮闩、炮口制退器、方向机、摇架、防盾、平衡机、大架、运动体、下架、上架、高低机*

## 佛郎机
**采用子铳与母铳结构的葡萄牙造火炮**

佛郎机是欧洲15世纪末至16世纪初流行的一种火炮。当时正值中国明朝，中国称葡萄牙为"佛郎机"，因而也就把葡萄牙制造的这种大炮叫"佛郎机"。佛郎机大多作为舰炮使用，并采用了子铳与母铳结构。母铳即炮筒，子铳即小火铳。每门母铳配4～9个子铳，发射完一个退出后，再装入另一个，大大提高了射击速度。佛郎机还安装了瞄准具，提高了射击精度，增大了射程。

## 虎蹲炮
**明代抗倭海战中的著名火炮**

虎蹲炮是中国明代抗倭名将戚继光研制和使用的，他研究了当时的几种轻型火炮后，为了克服发射时容易产生后坐造成自伤的缺点，在炮口安装了支撑架，因形似虎蹲而得名。该炮炮筒外加5道箍，使用时不易炸裂，发射时前身加铁爪钉，后身加铁绊，将其固定于

佛郎机

地。虎蹲炮炮身短，射程不远，但能发射散弹，具有较大的杀伤面，而且体轻，机动性好，也可船载作战。1598年11月18日夜，中国与朝鲜联军的水军在露梁海峡附近海面遭遇倭寇的数百艘船。中国战船上多尊虎蹲大炮连续猛烈地轰击，日军战船纷纷中弹起火。

卡瓦利设想中用线膛炮发射的卵形弹

## 线膛炮
**能使炮弹旋转飞行的改进火炮**

1846年初，意大利少校军官卡瓦利制造了一种螺旋线膛炮，发射锥头柱体长形爆炸弹。螺旋的膛线使弹丸旋转飞行，大大提高了弹丸飞行的稳定性和射击精度，增大了火炮的射程。同时，火炮实现了后装，发射速度也明显提高。随后，英国机械工程师惠特沃思也造出一门线膛炮，用的是盘旋的六角炮膛代替旋转的来复线。这些改进的基本思想是使炮弹贴紧膛壁，以便增大射程，并使炮弹发射后发生旋转以增强炮弹飞行的稳定性。线膛炮和滑膛炮相比，射程、射击精度、发射速度均大幅提高。

## 红夷炮
**命中率大大提高的西洋火炮**

中国明朝万历年间，中国购买了4门西洋新式大炮，中国为其取名为"红夷炮"。红夷炮的口径较大，为80～130毫米左右，管壁较厚，且从炮口至炮尾逐步加厚。有准星、照门，便于瞄准，中部还增设了炮耳，架炮时可以保持炮身的平稳。这是当时威力最大的火炮。

红夷炮

## 榴弹炮
**拥有多变弹道的火炮**

在成员众多的火炮大家族中,榴弹炮有着特殊的地位。榴弹炮的初速比较小,射角比较大,最大可达75°左右。弹丸飞到目标区的落角也比较大,有较好的爆破和杀伤效果。它射击的时候可以使用7~10个不同的装药,利用不同的装药和射角,可以得到不同的初速和灵活多变的弹道,便于在较大的纵深范围内实施火力机动,用于攻击暴露的或隐蔽的有生力量和技术装备。

*美国造M2A1式105毫米榴弹炮*

## 加农炮
**长身管、低弹道的远射能手**

加农炮的身管长度一般达到40~80倍口径,射角却很小,一般在40°以下。与其他火炮相比,加农炮具有射程远、弹道低伸、弹丸飞行速度快的优点,它是各种火炮中射程最远的一种。加农炮弹道平直,特别适宜于攻击坦克、飞机等快速机动目标,因此,反坦克炮、坦克炮和高射炮一类对目标进行快速直接瞄准的火炮,都具有加农炮的弹道特性。

## 加榴炮
**兼有加农炮与榴弹炮特性的火炮**

加农榴弹炮是指兼有加农炮和榴弹炮的弹道特性的火炮,简称加榴炮。用大号装药和小射角射击时,其弹道低伸,性能接近加农炮,可遂行加农炮的射击任务;用小号装药和大射角射击时,其弹道较弯曲,性能接近榴弹炮,可遂行榴弹炮的射击任务。由于加榴炮具有平射和曲射两种性能,其战术上的适应性明显优于其他火炮。

## 迫击炮
**具有大幅度射角的曲射火炮**

迫击炮是用座钣承受后坐力、发射迫击炮弹的曲射火炮,它一般由炮身、炮架、座钣和瞄准具组成。迫击炮的特点是射击的时候射角特别大,它的最小射角就有45°,最大射角可达到85°,射出的炮弹弹道特别弯曲,飞到空中后几乎垂直地落到地面。它初速小,最小射程近,杀伤效果好,因此适宜于对距离较近而又隐藏在壕沟里或遮蔽物背后的目标进行射击。

*火箭炮*

## 火箭炮
**发射火箭弹的多发联装发射装置**

火箭炮是一种构造独特的大威力火炮。它发射的火箭弹是依靠本身发动机的推力向前飞行的,火箭炮并不承受普通火炮射击时那样高的膛压,因此不需要笨重的炮身和复杂的反后坐装置,只需简单的滑轨或发射筒固定火箭弹并赋予其飞行方向。这样,就可以采用多联的发射架和电点火的方式,在极短的时间里发射大量火箭弹,向远距离的大面积目标实施突然袭击,用以歼灭压制有生力量和技术兵器,给敌人以精神上极大的震撼。但是,火箭炮只适于对集团目标进行覆盖性轰击,而对小面积的目标射击精度较差。

*美国造M2式106毫米化学迫击炮*

## "喀秋莎"火箭炮

**苏联卫国战争中使用的多轨道自行火箭炮**

1939年,苏联制成BM-13型火箭炮,俗称"喀秋莎"火箭炮。"喀秋莎"火箭炮采用多轨式定向器,一次齐射可以发射16枚132毫米弹径的火箭弹,这种火箭弹的最大速度为355米/秒,最大射程8.5千米,能在7～10秒钟内将16枚火箭弹全部发射出去,再装填一次大约需要5～10分钟。

美国M270自行火箭炮

## M270火箭炮

**美国陆军现役最先进多管自行火箭炮**

海湾战争中,美、英、法等国家使用许多高技术武器,向伊拉克发动大规模进攻。令伊拉克的重要军事设施遭受惨重损失的正是美军地面炮兵使用的M270型12管自行火箭炮。该武器系统由发射装置、火箭弹、运载车和火控系统等部分组成。发射装置的外形是一个巨大的长方形箱子,分成左右两个发射箱,每个箱中有6个发射管,里面贮存6枚火箭弹。使用时炮手接到命令后通过驾驶舱内的火控系统计算出各种射击数据,控制火箭炮每隔4.5秒发射1枚火箭弹,在50秒内发射完12枚弹。M270可以在空中760米高处撒出7728颗这样的子弹,覆盖60000平方米的面积,摧毁各种武器装备,杀伤暴露和隐藏的人员,就像空中落下势不可挡的"钢雨"。

意大利"菲洛斯"火箭炮

## "菲洛斯"火箭炮

**意大利造122毫米40管火箭炮**

"菲洛斯"25式火箭炮由意大利BPD公司于1976年开始研制。火箭炮由发射架、击发装置、火控系统、瞄准装置和车体等组成。发射架由两个箱式框架组成,每个框架装火箭发射管20个,共40个。火箭炮口径122毫米,发射常规火箭弹时最大射程25千米,发射子母火箭弹时最大射程22千米,射速40发/20秒。

## 火炮中的冠军

**射程最远的火炮**

第一次世界大战中,德国制造的"巴黎大炮"是射程最远的火炮,能达到120千米;同时它也是炮管最长的火炮,炮管长34米,竖起来比一座10层楼房还高。1918年3月23日该炮第一次使用,炮弹飞行了113千米,最后落到了巴黎。

"巴黎大炮"是火炮中的"巨无霸",在一战中大显神威。

**分量最重的火炮**

第二次世界大战中,德国曾经造了一门重达1344吨的火炮,这是有记载的最重的火炮。这门炮能发射重4.8吨的炮弹,最大射程55千米,操作这样一门火炮需要1500多人。

**威力最大的火炮**

海湾战争中,美国首次使用的M270式12管火箭炮。它可以在50秒内一次齐射12枚火箭弹,其威力相当于28门323毫米榴弹炮各发射一发炮弹所达到的火力总和。

PAK75式75毫米反坦克炮，二战时期德军专为对抗苏联T34战车所造。

## 反坦克炮
**专门打击坦克装甲车的火炮**

反坦克炮是主要用于对坦克、步兵战车和其他各种装甲目标射击的火炮。由于坦克具有机动性强，装甲防护性能好，火力强等特点，反坦克炮在同坦克作战时要求反应快，弹丸飞行速度快，外形低矮便于隐蔽接近敌人，因此反坦克炮大多身管比较长，初速大，弹道平直低伸，射角在45°以下，瞄准和发射速度比较快，弹丸飞行速度达到1300~1800米/秒，比榴弹炮发射的弹丸速度高1倍以上。新式反坦克炮大多采用尾翼稳定式脱壳穿甲弹，弹体中央有1根用钨合金或贫铀制成的细长弹芯，后部有4~10个尾翼，飞出炮口后依靠尾翼保持稳定。命中目标时用极高的速度撞击并穿透坦克的装甲。

威力无比的舰炮

## 舰炮
**装备在舰艇上用于射击的海军炮**

随着战场由陆地扩展到海洋，大炮开始移师船上。舰炮是海军舰艇最基本的武器之一，它是随着火炮的发展而成长起来的。舰炮是指装备在舰艇上的海军炮，是舰艇的主要武器之一，用于射击水面、空中和岸上目标。现代舰炮的口径一般在20~203毫米，通常采用加农炮，自重平衡，多管联装，具有重量较轻，结构紧凑，射界较大，操纵灵活，瞄准快速，命中率高和弹丸破坏威力大等特点，能适应舰艇

以色列TCM-30式双管30毫米舰炮

的负载和空间限制，在海上运动、摇摆条件下，有效地射击高速运动的点目标。

## 高射炮
**专门用于射击空中目标的火炮**

高射炮是用来射击飞机、直升机、飞行器等各种空中飞行目标的武器，必要时可向地面目标或水上目标射击。德国在1917年研制成功一种20毫米高射炮，它射速高，操作灵活，是世界上第一种能连续射击的高射炮。

日本造88式75毫米高射炮

## 航空炮
**在飞机上使用的自动射击武器**

航空炮是安装在飞机上的自动射击武器，简称航炮。口径多为20~30毫米，最大射程约为2千米。同地面火炮相比，它的射速高，结构紧凑，重量轻。由于航空炮具有体积小，重量轻，射速快，弹丸初速高，威力大的优点，很快就在第二次世界大战的空战中成为主要的机载武器，并发挥了重要作用。21世纪，航空炮和格斗导弹、超视距导弹一起是战斗机执行空战任务的三大武器。

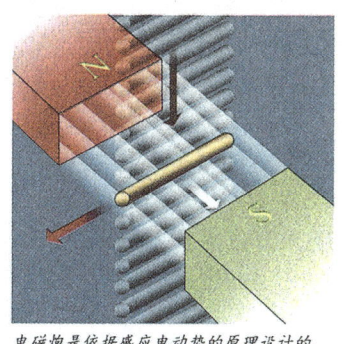

电磁炮是依据感应电动势的原理设计的。

## 电磁炮
**利用电磁原理制造的大炮**

　　电磁炮又称电磁发射器或超高速炮，是以电磁力发射弹丸的一种装置。中学物理中有这样一个常识：带电粒子或通电导线在磁场中做切割磁力线的运动，便受到一个力的作用，这个力就叫电磁力，力的大小随着磁场强度和带电粒或导线所带电量或通过导线的电流强度的大小而变化。磁场强度和导线通过的电流强度越大，则导线在磁场中所受到的电磁力就越大。电磁炮就是依据这一原理设计的。电磁炮主要由电源、开关、能量调节器和加速器组成。与传统脱壳炮相比，它初速高，加速均匀，对弹丸运动影响不大；射击时无声响、无烟雾、无炮口焰；弹丸尺寸和重量较小，且无需药筒，简化了后勤供应；射速高，有利于提高命中概率。

## 激光炮
**用激光射击敌方目标的武器**

　　激光炮主要是借助于激光很强的烧蚀性能、辐射和强激波起破坏作用，并使目标上的仪器失灵和操作装置失效。这与一般火炮的作用机理不同。激光速度每秒钟达30万千米，用激光炮可射击飞机、导弹、坦克等活动目标。在 20 世纪 60 年代初问世后，武器专家们就想利用它的高亮度和极快的速度来制成激光武器，以对付威胁日益增大的坦克、飞机和导弹。为了使激光炮的能量集中，通常都用直径很大（几米到几十米）的反射镜将激光汇聚成很细的光束，其亮度比太阳光亮 100 亿倍以上。激光炮的不足是激光在大气中传播量会有一定损失，这使激光束变粗和产生抖动，因此，激光炮的威力随射程的增大而降低。

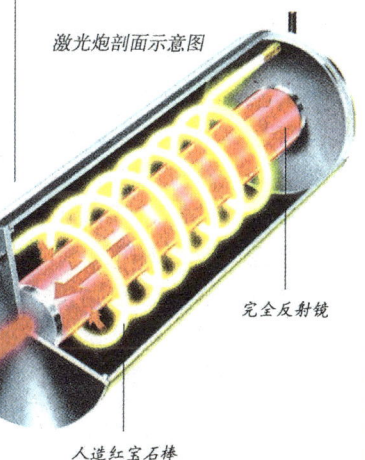

激光炮剖面示意图
完全反射镜
人造红宝石棒
激光束

## 超声波炮
**杀人于无形的神秘大炮**

　　超声波炮能产生 1000 兆赫的超声波，该超声波能在 40 秒内，使 50 米远处的人致死，使 200 米远的人感到头疼，不久即丧失行动能力。超声波炮的原理并不复杂。在一个容器内，用电火花把甲烷和氧的混合物点燃，立刻会发生爆炸般的燃烧。在容器内适当地设置两面反光镜，爆炸气体所产生的振动波在两个反光镜之间来回传播，并逐渐增加能量，适时地把振动波发射出去，能使目标受到重大损坏。

声波的振幅

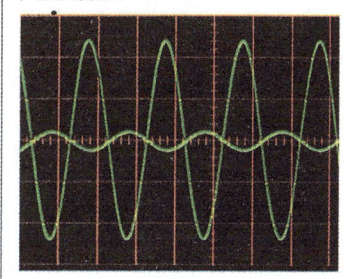

### 什么是超声波
　　超声波是声波的一种。其每秒的振动次数（频率）甚高，超出了人耳听觉的上限（20000 赫兹），人们将这种听不见的声波叫作超声波。超声和可闻声本质上是一致的，它们的共同点都是一种机械振动，通常以纵波的方式在弹性介质内传播，是一种能量的传播形式。其不同点是超声频率高，波长短。

# 弹药

### 像军事家一样思考

弹药是指含有火药、炸药或其他不同装填物,用于对不同的目标起到破坏、摧毁或杀伤作用的军械物品,它包括枪弹、炮弹、炸弹、手榴弹、枪榴弹、火箭弹、地雷、鱼雷、水雷等。弹药由起杀伤作用的战斗部(弹头),保证战斗部稳定飞行和命中目标精度的稳定部以及提供投射动力的投射部三大部分组成。

**想一想** 哪些弹药具有无坚不摧的多重威力?

中国古代炼丹家在炼制丹药的过程中发明了火药

## 枪弹
**从枪管内发射的弹药**

枪弹可用于射击暴露的有生目标及薄装甲目标等。由弹头、发射药、底火和弹壳4部分组成。使用时,通过枪械的击针撞击底火中的击发火药,引燃发射药,产生高温高压火药燃气,推动弹头沿枪膛加速运动,将弹头射出枪膛。高速飞行的弹头可直接杀伤或破坏目标。

*高射机枪弹*

## 无壳枪弹
**发射后不需要退壳的枪弹**

无壳枪弹由德国最先研制成功。无壳枪弹的种类有有整体药柱弹、半无壳弹和可燃烧壳弹3种。无壳枪弹射击时药柱分裂燃烧,产生与金属弹壳枪弹同样的效果,且有重量轻、体积小、成本低等特点。

## 火药
**在军事上用作发射药的可燃物质**

大约公元808年,中国就有了关于火药配方的详细记载,以后,火药开始用于军事上各种火器的燃爆。现代火药的品种和性能都有很大发展,成为弹药的重要组成部分,对提高枪弹和火箭的性能与威力起了重要作用。火药有多种分类:按形态分有固体和液体火药;按用途分有枪弹发射药和火箭、导弹推进剂;按性能分有无烟火药、缓燃火药等。

## 炸药
**能起爆炸作用的火药**

炸药是在一定的外界作用下(如受热)才能发生爆炸,同时释放热量并形成高热气体的化合物或混合物。中国发明的黑火药是世界上第一种爆炸药,以后火药技术传到欧洲。19世纪30年代,法国的化学家最先研制出新型炸药,以后德国等国也研制出多种新型炸药。现代炸药在品种和性能上都有很大的发展。炸药一经用于军事上便成为威力巨大的武器。

*传统炸药是硫、硝、炭按一定的比例组成的混合物,颜色是黑色的,所以叫"黑火药"。*

## 榴弹

**依靠弹体内的炸药装药起杀伤和爆破作用的弹药**

榴弹主要由弹体、炸药、引信等几部分组成。榴弹对目标的破坏作用是依靠弹体内装填的炸药来完成的。炸药爆炸时，瞬间产生高温、高压的气体并迅速膨胀，从而破坏目标；同时，弹壳炸碎后形成大量高速飞行的破片，起到杀伤人员的作用。

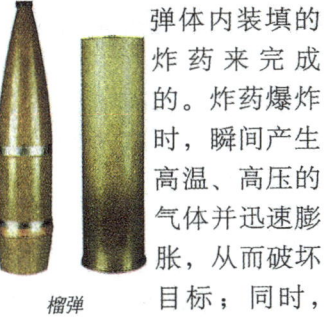

榴弹

## 枪榴弹

**用枪和枪弹发射的超口径弹药**

枪榴弹是一种用途广泛的轻型近战武器，它的种类多，用途广，构造简单，成本低；体积小，重量轻，弹径为40～70毫米，携带与使用都比较方便。枪榴弹的杀伤力比手榴弹大，尤其是反坦克枪榴弹，垂直命中坦克时的破甲深度可达340毫米，直射距离一般为50～120米，最大射程可达300～500米。还有一种可增程的枪榴弹，最大射程达900米。

## 手榴弹

**用手投掷的弹药**

手榴弹是步兵使用的近距离作战武器，主要用于杀伤有生力量、摧毁装甲目标，也可用于燃烧、发烟、照明、发射信号和施放毒气等。手榴弹种类繁多，有进攻、防御、攻防两用反坦克手榴弹。手榴弹结构简单，造价低廉，携带方便，使用广泛。

### 最早的"手榴弹"

北宋时期，出现了爆炸性火器，如霹雳火球、蒺藜火球。这种火器利用火药的燃烧性能，并掺杂一些发烟的毒性药物，用来焚烧、杀伤敌方。其作用类似现在的手榴弹，投向敌人可引发炸。毒药烟球是一种能产生毒气的"手榴弹"，在火药的基础成分上，加入巴豆、砒霜，装填于球内，吸入毒气的人会中毒而亡。

毒药烟球

美国造40毫米枪榴弹和M79式40毫米榴弹发射枪

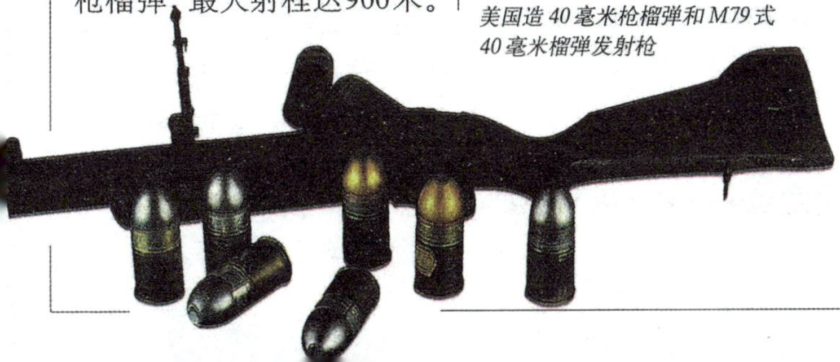

反步兵地雷

## 地雷

**布设于地面或地下的杀伤性炸弹**

地雷的主要作用是阻滞敌方行动，杀伤有生力量，破坏敌军装备，给敌方士兵造成精神上的威胁。地雷种类繁多，有反步兵地雷、反坦克地雷和特种地雷等。地雷主要由装药、引信和雷壳组成。其威力大小主要取决于装药的种类、数量和地雷的形状。地雷的用途不同，其装药量也不相同。雷壳用薄钢板冲制或用工程塑料制成，用来盛装炸药和引信，其破片可杀伤有生力量。引信是保证地雷适时、可靠起爆的重要部件。地雷不仅可用人工埋设，还可用机械、火箭、火炮、飞机等布设。地雷具有体积小、重量轻、威力大等特点，是一种普及有效的杀伤力武器。

美国造M6式防坦克地雷

## 水雷
**布设在水中的爆炸性武器**

水雷可由于舰船碰撞或进入其作用范围而起爆,用于毁伤敌方舰船或阻碍其活动。水雷具有隐蔽性好、布设简便、造价低廉等特点。按水中的状态区分,有触发水雷、非触发水雷和控制水雷3种。在现代海战中,水雷是不可缺少的武器。一枚造价低廉的老式水雷就可能致一艘造价数千万乃至上亿美元的现代化军舰于死地。

水雷

## 鱼雷
**具有制导功能的水中爆炸武器**

鱼雷是一种由协载平台发射入水,能在水中自航、自控和自导,在水中爆炸毁伤目标的水中武器。现代鱼雷具有速度快、航程远、隐蔽性好、命中率高和破坏威力大等特点,可以说是"水中导弹"。20世纪70年代后,鱼雷采用了微型电脑,改进了自导装置的功能,加强了抗干扰和识别目标的能力。目前,鱼雷的航速已提高到90~100千米/小时,航程达4.6万米。由于反舰导弹的出现,使鱼雷的地位有所下降,但它仍是海军的重要武器。特别是在攻击型潜艇上,鱼雷是最主要的攻击武器。

日本造91式空投鱼雷

## 云爆弹
**具有两种杀伤手段的恐怖炸弹**

云爆弹是采用燃料空气炸药制成的,爆炸分两次完成。它在目标上空第一次爆炸后,将燃料空气炸药爆出,0.1秒之后实施第二次爆炸,形成100千克/平方米的超压,这种高压可以引爆地雷。当人员遭受这种压力以后,内脏会严重毁伤,甚至导致死亡。超高压只是云爆弹杀伤手段的一种。更为可怕的是,它爆炸时会把周围空气中的氧气烧光,在这个范围内的人将窒息而死。因此,具有两种杀伤手段的云爆弹与以往的弹药有着本质的区别。普通弹药靠爆炸的冲击力和飞射的弹片杀伤人员,只要躲在工事中,就能有效防护。而云爆弹具有强大的杀伤力,就是躲在掩体中的人也躲不过这种炸弹的杀伤。

## 穿甲弹
**粉碎装甲的"切割机器"**

装甲弹的主要特点:该弹是依赖于弹丸本身的质量和火炮初速穿甲的,因而弹丸越坚硬和飞行速度越大,穿透能力就越强,也就是说,弹丸命中坦克装甲时,比动能越大,穿甲威力就越大。穿甲弹不仅可以攻击现代的坦克和装甲战车,还可以攻击土木工事、砖石结构火力点和钢筋混凝土工事等目标。穿甲弹弹芯大都采用铀合金或钨合金材料制成。在弹芯的中部包有三个卡瓣,用来支撑弹芯和在炮膛

穿甲弹

内密闭火药气体。弹尾部装有4~5片尾翼,主要起稳定飞行的作用。当穿甲弹从火炮炮膛内发射出去后,就以每秒1500~1800米的速度高速飞行。在飞离炮后,卡瓣在气流作用下很快脱落,余下一根很细的弹芯,高速地飞向目标。当它命中目标时,其坚硬锐长的弹芯以巨大的压力作用在装甲上,坦克装甲刹那间便产生数百块高速破片和上千度的高温。破片在坦克"心脏"内部横冲直撞,杀伤坦克内的乘员,毁坏车内的设备,引燃和引爆柴油和弹药。

武器装备 | 31

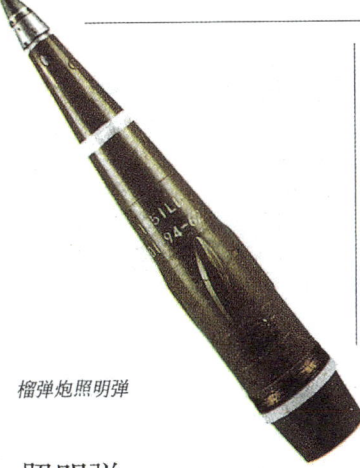

*榴弹炮照明弹*

## 照明弹
**利用强光侦察敌情和观察射击效果的弹药**

战争实践证明，照明弹的用途是比较广的。在进攻时，可以迅速观察敌方的部署，观察我方的射击效果，及时修正射击偏差，以保证进攻的突然性；在防御时，可以用来侦察、搜索敌人，及时监视敌人的活动。一发中口径照明弹发出的光，在爆炸高度为400～600米时，能照明方圆1000米内的目标，持续时间为25～60秒，亮度可达25～55万坎德拉。这样的亮度，连耀眼夺目的碘钨灯在它面前也大为逊色，因此，有人给它冠以"人造小太阳"的美称。照明弹之所以能发出明亮的光是因为弹丸内装有一个特殊的照明装置，这个照明装置用的既不是电也不是油，而是一种发光能力很强的照明剂。这种照明剂是由金属可燃物、氧化物和黏合剂组成的。

## 杀伤爆炸燃烧火箭弹
**具有爆破和燃烧功能的弹药**

杀伤爆破燃烧火箭弹，顾名思义，它既具有杀伤、爆破弹的性能，也兼燃烧弹的特性。这种弹的基本结构与一般火箭弹没有多大差别，其战斗部壳体也与一般火箭弹大同小异。最重要的是该弹内藏火种——燃烧合金，这种合金材料通常采用镁、铝合金、锆合金以及金属氧化物等材料制成。它燃烧时，能产生几千度的高温，因此可以利用弹内燃烧材料所产生的高温来烧毁敌人的易燃物，包括一些木制建筑物、弹药库、油库、车辆等目标。这种弹的杀伤威力比普通火箭弹大得多。

*加榴炮照明弹*

## 发烟弹
**爆炸后能产生烟雾的弹药**

发烟弹也叫烟幕弹，内装发烟剂，爆炸后能产生大量烟雾。主要用于干扰敌方的观察和射击。发烟弹由弹体、发烟剂、炸药和引信等组成。发射后，引信引燃发烟剂，产生大量烟雾，形成烟障，用以掩护自己的军事行动，迷惑敌人。发烟弹对敌方直接瞄准射击的火炮和枪械影响很大，而己方却可乘机做灵活运动，因此是战场上经常使用的弹种之一。

*迫击炮发烟弹*

### 电视侦察弹
电视侦察弹是装有电视摄像机和发送信号装置的新型特种炮弹。经火炮发射到预定地区上空后，抛射系统将摄像机、发射机、天线等抛出，并使其悬吊于降落伞下。摄像机摄下对方阵地图像，从而获得敌方阵地和军事行动的直观情报。

# 装甲战车

### 像军事家一样思考

具有装甲防护的各种战斗车辆和保障车辆称为装甲战车。战斗车辆有坦克、步兵战车、装甲输送车、各种自行火炮、装甲侦察车、装甲指挥车、装甲通信车等;保障车辆有坦克架桥车、装甲扫雷车、装甲布雷车、装甲抢救车、装甲救护车、装甲供弹车等。现代装甲车辆是陆军地面作战的主要装备,也是战争中后勤补给的重要保障。

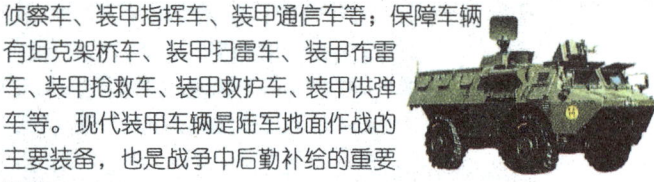

**想一想** 装甲战车除了可用于战斗以外,在战场上还有哪些作用?

装备有105毫米大炮和12.7毫米机枪的步兵战车

## 步兵战车

**供步兵作战用的装甲战斗车辆**

步兵战车主要用于协同坦克作战,也可独立完成作战任务。步兵战车分履带式和轮式两种,除底盘不同外,总体结构和其他结构基本相同。目前各国装备的步兵战车大多采用履带式装甲车的结构。履带式步兵战车的越野性能好,战场生存力强,但是构造复杂,造价较高。轮式车辆公路行驶速度高,耗油少,造价低。步兵战车一般都能水陆两用。履带式步兵战车陆上最大行驶速度约65~75千米/小时,最大行程600千米,最大爬坡度约31°,越壕宽1.5~2.5米,过垂直墙高0.6~1米,水上行驶速度6~8千米/小时。轮式步兵战车陆上行驶速度达100千米/小时以上,水上速度10千米/小时左右,最大行程可达1000千米。

## 伞兵战车

**保障空降部队作战的战斗车**

伞兵战车的主要用途是为长期缺少火力支援的空降部队提供有效的火力支援,运送空降部队进行远距离作战。全车长5.3米,宽2.6米,高1.9米,战斗全重9吨。公路行驶最大时速70千米,水上时速10千米。炮塔上装有1门73毫米火炮,配炮弹40发,采用自动装弹机装弹。主炮右侧有1挺7.62毫米并列机枪,塔上方装有反坦克导弹发射架,炮塔内有2枚备用导弹。

BMD 伞兵战车

## M3骑兵战车

**一种履带式装甲侦察车**

M3式骑兵战车自1983年起装备美军装甲骑兵营、坦克营、机械化步兵营的侦察排,主要用于战场目标侦察。其火力、机动性和装甲防护性能与M2步兵战车相同,但载员舱只有两名人员,并且取消了射击孔。战斗全重21.4吨,公路最大行驶速度66千米/小时,越野行驶速度50千米/小时。

美国M3式骑兵战车

## "武士"步兵战车
**英国制造的步兵主力战车**

"武士"步兵战车的战斗全重为28吨，乘员3人，载员7人。主要武器是1门L12A1型30毫米"拉登"炮。这种"拉登"炮利用后坐力来实现自动装弹，弹夹供弹，每个弹夹装3发炮弹，可装两个弹夹，能实现单发和6连发，最大射速为60发/分，弹药基数250发。所用的弹种有：曳光脱壳穿甲弹、曳光燃烧榴弹和曳光训练弹。发射曳光脱壳穿甲弹时，在2000米的射击距离上，可击穿40毫米厚的均质钢装甲，足以击穿BMP步兵战车的主装甲。"武士"的炮塔采用了钢装甲全焊接结构，炮塔的上部采用了"乔巴姆"装甲。车底可以抗9千克TNT当量的反坦克地雷的攻击。

## 89式步兵战车
**世界上最昂贵的步兵战车**

日本的89式步兵战车是一种比较先进的步兵战车，同时也是世界上最贵的步兵战车，每辆单价高达600万美元，相当于一辆美国M2"布雷德利"和一辆德国"黄鼠狼"步兵战车价格的总和。89式步兵战车价格昂贵的原因并不是其性能比后两者强多少，而是由于产量太少。就是日本陆上自卫队也仅仅是在2002年装备了两辆。

*"武士"步兵战车*

*89式步兵战车*

## "黄鼠狼"步兵战车
**世界上最先进的步兵战车之一**

"黄鼠狼"步兵战车摒弃了当时在装甲车的基础上改装的惯例，而是改用坦克的底盘作为研发的起点，使"黄鼠狼"的防护性能成为世界上步兵战车中最先进的。该车车体采用装甲钢焊接结构，可防枪弹和炮弹破片，前部可防20毫米机关炮炮弹。整个车辆外形低矮，投影面积小，有利于防护。"黄鼠狼"步兵战车是20世纪70~80年代德国研制的步兵战车，在当时西方国家同等装备里首屈一指。综合防护和作战性能都全面超出前苏联的BMP-1、BMP-2步兵战车，直至今天仍是一种性能不错的步兵战车。

## 步兵战车为何也能涉水？

步兵战车能够涉水，前提条件是它必须能在水上漂浮起来。步兵战车的装甲比坦克要薄得多，车身相对就轻了许多，经过密封，能够漂浮在水面上。由于要运兵，步兵战车内部空间较大，这种结构有利于增加浮力，便于其航渡。有的步兵战车还专门设置了浮箱，浮箱内填充特制的塑料，即使中弹也不会进水。有了浮箱，不仅保证步兵战车在正常情况不下沉，即便在其中弹、倾斜等特殊情况下也能保证车体很好地漂浮着。

*"黄鼠狼"步兵战车*

## 装甲指挥通信车
**能执行通信任务和作战指挥的轻型装甲车**

装甲指挥通信车有履带式和轮式两种。操纵室内可乘坐车长、驾驶员1~3人,指挥室乘员2~8人。车上配有通信器材和设备,能执行通信任务和作战指挥。主要用于坦克部队和机械化部队作战指挥。车上装有有线通信设备、无线电台、车内通话器和发电机等,有的还配有自卫武器。装甲通信车在停止和运动中均可执行通信勤务,车内无线电台最大通话距离25~35千米。

*英国Rover救护车可收容两位伤员*

*德国"鼬鼠"空降侦察车*

## 装甲侦察车
**用于探察军情的装甲车**

装甲侦察车是装有侦察装备用于实施战术侦察任务的战斗车辆。分履带式和轮式两种。装甲侦察车具有车体尺寸小、重量轻、行驶速度快等特点。车上通常装有20~30毫米机关炮和机炮。战斗全重6~16吨,乘员3~5人,观察距离3000米,探测距离20千米。现代装甲侦察车装有各种侦察仪器。

## 装甲救护车
**用于救护和运送伤员的装甲车**

装甲救护车是设有制式担架、医疗设备、医疗器材和药品的轻型装甲车辆。专用于野战条件下救护和运送伤员。有履带式和轮式两种。战斗全重20吨,乘员2~3人,医护人员1~2人,车内有救护舱,可容纳卧于担架的重伤员2~4人或坐姿伤员3~8人,舱内可进行包扎、固定、输血、输液等急救处理和外科手术。英国陆军Rover野战装甲救护车是英军野战救护的主要车型,可容纳医护人员两人,收容伤兵两位。

*美国M113A·P·C装甲运输车*

## 装甲运输车
**设有乘载室的轻型装甲车辆**

装甲运输车主要用于输送兵员,也可用于战斗。有履带式和轮式两种。装甲运输车由装甲车体、武器、观察瞄准装置和动力装置等组成。动力装置位于车的前部。车后部为乘载室。车上武器有机枪、小口径机关炮。战斗全重6~16吨,车长4.5~7.5米,宽2.2~3米,高1.9~2.5米,乘员2~3人,可载员8~13人。轮式装甲运输车的最大行程可达1000千米,履带式装甲运输车的最大行程为300~500千米。

武器装备 | 35

坦克架桥车

"蝎"式抛撒布雷车

## "蝎"式抛撒布雷车
**德国制造的火箭抛撒布雷车**

"蝎"式抛撒布雷车装有6个可调整的发射雷箱，每个雷箱有5排雷匣，每排雷匣内装有20枚AT2反坦克地雷。"蝎"式抛撒布雷车的战斗全重12000千克。最大行驶速度500千米。布雷车以规定速度前进时以5枚AT2反坦克地雷为1组向车辆斜后方向抛撒。

## 装甲工程车
**执行抢救任务的装甲保障车辆**

装甲工程车，又称战斗工程车，是伴随坦克和机械化部队作战并对其进行工兵保障的配套车辆，基本任务是清除和设置障碍、开辟通路、抢修军路、构筑掩体以及进行战场抢救；有的车还可用于为坦克装甲车辆涉渡江河构筑岸边进出通路和平整河底，保障战斗车辆渡河。车上的抢救设备主要有起吊装置、牵引装置、焊接和切割等工具以及修理器材。车上还装有自卫武器。乘员2~3人，可载员2~3人。起吊设备起重能力强，有可起吊坦克及装甲车辆的动力装置和炮塔；牵引装置能拖动各种坦克和其他战斗车辆；修理工具以及器材可对战场上损坏或出现技术故障的坦克及装甲车辆进行维修。

## 坦克架桥车
**装有桥梁架设和撤收装置的装甲车**

坦克架桥车是指装有可在车内操纵架设、撤收的制式车辙桥的履带式装甲车辆。该种车主要用于在敌人火力威胁下，快速架设车辙桥，保障坦克和其他装甲车辆通过防坦克壕沟等人工或天然屏障。现代坦克架桥车从结构上主要分为两大类型：一类是剪刀式坦克架桥车；一类是平推式坦克架桥车。车辆战斗全重30~56吨，乘员2~3人，行军状态时长11~20米，宽3~4.3米，架设桥长12~32米，宽3~4.2米，可承重量40~70吨。架桥时间2~10分钟，收桥时间5~10分钟。

日本92式装甲扫雷车

## 92式装甲扫雷车
**日本研制的一种机动式火箭扫雷车**

92式装甲扫雷车由底盘和火箭爆破扫雷器组成，战斗全重25吨，乘员两人。92式装甲扫雷车的底盘由87式供弹车的底盘改进而成，采用功率为294千瓦的柴油机，车首装有推土铲，车上未装固定武器。每辆车有两具并列的火箭发射器。车辆的最大速度为50千米/时，最大行程为300千米。

装甲工程车

# 坦克

### 像军事家一样思考

坦克是一种具有强大直射火力、高度越野机动性和超强装甲防护力的履带式装甲战斗车辆。它可同敌人的坦克和其他装甲车辆作战，也可以压制、消灭反坦克武器，摧毁野战工事，歼灭有生力量，因此也成为地面作战的主要突击武器和装甲兵的主要装备。

**想一想** 坦克为什么装有履带？坦克涉水时是如何克服漏水和缺氧问题的？

## 坦克的结构

### 坦克的基本结构与组件

坦克通常由武器系统、推进系统、防护系统、通信系统等部分组成。驾驶室位于坦克前部；战斗部分位于坦克中部，有炮塔。炮塔上装有高射机枪，塔身有1门火炮；坦克后部装有发动机。坦克乘员多为4人，包括驾驶员、车长、炮手和装弹手。现代主战坦克采用自动装弹机，没有装弹手。

## 坦克的种类

### 坦克的几种分类方法

坦克按战斗全重和火炮口径的大小可分为轻型、中型和重型三种。轻型坦克重10~20吨，火炮口径约57~85毫米，主要用于战场警戒、目标侦察或其他特殊任务。中型坦克重20~40吨左右，火炮口径最大为105毫米，用于执行装甲兵的主要作战任务。重型坦克重40~60吨，火炮口径122毫米，用于支援中型坦克的战斗。20世纪60年代以来，许多国家将坦克按用途分为主战坦克和特种坦克。主战坦克是现代装甲兵的主要战斗兵器，用于完成多种作战任务，现在已取代了传统的中型坦克和重型坦克。特种坦克是装有各种特殊设备、担负专门任务的坦克，如侦察、空降、喷火、水陆两用坦克等。

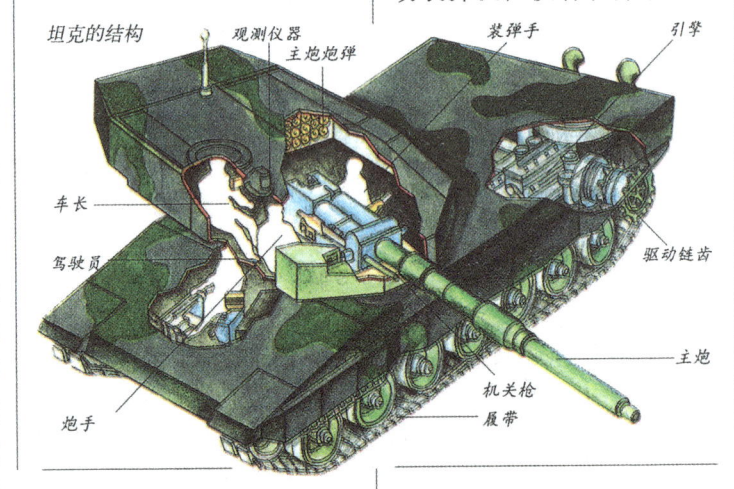

坦克的结构：观测仪器、主炮炮弹、装弹手、引擎、车长、驾驶员、炮手、机关枪、履带、主炮、驱动链齿

轻型坦克

重型坦克

## 坦克的战术性能

### 坦克的基本性能

坦克全身披着很厚的钢甲，厚度有几十至几百毫米，一般枪弹无法穿透。它的行驶速度每小时60千米，最远行程650余千米，最大爬坡约30°，可越宽3米的壕沟，过高1.2米垂直墙，涉水深1.5米，还可潜水5米深。它火力强大，除装有1门火炮外，还有高射机枪、并列机枪和航向机枪，携带炮弹40~60发。

## 雷诺FT-17坦克
**最早的旋转炮塔式坦克**

世界上第一种与现代坦克相似的、具有可360°旋转炮塔的坦克是由法国路易·雷诺于1917年发明的,名为"雷诺FT-17",它是当时世界上性能最好的坦克。这种坦克结构紧凑,外型轻巧,战斗全重只有7吨。车体后部装有1台35马力的发动机,前部有个直径很大的诱导轮,便于克服地面障碍,其时速为8千米。与其他坦克相比,它最大的优点是,车体上有个可四周转动的炮塔,可以朝不同方向的敌人进行观察、瞄准和射击。雷诺FT-17坦克参加了两次世界大战,作为一代著名战车已载入世界坦克发展史。

*雷诺FT-17坦克*

## 马克Ⅰ型坦克
**第一次投入实战的坦克**

1916年9月,英军统帅部将首批生产的49辆马克Ⅰ型坦克投入战场。这种新式武器外型奇特,它的车体设计成菱形,其战斗全重27.4~28.4吨,长10米,宽4.2米,高约2.5米,车体两侧长长的履带从顶部绕过。车体都用大块钢板铆接。一些坦克的侧面有个突出的炮台,装有两门57毫米火炮,以及4挺机枪。这种坦克具有较强的火力,被称为"雄性"坦克,另外一些没有火炮只有5挺机枪的坦克被称为"雌性"坦克。马克Ⅰ型坦克每小时只能行驶6千米,要有4个人来驾驶。

*马克Ⅰ型坦克是第一次投入实战的坦克。*

## 坦克之最

1.世界上最早出现的坦克是英国人研制的"小游民"坦克。

2.世界上最重的坦克是德国人研制的"鼠"式重型坦克。该坦克全重188吨。

3.世界上最早的既用履带行驶又用负重轮行驶的坦克是美国研制的T3克里斯蒂中型坦克。

4.世界上单价最昂贵的主战坦克是日本的90式主战坦克,单价为840万美元。

## 德国"虎"式坦克
**二战期间的德国经典重型坦克**

"虎"式重型坦克是德军在第二次世界大战中使用的一种设计成功、威力巨大的经典坦克。战斗全重57吨,车长8.45米,车宽3.7米,车高2.93米;公路行驶最大时速为38千米,行程140千米;越野时速为16千米,行程85千米。爬坡度为30°,通过垂直墙高0.79米,越壕宽2.29米,涉水深1.22~1.56米。它装备一门强力的88毫米火炮,装有炮口制退器,可以发射多种炮弹。它的强力火炮对于当时盟军的坦克来说是很有威胁的。但是"虎"式坦克最大的缺点在于其机动性太差,该坦克采用两种履带,在实施铁路运输的时候,需要更换较窄的履带。该车炮塔采用液压驱动,转速很慢,一旦发动机停转,就只能采取手动转向了。更致命的是它的后部装甲板很薄和引擎容易被损坏。

*二战时期德军的"虎"式坦克*

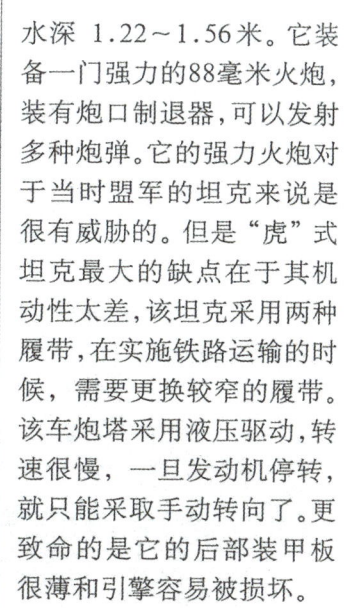

*T-72主战坦克是苏联生产量最多的型号。*

## 主战坦克

**在战场上担负主要作战任务的坦克**

主战坦克的战斗全重一般为40~60吨，乘员一般为3~4人，武器装备主要是105~125毫米口径的火炮，配用的炮弹有穿甲弹、碎甲弹和反坦克导弹等。炮弹初速每秒730~1800米，直射距离2100米，射击速度为每分钟6~9发，携带弹药基数为39~60发，越野时速35~55千米，最大行驶时速可达72千米。当前世界上最典型的主战坦克有苏联的T-72和T-80、美国的M1A1、英国的挑战者、日本的90式和以色列的梅卡瓦等。

*法国AMX-30主战坦克*

## T-72主战坦克

**苏联第三代改进型主战坦克**

T-72主战坦克战斗全重41吨，乘员3人，最大行驶速度60千米/小时，最大行程500千米。可攀登0.8米高的垂直障碍，越过2.7米宽的壕沟，在5米深的水下潜渡。车体采用由3层材料组成的复合装甲。车体前部有三角形的防弹板，侧翼外缘各有4块张开式裙板。这些裙板平时略为向外张开，对侧面车体起到保护作用。坦克通过狭窄障碍地段时，可将裙板压至紧贴车体位置，便于顺利通过复杂地形。在驾驶舱和战斗的内壁，安装了含有铅的衬层，从而提高了防辐射和中子流的能力，同时可以减小内层装甲被击毁时破片飞散造成的二次杀伤效应。

## M1A1"艾布拉姆斯"主战坦克

**具有良好防护能力的美主战坦克**

M1A1"艾布拉姆斯"主战坦克最大的特点是其良好的防护能力。在弹药舱和乘员舱之间安装有一层装甲隔板，一旦弹药舱被击中，也不致因为炮弹爆炸而伤害车内的乘员。每个乘员配有防毒面具，车内还增加了新设计的集体防护装置。同时，坦克的两层装甲中间夹有一层贫铀材料使它的防护能力比普通装甲提高了5倍。

## "挑战者"主战坦克

**可与T-72、M1A1抗衡携弹较多的英国主战坦克**

"挑战者"坦克战斗全重62吨，车长11.5米，宽3.52米，高2.5米，最大行驶时速56千米。该坦克使用一种新型穿甲弹，可以击穿世界上所有的主战坦克装甲。"挑战者"携弹多(64发)成为其与其他主战坦克(40发)相比的一个突出特点。该坦克还配有7.62毫米并列机枪和7.62毫米高射机枪各1挺，用于对地面和空中目标射击。

*"挑战者"主战坦克*

## "梅卡瓦"主战坦克
**可搭载步兵的以色列主战坦克**

"梅卡瓦"主战坦克全车长8.63米,宽3.72米,高2.64米,最大行程500千米,越野时速40千米,最大爬坡度31°,可通过高1米的垂直障碍,越壕宽3米。车上有1门105毫米线膛炮,1门60毫米迫击炮,1挺7.62毫米并列机枪和两挺7.62毫米高射机枪。使用弹药有破甲弹、碎甲弹、尾翼稳定脱壳穿甲弹和迫击炮弹,配炮弹60发。乘员除车长、炮手、装弹手外,还可搭载8～10名步兵。车体四周和炮塔为间隔装甲,对空心装药破甲弹及动能弹都有良好的防御效果。1974年,以色列制成第一辆"梅卡瓦"坦克样车,1979年交付以色列陆军。1982年首次在战场上使用。"梅卡瓦"坦克共有MK-1、MK-2、MK-3三种型号。

"梅卡瓦"主战坦克的正面与侧面

水陆坦克正在登陆。

## 水陆坦克
**能涉水登陆的两栖作战坦克**

水陆坦克既可在水上行驶,又能参加海岸登陆和横渡江河战斗,也可在多河流、湖泊、沼泽、稻田等水网地带执行战斗和侦察任务。坦克上装有水上推进装置,可用于水网地带作战,强渡江河及登陆作战。水陆坦克的车体密封,并装备有一些特殊设备,包括通气筒、排气阀门、救生器材、航向仪、排水泵等。通气筒让新鲜空气进入坦克内,通气筒一般高3～4米,因此坦克潜渡时水深不超过5米。排气阀安装在排气管上,废气通过排气管中的排气阀排出。有了通气筒和排气阀,坦克在水下就不会"窒息"了。世界上第一辆水陆坦克是由英国制造的。

## 喷火坦克
**装有喷火装置能实施喷火作战的坦克**

喷火坦克主要用于近距离喷射火焰,以杀伤敌人和破坏装备。喷火坦克有两种:一种以喷火器为主要武器,用喷火器取代火炮,坦克上只配有大口径机枪作为辅助武器;另一种的主要武器仍然是火炮和机枪。喷火坦克最大喷射距离为100～200米,携带喷射燃料200～1800升,可喷射20～60次。

加拿大造喷火坦克

## 扫雷坦克
**装有扫雷装置实施扫雷作业的坦克**

扫雷坦克主要用于在地雷场开辟通道。扫雷坦克的扫雷装置有机械扫雷器和火箭爆破扫雷器。机械扫雷器分滚压式、挖掘式和打击式3种。扫雷宽度为0.6～1.3米,有的可达4米;扫雷速度每小时4～12千米。火箭爆破扫雷器是利用装药爆炸摧毁地雷,与机械扫雷器相比,其开辟通道迅速,发射隐蔽,清除较彻底,开辟通道宽度为4～8米,长60～180米。

# 军用飞机

•像军事家一样思考•

军用飞机是直接用于军事目的各种飞机,是空军的主要装备。军用飞机可用于作战、保障战斗行动和进行军事训练等。军用飞机种类繁多,有战斗机、攻击机、轰炸机、反潜机、侦察机、预警机、电子对抗飞机、空中加油机、军用运输机、武装直升机、教练机等。

想一想 军用飞机与民用飞机的区别都有哪些?战斗机、攻击机、轰炸机与其他军用飞机在外型与性能上有哪些异同点?

速度与升限是衡量军用飞机最重要的指标。

## 军用飞机的战术性能
衡量军用飞机作战能力的指标

军用飞机的作战能力有下列几个指标:飞行速度、升限、航程和续航时间、装载能力等。飞行速度是指飞机的最大平飞速度。确切地说是一架飞机在水平飞行条件下,在一定距离内,把发动机升到最大推力时所能达到的最大速度。这是飞机飞行快慢最重要的指标。升限是飞机上升的最大高度,是飞机飞得高不高的最重要的指标。航程是指飞机起飞后,在中途不加油的条件下,所能飞越的最大距离。这是飞机飞得远不远的重要指标。续航时间是以正常飞行速度所能飞行的最大时间,也是飞机飞行远近的一个指标。装载能力是飞机所能携带武器和油料等的重要指标。

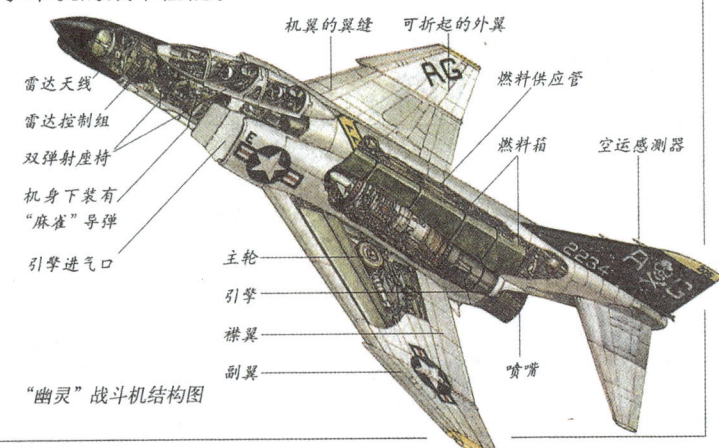

型号是区别各种军用飞机的主要标志。

## 军机的机型代号
各国军机的命名方式

飞机按其主要用途可分为不同的机种,每一机种又分为多种不同的机型,每种机型飞机都有一个机型代号。有的国家用名称作机型代号,如法国的"幻影"、"阵风",英国的"鹞"、"闪电"等。有的国家用机型代号加数字表示,如美国的F-15、F-117等。飞机型号中还包括改型代号、任务变更代号和状态号等。美国军用飞机的机型代号以代号为主;俄罗斯军机的机型代号由设计局代号、序列代号和改型代号组成。

## 军用飞机的结构
军用飞机的基本构造与组件

飞机的主要部分有机翼、机身、起落装置、动力装置、飞行控制装置等。除了拥有一般飞机上的主要设备外,军用飞机还装有机载通信设备、导航设备和救生设备,直接参加战斗的飞机装有机载火力控制系统、武器和电子对抗系统。所携武器有各种导弹、火箭、航空机关炮、航空炸弹等。这些装置与设备的科技水平决定了军机的战术性能。

"幽灵"战斗机结构图

机翼的翼缝　可折起的外翼
雷达天线　燃料供应管
雷达控制组　燃料箱　空运感测器
双弹射座椅
机身下装有"麻雀"导弹
引擎进气口　主轮　引擎　襟翼　副翼　喷嘴

# 战斗机

**用于歼灭敌方飞机和其他空袭兵器的飞机**

战斗机具有火力强、速度快、机动性好等特点，是航空兵空中作战的主要机种，也可用于执行对地攻击任务。早期的战斗机是在飞机上安装机枪来进行空中战斗的，现代战斗机装有20毫米以上的航空机关炮，还可携带多枚炸弹、导弹。高性能战斗机的最大飞行时速达3000千米，最大飞行高度为3万米，不带副箱时最大航程2000千米，带副油箱时可达5000千米。机上还带有先进的电子对抗设备。

*停降在甲板上的战斗机联队*

## 战斗机引擎

如今，所有战斗机都使用涡轮风扇引擎，从进气道进入的空气被分成几股。有些经过压缩，通过燃烧室和涡轮，其余的则从旁路通过，与背面的热气混合。AL-31FP引擎是安装在苏-27型战斗机上的两只引擎之一。它的最大推力是13300千克，还有一个与众不同的特点，就是它的尾喷管可以调节（旋转），从而对飞机形成有力控制。引擎顶部是所有的燃料调节器、起动器、发电机、液压泵和其他辅助设备。

*万米高空上的F-14"雄猫"战斗机*

## F-14"雄猫"战斗机

**世界上最重的舰载战斗机**

F-14"雄猫"战斗机是双座双发变后掠翼重型多用途舰载战斗机，是美国海军的主力舰载战斗机，主要用于舰队防空和海上制空。机长19.10米，机高4.88米，翼展19.54米、10.15米（后掠），最大起飞重量33724千克，最大速度2.34马赫，最大航程3220千米，作战半径725～1850千米，实用升限15240米。装有一部AWG-9脉冲多普勒火控雷达，最大探测距离167千米，可跟踪24个目标，并同时攻击其中6个目标。机载武器有1门20毫米六管机炮，10个外挂架，可挂6枚"不死鸟"和两枚"响尾蛇"空空导弹（或4枚"麻雀"和4枚"响尾蛇"）及各种炸弹和火箭弹等，最大载弹量6580千克。

*AL-31FP引擎*

## F-15"鹰"式战斗机

**美军双发重型制空战斗机**

F-15"鹰"式战斗机主要有F-15A、F-15B、F-15C、F-15D、F-15E等型号，其中A和C型号为单座型，B、D、E型号为双座型。机长19.43米，机高5.63米，翼展13.05米，最大起飞重量36741千克，最大速度2.5马赫，最大航程3200千米，作

*F-15"鹰"式战斗机*

*F-15"鹰"式战斗机是美军的主力战斗机，美中不足的是造价昂贵。*

战半径1270千米。机上装备AN/APG-70型高分辨率火控雷达，最大探测距离150千米。机翼下挂有夜间低空导航和红外瞄准系统吊舱。机载武器有1门20毫米六管机炮，12个外挂架，可携带4枚AIM-9L"响尾蛇"近距格斗空空导弹和4枚AIM-7M"麻雀"中距空空导弹，或8枚最新研制的AIM-120"先进"中距空空导弹，还可携带AGM-65"幼畜"空地导弹、各种炸弹和火箭弹，最大载弹量11113千克。

## F-16"战隼"战斗机
**美军20世纪的经典战斗机**

F-16系列的主要型别有F-16A、F-16B、F-16C和F-16D。机长15.03米，机高5.09米，翼展9.45米，最大起飞重量19204千克，最大飞行速度2马赫，最大航程3800千米，作战半径1371千米，实用升限17200米。该种飞机机头装有一部AN/APG-68脉冲多普勒雷达，最大探测距离140千米，可同时跟踪10个目标。机翼下挂有夜间低空导航和红外瞄准系统吊舱。机载武器有1门20毫米6管机炮，9个外挂架，可挂6枚空空导弹，其中包括AIM-9L"响尾蛇"近距格斗空空导弹、AIM-7M"麻雀"中距空空导弹或最新研制的AIM-120"先进"中距空空导弹，还可携带AGM-65"幼畜"空地导弹、空舰导弹、反辐射导弹和各种炸弹，最大载弹量6890千克。海湾战争期间，该机主要执行对敌攻击任务。

*F-16"战隼"战斗机可挂载多发导弹。*

## F-22"猛禽"战斗机
**美国空军21世纪初主力战斗机**

F-22"猛禽"战斗机采用外倾式双垂尾常规布局、隐型外型设计、超音速波阻技术、大迎角气动设计和非定常前体涡控技术，在结构上大量使用复合材料，具有隐身性和超机动性双优品质。机长19.06米，机高5.03米，翼展13.57米，最大起飞重量27215千克，最大速度2.1马赫，实用升限15240米，最大航程4830千米，作战半径1800千米。机载武器有1门20毫米M61A2"火神"式航炮（携弹480发），机内主武器舱可携带两枚AIM-120A"先进"中距空空导弹和两颗GBU-32"联合直接攻击弹药"，或携带6枚AIM-120C"先进"中距空空导弹，机内侧武器舱可携带两枚AIM-9M"响尾蛇"短距空空导弹，机翼上还保留了4个外挂点，必要时可挂载8枚AIM-120A"先进"中距空空导弹。

*F-22"猛禽"战斗机是美国空军用于未来战争的先进战斗机。*

## 米格-29战斗机
**苏联空中"支点"战斗机**

米格-29"支点"战斗机是苏联单座双发高机动性轻型制空战斗机，先后有多种不同类型。机长17.32米，高4.73米，翼展11.36米，最大起飞重量18500千克，最大速度2.3马赫，最大航程2100千米，作战半径710千米。机首装有一部脉冲多普勒雷达，具有俯视俯射能力，可探测100千米远的目标，并可跟踪70千米远的目标。机载武器有1门30毫米机炮，6个外挂架，可挂载4枚AA-8红外制导近距格斗导弹和两枚AA-10雷达制导中距空空导弹，还可携带武器吊舱和挂载57毫米和240毫米火箭弹，最大载弹量3600千克。

*米格-29战斗机*

## "幻影"2000战斗机

**法军"幻影"系列的第三代战斗机**

"幻影"2000战斗机是法国"幻影"Ⅲ和"幻影"F1的后继机种，是"幻影"系列的第三代战斗机。采用无尾三角翼。机长14.45米，机高5.2米，翼展9.13米，最大起飞重量16.5吨，最大速度2.2马赫，作战半径740千米，最大航程3900千米。机首装有一部汤姆逊-RDY雷达，可以同时跟踪8个目标，并同时攻击其中4个目标。机载武器有两门30毫米机炮，9个外挂架，可挂两枚"魔术"-2红外制导近距格斗空空导弹和4枚"米卡"雷达制导中距空空导弹，各种空地导弹、反炸弹和火箭弹，最大载弹量6300千克。

改进后的"狂风"ADV型战斗机

## "狂风"战斗机

**英、德、意共同研制的多用途战斗机**

"狂风"战斗机机长16.72米，机高5.95米，翼展13.91米（最大）、8.6米（后掠），最大起飞重量27215千克，最大速度2.2马赫，作战半径1390千米。机载武器为两门27毫米机炮，7个外挂架，可挂4枚"空中闪光"半主动雷达制导中距空空导弹以及两枚AIM-9L红外空空导弹，各种空地导弹和炸弹，最大载弹量9000千克。后来，英国又对"狂风"战斗机进行了改进，称为"狂风"ADV型。改进后的"狂风"机身加长1.24米，以便携带新型空空导弹和截击雷达。同时"狂风"ADV型战斗机还增加了数据传输系统电子式俯视显示器。

"幼狮"为以色列仿制"幻影2000-5"研制的多用途战斗机。

法国第三代战斗机

## 世界大战中的战斗机

第一次世界大战之前，人们认为军用飞机只能用作侦察。大战初期的空战中，驾驶员以手枪互射，后来同步式机枪出现后，真正意义上的战斗机出现了。到了第二次世界大战，高速度、大火力、灵活度高的优异战斗机，陆续出现在战场上。

**佛克E3（1915年）**

第一次世界大战中德国战斗机，是最早配合螺旋桨的旋转而装上机舱的战斗机。

佛克E3

**斯巴德13（1917年）**

第一次世界大战中的法国最出色的战斗机，是当时世界上速度最快的飞机。

斯巴德13

**旋风战斗机（1935年）**

二战中守卫英国本土的优异战斗机。

旋风战斗机

**洛克希德P-38（1939年）**

具有双机身、双引擎，续航距离长等特点的美国闪电式战斗机。

洛克希德P-38

## 攻击机

**兼有战斗与轰炸功能的进攻性飞机**

攻击机又称强击机，机体外形和战斗机相近，但挂载较多武器后不宜进行空中格斗。它和轰炸机相近，可以投弹攻击，但无法远航轰炸大面积目标。攻击机具有良好的低空操纵性、安定性和搜索地面目标能力，用于从低空、超低空突击地面小型目标，支援地面部队作战。有的攻击机为提高生存能力，其要害部位座舱、发动机、油箱等还带有装甲防护。攻击机用来突击地面目标的武器有：航炮、普通炸弹、制导航空炸弹、反坦克集束炸弹和空地导弹等。多数攻击机可挂战术核弹，有的装有红外观察仪或微光电视等光电搜索瞄准设备和激光测距器；有的攻击机具有垂直/短距起降性能。

*具有多种作战功能的F/A-18"大黄蜂"战斗攻击机*

## F/A-18"大黄蜂"战斗攻击机

**美军双发多用途舰载战斗攻击机**

F/A-18"大黄蜂"攻击机机长18.31米，机高4.82米，翼展13.62米，最大起飞重量29937千克，最大平飞速度1.8马赫，实用升限15240米，作战半径1231千米。机上装有一部AN/APG-73火控雷达，有效探测距离148千米，可以同时跟踪10个目标。还可携带先进战术空中侦察吊舱。机载武器有1门20毫米六管机炮，11个外部挂架，可携带目前美国海军武器库中的所有主要空空导弹、空地导弹、空舰导弹、炸弹和火箭弹等，还可携带最新研制的"斯拉姆"及其增程型地空导弹等精确制导对地攻击武器，最大载弹量8000千克。

## "入侵者"舰载攻击机

**美国著名舰载攻击机**

美国制造的"入侵者"舰载攻击机机长16.69米，机高4.93米，最大起飞重量27400千克，空重12130千克，最大平飞速度0.85倍音速，实用升限12930米，最大爬升率39米/秒，转场航程4400千米。载有实时显示多功能雷达、自动驾驶仪、导航雷达、惯性和多普勒导航系统、多功能显示器等。机身下1个和机翼下4个挂架可携带炸弹、反雷达空地导弹和鱼叉反舰导弹，最大载弹量8170千克。

*美国"入侵者"舰载攻击机*

## "阿尔发"攻击机

**法国串列双座攻击机**

"阿尔发"攻击机全长13.23米，机高4.19米，翼展9.11米，最大起飞重量为8000千克，空重3520千克，最大平飞速度0.85倍音速，实用升限14630米，最大爬升率57米/秒(海平面)，作战半径350～910千米。机载设备有敌我识别与电码选编识别装置、电子对抗装置等。机载1门30毫米机炮，机身和机翼下5个挂架，可以挂各种炸弹、火箭弹发射器、空地导弹、"魔术"等空空导弹。

## "鹞"式攻击机

### 第一种实用型垂直/短距起降攻击机

"鹞"式垂直起降攻击机是英国研制的亚音速单座单发垂直/短距起降战斗机。它的主要任务是进行空中近距支援和战术侦察。"鹞"式飞机机身前后有4个可旋转0°~98.5°的喷气口,提供垂直起落、飞行所需的动升力和推力。它的机长13.89米,翼展7.70米,

"鹞"式世界上第一种实用型垂直/短距起降攻击机

机高3.45米,机翼面积是18.68平方米,飞机展弦比是3.175,机翼后掠角(1/4弦线处)34°。空重5580千克,最大起飞重量11340千克。最大平飞速度1186千米/小时,海平面最大爬升率180米/秒,实用升限15240米,作战半径垂直起落时92千米,短距滑跑时418千米,转场航程(带4个副油箱)3300千米。"鹞"式攻击机的武器装备有:1对30毫米"阿登"机炮舱,3颗454千克炸弹,1对"马特拉"155火箭发射筒,以及"响尾蛇"空空导弹等。

## F-117A隐形攻击机

### 外型奇特的高亚音速战术飞机

F-117A隐形攻击机的几何尺寸与F-15战斗机相当。F-117A有两个特点:一是外形奇特;二是机载武器和设备通用性强。F-117A的外形与众不同,整架飞机几乎全由直线构成。连机翼和V型尾翼也都采用了没有曲线的菱形翼型。F-117A可进行空中加油,加油口位于机身背部。全机干净利索,除了机头的4个多功能大气数据探头外就连天线也设计成可上下伸缩的。机长19.85米,翼展13.23米,机高3.81米,后掠角67°。最大起飞重量23835千克,空重13920千克。内部武器舱长4.7米,宽1.75米,可携带两枚900千克BLU-109激光制导炸弹,也可带AGM-88A、AGM-6S空对地导弹和GBU-15炸弹等。这些武器其他多数战术战斗机均可使用。

虽然A-10"雷电"攻击机的科技含量不是很高,但它的防护力及对地面的攻击力还算是较为出色的。

## A-10"雷电"攻击机

### 美军近距离支援攻击机

A-10"雷电"攻击机是美国空军的主力攻击机。该机机长16.26米,翼展17.53米,机高4.47米,最大时速834千米,最大作战半径1000千米,乘员1人。武备:1门30毫米7管机炮,挂载各种空地导弹和炸弹,最大载弹量7257千克。

美国F-117A像一只巨大的怪鸟。

"夜鹰"F-117A隐形攻击机

# 轰炸机

**执行轰炸任务的作战飞机**

轰炸机是指用炸弹、鱼雷或空地导弹对敌方地面和海上目标实施杀伤与破坏的军用作战飞机。按用途和任务性质，轰炸机可分为战术轰炸机和战略轰炸机两类；按起飞重量和航程，可分为轻型（近程）、中型（中程）、重型（远程）三类。现代轰炸机通常是由机体结构、动力装置、武器系统、机载电子和特种设备组成的。目前，着重发展的超音速变后翼略轰炸机和高亚音速隐身战略轰炸机都装有先进的自动导航系统、地形跟踪系统、火控系统和电子对抗设备；以可装核弹头的空地导弹和巡航导弹为主要攻击武器，能在复杂的气象和地形条件下隐蔽地进行突防，对战略目标实施远距离袭击，已成为战略核打击力量的重要组成部分。

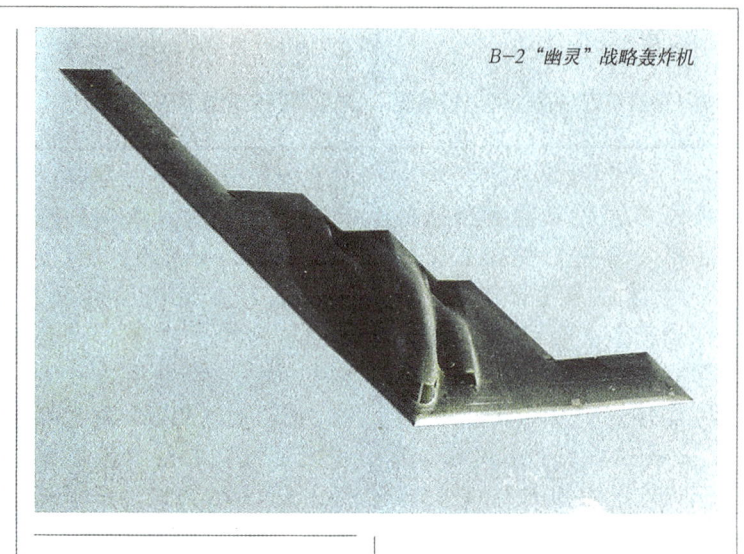

*美国空军的超大型轰炸机，最多可装载24吨炸弹。*

*B-2"幽灵"战略轰炸机*

## B-52战略轰炸机

**美军亚音速重型轰炸机**

B-52战略轰炸机主要用于远程常规轰炸和核轰炸。该机有A、B、C、D、E、F、G、H等8种型号。现在役的是1959年装备部队的B-52G型和1961年装备部队的B-52H型。其中H型飞机进行了大量的高技术改装，使其空中突防能力和对地攻击能力都有了较大程度的提高。该型机机长48.13米，翼展55.53米。高空飞行时，最大速度0.95马赫，低空飞行时，只有音速的一半，约0.6马赫。最大航程8000千米，最大起飞重量221.5吨，最大载弹量32吨。可携带核炸弹和常规炸弹，H型和G型还可加挂近程空地导弹和巡航导弹各20枚。机尾装有4挺机枪，以便进行空中格斗。飞机投弹主要由机上的布散器均匀地投在目标地区，形成大面积空袭效果。

## B-2"幽灵"战略轰炸机

**美国格鲁门公司研制的隐身战略轰炸机**

B-2"幽灵"战略轰炸机于1978年开始研制，1989年7月首次试飞，1993年底开始装备美国空军。该机采用翼身溶合的无尾翼构形，有四对综合副翼，机体表面涂有吸波材料，S形进气道和V形尾喷管位于机体上部，使其雷达反射截面仅为B-52轰炸机的千分之一。机长21.03米，翼展52.41米，机高5.18米，装有4台F118-GE-110无加力涡扇发动机。最大起飞重量181437千克，最大速度0.85马赫，最大航程11675千米，机组人员两人。装有一部休斯公司的AN/PPQ-181火控雷达，该雷达具有地形跟踪和回避等21种使用模态。机内设有两个武器舱，可携带16枚巡航导弹，也可使用核炸弹和常规炸弹，最大载弹量22680千克。

## B-2"幽灵"轰炸机的隐身秘密

B-2"幽灵"轰炸机的尾部装有屏蔽红外特征的关键设备,这些设备可以减少发动机喷口的热源,以躲避敌方红外探测装置。这是隐身方法之一。B-2轰炸机的所有武器都隐藏在机身之内,机身内有旋转式发射器。机身外部没有任何武器挂架,这样可能减少阻力,还可能有效地躲避雷达探测。这是隐身方法之二。B-2轰炸机上的黑灰色涂层是一种雷达波吸收物质,雷达波照射之后,不再反射回去。这是隐身方法之三。

*F-111战斗轰炸机*

*F-111战斗轰炸机驾驶舱*

## F-111战斗轰炸机

**世界上第一种实用型变后掠翼飞机**

F-111采用了双座、双发、上单翼和倒T形尾翼的总体布局形式,起落架为前三点式,最大特点是采用了变后掠翼。该轰炸机的翼展9.74~19.2米,机长22.40米,机高5.22米,实用升限15500米,作战半径为1100~2100千米,最大转场航程10000千米,起落滑跑距离都是900米。武器系统包括机身弹舱和8个翼下挂架,可携带普通炸弹、导弹和核弹。机身弹舱长5米,可挂1颗1360千克炸弹。机上可挂6枚AIM-54"不死鸟"空空导弹,还装一门M61型6管机炮,备弹2000发。左、右翼各有4个挂架,其中内侧两个挂架可以随机翼后掠角的变化而转动,始终保持与机身纵轴平行。

*"逆火"图-26高性能战略轰炸机*

## "逆火"图-26轰炸机

**苏联超音速轰炸机**

"逆火"图-26是苏联图波列夫设计局研制的变后掠翼超音速高性能战略轰炸机。该机机长39.6米,翼展(全展开)34.3米,(全后掠)23.4米,机高10.8米;空重52000千克,最大起飞总重130000千克,正常武器载重12000千克,机内最大载油量48000千克,海平面最大速度1100千米/小时,高空最大速度(带两枚导弹,高度15000米)1593千米/小时,巡航速度849.8千米/小时;实用升限15240米,爬升率(机翼后掠55°)55米/秒,起飞滑跑距离1525米,最大航程9000千米。主要机载设备包括地形跟踪雷达、大型轰炸导航雷达、尾炮瞄准雷达、多普勒导航及计算系统。可携带1枚AS-4"厨房"空地导弹,或在机翼下携带两枚AS-4或AS-6"王鱼"空地导弹。进气道下的多用途挂架上可携带12枚500千克的炸弹。舱内可携带多达12000千克的常规炸弹。

AH-64"阿帕奇"武装直升机

## 武装直升机
**直升机家族中的"战斗机"**

　　武装直升机是用于对地攻击和空战的军用机种。它可为运输直升机护航,也可与敌直升机进行空战。具有机动灵活,反应迅速,适于低空、超低空抵近攻击,能在运动和悬停状态开火等特点。多配属陆军航空兵,是航空兵实施直接火力支援的新型机种。反坦克作战是武装直升机的主要用途之一,它与坦克对抗时,在视野、速度、机动性及武器射程等诸方面明显处于优势地位。舰载武装直升机还可扩大舰艇或舰队的作战范围,增强作战能力。武装直升机一般有两名乘员,1名飞行员和1名射击员。携带机枪、航炮、炸弹、火箭和导弹等多种武器,最大平飞时速300千米,续航时间2~3小时。

执行空中作战任务的武装直升机

## AH-64"阿帕奇"武装直升机
**美军主战武装直升机**

　　AH-64"阿帕奇"武装直升机机长17.74米,高4.65米,旋翼直径14.63米,最大平飞速度293千米/小时,实用升限6400米,最大航程482千米。武器系统有1门XM-230-EI型30毫米链式机关炮,4个外挂点,可挂16枚"海尔法"反坦克导弹。

## 侦察机
**用于从空中进行侦察获取情报的军用飞机**

　　侦察机按遂行任务范围可分为:①战略侦察机。航程远,能深入敌后对重要目标实施战略侦察。②战术侦察机。具有低空高速飞行性能,用以获取战役战术情报。侦察机上装有各种侦察设备,如航空照相机等。

## SR-71"黑鸟"高空侦察机
**美军高空高速战略侦察机**

　　SR-71"黑鸟"高空侦察机机翼翼展16.94米,机高5.64米,机长为32.74米。"黑鸟"配备了比较先进的电子侦察设备,可以根据任

SR-71"黑鸟"高空侦察机

务需要携挂各类传感器。主要机载设备有:侦察照像机、红外与电子探测设备、AN/APQ-73合成孔径雷达。"黑鸟"拍摄的照片非常清晰,判读员可以从照片上分辨出20厘米大小的目标物。SR-71之所以有"黑鸟"这个绰号,是因为它的外形设计较难被雷达探测到,具有一定的隐身性能。

美军的U2高空侦察机是世界著名的军事侦察机。

## 预警机

**搜索、监视空中或海上目标的军机**

预警机用于指挥引导己方执行作战飞行任务。机上有雷达和电子侦察设备,飞机起飞后大大增加雷达的搜索范围和探测距离,增长预警时间,发现低空、超低空和海上飞行目标的作用尤为显著。预警机通常由大型运输机改装而成,在现代战争中具有重要作用。

EC-137B 预警机

## 电子干扰飞机

**扰乱敌方防空系统的军机**

电子干扰机携带电子干扰设备,可对敌方的雷达和通信设备进行干扰。其主要任务是利用飞机上的电子干扰设备施放干扰信号,使敌方的防空体系失效,掩护己

EA-6B "徘徊者"
舰载电子干扰飞机

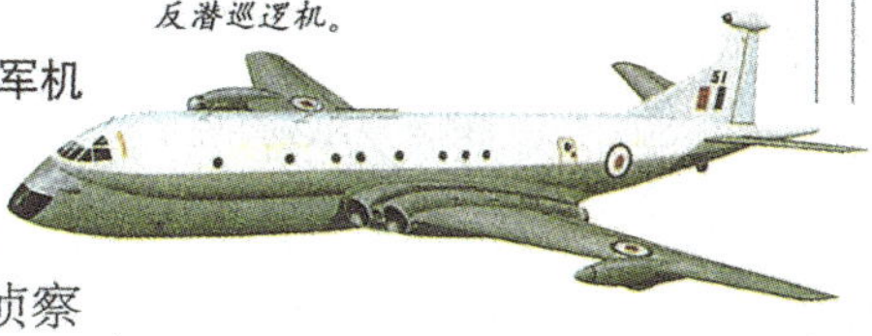

方的攻击飞机完成攻击任务。现役大型电子干扰机,如美国的 EC-130,此类飞机飞行速度低,但干扰功率强,多在防空火力圈外实施"远距干扰"。目前在军队服役的小型电子干扰机有美国的 EF-111、EA-6B 等。

英国"猎人式"MR2 是最早的喷射反潜巡逻机。

## 反潜巡逻机

**用于海上巡逻和反潜的海军飞机**

反潜巡逻机有岸基反潜巡逻机和水上反潜巡逻机之分。主要用于对潜警戒,协同其他兵力构成反潜警戒线;在己方舰船航行的海区遂行反潜巡逻任务;引导其他反潜兵力或自行对敌方潜艇实施攻击。机上可携载反潜鱼雷、深水炸弹、核深水炸弹、空舰导弹等武器。20世纪80年代初,反潜巡逻机的最大速度已达900千米/小时,最大航程9000千米,续航时间13~22小时,具有良好的低空性能,装有反潜搜索雷达、红外探测仪、磁力探测仪、微光探测仪、水质分析器、气体分析器和电子监视听器等设备,能对潜艇进行全天候搜索、跟踪和攻击。

由 VC10 客机改装而成的
VC10K 空中加油机

## 执行特别军事任务的无人驾驶飞机

无人驾驶机是由无线电遥控设备或自备程序控制装置操纵的不载人飞机。它装有自动驾驶仪、程序控制装置、遥控和遥测设备、电视摄像机、自动导航设备、起飞和着陆系统等。无人驾驶飞机的主要军事用途是:供高射炮、地空导弹部队打靶,担负昼间和夜间战术、战略侦察,以及施放电子干扰等。此外,还可用于通信、反潜、火炮射击校正、核武器试验取样和特种战争效果评定等。

## 空中加油机

**军机的空中"加油站"**

空中加油机是专门给飞行中的飞机和直升机补加燃料的飞机。可使受油机增大航程,延长续航时间,增加有效载重,提高航空兵的远程作战能力。空中加油机多由大型运输或战略轰炸机改装而成,加油设备大多装在尾部,也有装在机翼下吊舱内的,由飞行员或加油员操纵。

KC-135 "同温层油船"加油机正在给战机进行空中加油。

# 舰艇

## 像军事家一样思考

舰艇是在海上进行攻防作战和勤务保障的军用舰船，是海军的主要装备。用于海上攻击，保护海上交通线，参加登陆作战以及完成海上运输、修理、救生等各种保障任务。舰艇种类很多，大小各不同，通常把正常排水量在500吨以上的军用船舶称为舰，把正常排水量在500吨以下的军用船舶称为艇。舰艇是战争中争夺制海权不可缺少的武器。

**想一想** 在未来海战中，哪些舰艇是海上战场的霸主，哪些舰艇会逐渐退出战争舞台？

## 舰艇的命名
### 舰名与舷号的命名方式

舰名是海军现役和预备役舰艇的名称，通常用同类名称命名同类舰艇，如美国"长尾鲨"号核潜艇等。舷号是标志在舰艇两舷水线以上的编号。水面舰艇通常标示在舰首部水线以上两舷的显著位置，也有标在舰尾部的；潜艇标示在指挥室围壳上，用以确定其在海军序列中的位置，便于识别。

*水面舰艇的舷号通常标示在两舷的显著位置。*

## 舰艇的战术性能
### 衡量舰艇战术能力与技术性能的指标

舰艇的战术性能主要指标有：舰艇耐波性、舰艇续航力、作战半径等。舰艇耐波性是舰艇在一定风浪条件下的运动性能。续航力是指舰艇一次满载燃烧、机械用水和滑油，以给定速度航行所能达到的最大距离。作战半径通常指舰艇按设计规定装足燃油、淡水、食品、弹药及各种消耗品，从基地出发，中途不补给，进行作战活动所能达到的最大平均直线距离。

## 舰艇的结构
### 现代舰艇的基本构造与组件

舰艇通常由船体、武器系统、动力装置、导航设备、防护设备、生活和工作舱室等部分组成。武器系统有：各种舰载机、各种舰艇导弹等。此外，还有鱼雷、水雷、深水炸弹和舰炮等。动力装置大都采用蒸汽轮机，少数为核动力装置、燃气轮机和柴油机等。导航设备有各种声呐、导航仪等。防护设备有防核装置等。

*舰船的结构*

警戒雷达 — 架空天线 — "海猫"导弹发射装置 — 动力捕鲸船式救生艇 — 舰平台 — 信号灯 — "飞鱼"反舰导弹发射装置 — 火炮炮塔 — 锚 — 舰旗杆 — 直升机 — 舵 — 梯口 — 反潜鱼雷发射管 — 火炮和导弹火控雷达 — 三重箔条诱饵弹火箭发射装置 — 信号旗舱 — 舰舷号 — 舷窗 — 舰底声呐罩 — 挡水板 — 导缆孔 — 吃水标尺

武器装备 | 51

二战时期日本"大和"号战列舰

## 战列舰
**能远洋作战的水面舰船**

战列舰装有大口径舰炮，带有装甲防护和较强突击火力，能在远洋作战，是海军的主要舰种之一。主要担负海上作战、支援登陆和攻击岸上目标等任务。20世纪30年代，战列舰的发展达到顶峰。二战后，战列舰的地位逐渐被航空母舰取代。各国均不再建造战列舰，舰队中的战列舰也纷纷退出现役；一时间，战列舰几乎销声匿迹。现代的战列舰都是在第二次世界大战前建造的，经过多次现代化改装。

## "依阿华"级战列舰
**二战期间美国吨位最大的战列舰**

"依阿华"级战列舰舰长270.4米，宽33米，标准排水量4.5万吨；舰体最厚装甲达430毫米。改装后的"依阿华"级战列舰安装了8座四联装"战斧"巡航导弹发射装置、4座四联装"鱼叉"舰舰导弹发射装置、3座三联装406毫米火炮、6座双管127毫米火炮、4座"密集阵"近程武器防御系统。舰上设有直升机起降平台。

## "俾斯麦"号战列舰
**二战中德国著名战列舰**

"俾斯麦"号战列舰舰长241.55米，宽36米，吃水10米；标准排水量41637吨，最大航速30.1节，续航力为1.5万海里。全舰火力较强，装有4座双联装381毫米主炮（备弹840发）、6座双联装150毫米炮（备弹1800发）、8座双联装105毫米重型高炮、8座双联装37毫米中型高炮、40门机关炮，以及6具533毫米鱼雷发射管。此外，舰上还搭载有4架"阿拉多－196"式水上飞机，以及18艘小艇。该舰的装甲厚实坚固，舷侧有鱼雷防护系统。

"俾斯麦"号战列舰是以德国著名首相俾斯麦的名字来命名的。

"依阿华"级战列舰

## 从木制战舰到装甲舰

军舰是随着战争从陆地扩大到水面而产生的。海战促使战船进步，先进的战船也促使海战规模的扩大。

**公元前1200年的战舰**
迄今为止发现的最早的战船是公元前1200年出现于埃及、腓尼基和希腊的战船，它们以桨划行，辅以风帆推进。

*腓尼基人的平底战舰*

**公元1世纪的战舰**
罗马人在与迦太基人的长期作战过程中，逐渐学会了建造和使用先进的战舰，并运用海上战术赢得战斗胜利。

*罗马海战胜利纪念碑上刻有战舰舰首和士兵的图案*

**公元19世纪的战舰**
法国的"光荣"号是世界上第一艘装甲舰，舰上装设60门舷侧炮，船外包着110毫米厚的带状铁板。

*法国"光荣"号装甲战舰*

"弗吉尼亚"级巡洋舰的自动化程度相当高。

## 巡洋舰
**远洋作战的大型战斗舰船**

巡洋舰是在排水量、火炮、装甲防护等方面仅次于战列舰的多用途大中型水面战舰,能在较长时间和恶劣气象条件下进行远洋机动作战。它装备有与其排水量相称的攻防武器系统、精密的探测计算设备和指挥控制通信系统,具有较高的航速、较大的续航力和较好的耐波性。通常由数艘组成编队,或参加航空母舰编队担任翼侧掩护,常作为编队的旗舰。必要时可单独执行战斗任务。

驱逐舰

## "弗吉尼亚"级巡洋舰
**美国海军第四级核动力巡洋舰**

"弗吉尼亚"级巡洋舰舰长178.3米,宽19.2米,最大航速30节。"弗吉尼亚"级巡洋舰装备了更为先进的武器设备:两座四联装"战斧"巡航导弹发射装置、两座四联装"鱼叉"舰舰导弹发射装置、两座MK-26型导弹发射装置(可发射"标准"SM2舰空导弹、"阿斯洛克"反潜导弹;弹库混合备弹68枚)、两座三联装MK32型反潜鱼雷发射管、两座MK-45型127毫米全自动火炮、两套20毫米MK-15型"密集阵"近程防御武器系统。

美"米利厄斯"导弹驱逐舰向伊拉克发射"战斧"巡航导弹。

## "提康德罗加"级巡洋舰
**装置有"宙斯盾"导弹防空系统的美国海军巡洋舰**

"提康德罗加"级巡洋舰舰长172.8米,宽16.8米,满载排水量9600吨,最大航速30节,该级舰的最引人注目之处就是"宇宙盾"系统。它由六大部分组成:相控阵雷达、指挥决定系统、武器控制系统、导弹火控系统、导弹发射系统及战备检查系统。其主要特点是:能同时识别和跟踪几百个目标,并计算出其飞行轨迹;可用不同的发射装置同时打击不同的目标。

"提康德罗加"巡洋舰上装备有"宙斯盾"防空系统,具备防御弹道导弹的能力。

## 驱逐舰
**以导弹和舰炮为主要武器的中型战舰**

驱逐舰是一种以导弹、鱼雷、火炮等为主要武器,具有多种作战能力的中型水面舰艇。现代驱逐舰一般满载排水量3000~8000吨,最大航速30~38节,续航力3000~6000海里,能适应复杂海况下的作战,有较强的抗打击能力,并配有较完善的三防(防原子、防化学、防生物战)能力。

## "金刚"级驱逐舰

**日本海上自卫队第一艘装备"宙斯盾"的导弹驱逐舰**

金刚级是日本海上自卫队第一艘装备"宙斯盾"防空导弹系统和导弹垂直发射系统的新型导弹驱逐舰。首舰"金刚"号于1990年动工，1993年服役。标准排水量7250吨，满载排水量9485吨。长161米，宽21米，吃水6.2米。动力装置为4台LM2500燃气轮机，总功率10万马力，双轴，可调螺距螺旋桨，航速30节，续航力为4500海里/20节。编制307人。该级舰装有：两座四联装"捕鲸叉"舰舰导弹发射装置；舰首装有MK41型29单元导弹垂直发射装置；舰尾装有MK41型61单元导弹垂直发射装置，用于发射"标准"SM-2MR舰空导弹和"阿斯洛克"反潜导弹；两具HOS-302型三联装324毫米鱼雷发射管；1座"奥托·梅莱拉"127毫米炮；两座MK15型6管20毫米"密集阵"近防武器系统等。

## 护卫舰

**以导弹、舰炮和反潜鱼雷为主要武器的轻型战舰**

护卫舰主要用于反潜护航以及侦察、警戒、巡逻、布雷、支援登陆、对岸对舰攻击等任务。护卫舰与驱逐舰所完成的任务和装备都很相似，一般比驱逐舰吨位小、武器弱、航速低，是一种更为普及的舰种。早期的护卫舰，排水量约1000~1400吨，航速16~18节，结构简单，有较好的远洋作战能力。现代的护卫舰，排水量已经增大到2000~5000吨，航速30~35节，续航力4000~7800海里。舰上武器有舰空导弹、舰舰导弹、反潜导弹、舰炮、反潜鱼雷和直升机等。此外，还有性能良好的声呐、雷达及作战指挥、武器控制自动化系统等。

日本海上自卫队"金刚"级驱逐舰

## "拉斐特"级护卫舰

**世界上第一种隐身护卫舰**

"拉斐特"级护卫舰舰长125米，宽15.4米，吃水4.1米；满载排水量3500吨；最大航速25节，续航力9000海里/12节。"拉斐特"级舰的电子设备众多，且性能十分先进，主要有：1部对空/对海"海虎"MK2探索和目标指示雷达；1部"海狸"2J/C多普勒跟踪雷达；1部"响尾蛇"系统J波段舰空导弹制导雷达；两部导航雷达；两套十联装"达盖"MK2舰载箔条与红外曳光弹干扰火箭发射系统；1部A33型舰载噪声与欺骗雷达干扰机；1部DR3000-S型水面舰艇用的ESM接收机和1个"旺皮尔"对海、对空红外监视和搜索系统。

"拉斐特"级护卫舰除了采用雷达波隐身技术外，还使用了红外抑制、磁辐射控制等先进技术，极大地降低了被发现的概率。

## 登陆作战舰艇
**专用于海上登陆作战的舰艇**

登陆作战舰艇也称两栖作战舰艇,包括登陆舰、登陆艇、运输舰、两栖攻击舰、两栖指挥舰、两栖货船等,用于输送登陆部队、登陆工具、战斗车辆及其他武器装备。登陆舰和登陆艇,均具有直接登陆能力,是用于小规模登陆作战的主要舰种。运输舰和两栖货船,不具有直接登陆能力,是用于远程、大规模登陆作战的舰种。两栖攻击舰,用于输送登陆兵进行登陆。两栖指挥舰,用于登陆作战中对整个登陆编队实施指挥。

## 登陆舰
**用于运送登陆兵及武器装备的登陆舰船**

登陆舰有大型和中型两种。大型登陆舰,排水量2000~8000吨,续航力3000海里以上,舰上可装载坦克10~20辆,登陆兵数百名。中型登陆舰,排水量600~1000吨,续航力1000海里,可装载坦克数辆,登陆兵数百名。登陆舰多采用柴油机作动力装置,航速12~20节。舰上装载舱内设有斜坡板或升降平台、牵引绞车等。舰上武器有舰炮数门,主要用于防空自卫和登陆时进行火力支援。

登陆舰一次可运送数百名士兵,以及坦克、战车等陆上武器装备。

## 两栖攻击舰
**使用直升机运送登陆兵及武器装备的登陆舰船**

两栖攻击舰是携载直升机用于输送登陆部队及装备的登陆舰船。主要使用直升机输送登陆兵进行垂直登陆,以提高登陆作战的突然性、快速性和机动性。舰上飞行甲板能同时起降7~8架直升机。飞行甲板下方为机库和登陆车辆库等。直升机和车辆由机库中的升降机运送到飞行甲板。登陆兵住舱有通道可直达登机部位。舰上还有指挥中心、导航设备和较齐全的医疗设施等。美国建造的"塔瓦拉"两栖攻击舰兼有攻击舰、船坞登陆舰、两栖货船的性能,代表了两栖攻击舰的发展方向。排水量39000吨,航速25节。可载30架直升机、垂直起降战斗机、2000名登陆兵、4艘登陆艇。

日本"隼"级导弹艇

## 导弹艇
**以导弹为武器的小型近海战舰**

导弹艇可以对敌大、中型水面舰船实施导弹攻击,也可以担负巡逻、警戒、反潜、布雷等任务。导弹艇吨位小,航速高,机动灵活,攻击威力大。排水量数十吨至数百吨,航行速度30~40节,有的可达50节,续航能力500~3000海里。艇上装有巡航式舰对舰导弹2~8枚,20~76毫米舰炮两座,还有各种鱼雷、水雷、深水炸弹和舰对空导弹。此外,还有搜索探测、武器控制、通信导航、电子对抗和指挥控制自动化系统。

"塔瓦拉"两栖攻击舰的外形酷似航空母舰,不但能搭载众多飞机,还可以运送大量登陆装备和物资。

## 救生艇
**紧急救助海上遇险人员专用小艇**

救生艇长度一般不小于5米,采用桨、帆、机械等动力推进,乘员60~100人。救生艇种类很多,有敞开式、封闭式和全封闭式。艇内通常装有淡水、食品、急救药品、救生电台、通讯设备等。舰体通常涂有表示警戒的橙黄颜色,便于海上救援船舶或飞机发现与识别。救生艇平时固定在甲板的吊放设备上,便于人员登艇。

小型救生艇

## 扫雷舰艇
**专用于搜索和排除水雷的舰艇**

扫雷舰艇包括舰队扫雷舰、基地扫雷舰等。主要担负开辟航道、登陆作战前扫雷以及巡逻、警戒、护航等任务。舰队扫雷舰,也称大型扫雷舰,排水量600~1000吨,航速14~20节,舰上装有各种扫雷具,可扫除布设在50~100米水深的水雷。基地扫雷舰,又称中型扫雷舰,排水量500~600吨,航速10~15节,可扫除30~50米水深的水雷。

破冰船通过其仰起的船首和坚固的船身压迫结冰的海面,以其垂直的重力作用破出一条航道。

## 气垫船
**靠一定压力的空气垫航行的现代船舶**

气垫船是利用船上大功率风机将高压空气压入船底形成气垫,将船体托高水面或地面并高速航行的船只。有气垫登陆艇、巡逻艇、导弹艇等。气垫船总重量在10~300吨左右,航速20~90节,续航力100~1500海里。大多具有两栖作战能力,可在水上航行,也可在沼泽、冰雪和沙漠地域航行。

美国"复仇者"级扫雷舰

## 破冰船
**开辟冰封河道的船舰**

破冰船是专用于破碎水面冰层,开辟航道,保障舰船进出冰封港口的舰船。有常规动力和核动力两种。破冰船满载时排水量为数千吨至两万吨,在无冰区航行时,最大航速10~21节。破冰时,船首部挤压冰层,在行进中连续破冰或反复破冰。世界上第一艘破冰船是英国建造的"叶尔马克号"破冰船。1959年,苏联建成世界上第一艘核动力破冰船"列宁号",满载时排水量19.7万吨,可在冰厚两米多的冰区行进。

气垫船

### "节"是什么单位

舰艇的航行速度常用"节"来表示,那么,"节"是什么单位呢?节通常使用于两种场合:一是作为航海速度单位。舰船每小时航程1海里为1节,用代号"kn"表示。也可用作计量水流、风速和水中武器或运行器具航行的速度。二是作为舰船的锚链分段制造和使用标志的长度单位。通常规定锚链长度单位27.5米为1节。我国舰艇锚链长度单位以20米为1节。

## 航空母舰

**海军水面战斗舰艇中的最大舰种**

航空母舰是载有各种作战飞机并提供海上起降活动基地的大型军舰。主要用于攻击各类舰船，袭击海岸设施和陆上战略目标，支援登陆和抗登陆作战。一艘航空母舰可搭载各种舰载机数十架至数百架，能在半个小时内完成起飞20多架飞机，一昼夜可航行500多海里；常规动力航空母舰续航力8000多海里，核动力航空母舰续航力达百万海里。

*航空母舰结构*
*停机和起飞区*
*舰桥*
*E2"鹰眼"预警机*
*救生舱*
*水兵舱*

## "基辅"级航空母舰

**苏联造常规动力多用途航空母舰**

"基辅"级航空母舰全长275米，宽32.7米，飞行甲板长185米，宽20.7米，满载时排水量38000吨，最大航速32节，续航力为13500海里，舰上人员1200名。装载垂直起降飞机，具有较强的反潜等能力。

*俄罗斯"基辅"号航空母舰模型*

## 航空母舰上的舰载机拦阻装置

与陆地机场相比，即便是大型航母,其飞行甲板仍显得十分窄短。因而,为了保障飞机能安全降落,航母上均有舰载机拦阻装置。舰载机拦阻装置是航空母舰上吸收着舰飞机的前冲能量，以缩短其滑行距离的装置。由拦阻索、拦阻网及其拦阻机、缓冲器、控制系统等构成。

*拦阻装置能有效保护飞机的安全降落。*

*"小鹰"级航空母舰*

## "小鹰"级航空母舰

**美国建造的最后一级常规动力航母**

"小鹰"级航空母舰舰长319.3米，宽39.6米，标准排水量60100吨，动力装置为4台蒸汽轮机，满载排水量79700吨，最大航速32节。"小鹰"级航空母舰优化了舰艇的整体：它的上层建筑较小，且位置更靠近舰部，致使动力装置后移，轴系缩短，机库面积增大，舰上的4台升降机布局合理；改进后的燃油和弹药储备量明显增加，具有一周的持续作战能力。在武器配置上，"小鹰"级装有3座MK-29"北约海麻雀"防空导弹发射装置，3座6管近程速射炮。舰上电子设备进一步完善。改进后的4艘"小鹰"级不仅反潜能力大为提高，而且防空能力和海上补给能力均得到提高。舰上共搭载80余架各型固定翼飞机和直升机。

## 武器装备

美国"尼米兹"级航空母舰首舰"尼米兹"号

### "尼米兹"级航空母舰
**世界最先进的核动力航空母舰**

"尼米兹"级航空母舰是世界上排水量最大、舰载机最多、现代化程度最高、作战能力最强的航空母舰。它的舰载飞机可以对敌机、船只、潜艇和陆地目标发动攻击，可以支援陆地作战，保护海上舰队，可以在航空母舰周围方圆几百海里的海面上布雷，实施海上封锁。由"尼米兹"级航空母舰领衔组成的战斗群通常由4~6艘导弹巡洋舰、驱逐舰、潜艇和补给舰构成。目前，美国海空已有9艘"尼米兹"级航空母舰在役，第10艘"乔治·布什"建成后将长达330米，重9.7万吨，可停放75架战斗机。

航空母舰上的舰载机联队一般都有数架战斗机、攻击机和电子战机。

### 舰载机联队

"尼米兹"级航空母舰每艘上面通常都相对固定地配属一支舰载机联队。联队有80余架飞机，由多种飞机混合组成。一般根据不同的机种编为若干个飞行中队，用于执行不同的作战任务。其中较典型的舰载机为：F-14"雄猫"战斗机20架、F/A-18"大黄蜂"战斗/攻击机36架、E-2C"鹰眼"预警机4架、S-3A"海盗"反潜机6架、EA-6B"徘徊者"电子战机4架，以及直升机多架。

超级战舰"信浓"号

### "戴高乐"级航空母舰
**法国建造的中型核动力航母**

"戴高乐"级航空母舰舰长261.5米，甲板宽64.4米，标准排水量35500吨，最大航速27节。装备30~33架"阵风"战斗/攻击机、3架预警机、4~6架直升机。舰上防空武器：4套8单元"萨阿姆"舰空反导弹系统和两套六联装"萨德拉尔"防空导弹系统。

### 寿命最短的航母

第二次世界大战是航空母舰发展和运用的全盛时期，当时，交战中最大的一艘航空母舰是日本海军的超级战舰"信浓"号。它是日本海军在战中计划建造的"大和"级战列舰的第三艘战舰。1942年6月，由于日本海军在中途岛海战大败，航空母舰损失惨重，为解燃眉之急，"信浓"号被改装成为航空母舰。该舰长266.58米，宽36.3米，满载排水量为7.2万吨。其动力为蒸汽轮机，航速27节。然而，这艘战舰命运不济，它在处女航中便遭到灭顶之灾。

## 潜艇

**能在水面与水下航行的战舰**

潜艇又叫潜水艇，具有良好的隐蔽性、较大的自持力、续航力和较强的突击威力，因而在水中活动不易被发现，给人以神出鬼没之感并能远离基地独立作战。潜艇主要用于攻击大、中型水面舰船和潜艇，袭击海岸设施和陆上重要目标，以及布雷、侦察、输送侦察小分队登陆等，是海军的重要舰种之一。现代潜艇按作战使命可分为战略导弹潜艇、攻击潜艇和特种潜艇；按动力分为核动力潜艇和常规动力潜艇；按排水量分为大型潜艇、中型潜艇、小型潜艇和袖珍潜艇。

*潜艇是在水下航行和作战的舰艇，是海军的主要舰种之一。*

## 潜艇的结构

**现代潜艇的基本构造与组件**

现代潜艇的艇体基本上是由耐压结构和轻型结构两部分组成。耐压结构包括耐压艇体、耐压指挥台以及耐压液舱等，是保证潜艇在安全深度之内能够从事水下运行的基本结构。轻型结构包括潜艇的指挥台围壳、上层建筑以及一些液舱等。潜艇的动力系统有柴油机、电动机和核动力。潜艇上最重要的探测设备是声呐，声呐是通过音响信号探测和追踪目标的系统。潜望镜是潜艇内部对水上进行潜望的望远镜式设备，担负着潜艇对水下与天空警戒、定位和导航的任务。潜艇的主要武器装备有鱼雷、反舰导弹等。

*"海龟"号潜艇是美国人布什内尔设计的。*

## "海龟"号潜艇

**最早参加水下作战的潜艇**

"海龟号"潜艇诞生于1776年美国独立战争期间。它高约2米，由橡木制成，形状很像一个尖头向下的大鹅蛋。艇上安有两根通气管，通气管通过浮筏在艇体上浮时自动打开；在艇体下潜时自动关闭，以进行换气。艇上还设置有压载水舱，用手动泵操纵以控制潜艇的沉浮。当泵把水舱内的海水排出时，艇就浮出水面；向水舱注入海水时，艇就潜入水中。艇上还安装有水平和垂直手摇螺旋桨；摇动水平螺旋桨，可使潜艇水下航速达3节；摇动垂直螺旋桨，可以调整潜艇在水中上下运动。

## "霍兰德"号潜艇

**第一代潜艇**

历史上大获成功的第一艘潜艇是"霍兰德"号潜艇。"霍兰德"号以燃烧汽油的内燃机为动力，所以比蒸汽机驱动的潜艇要小。这台内燃机与一台发电机相连，给蓄电池充电。在潜艇下潜时，蓄电池又带动一台电动机，代替内燃机推进潜艇。舰首装置有发射管，可发射鱼雷。可以说，"霍兰德"的设计十分成功，是之后潜艇的设计范本。

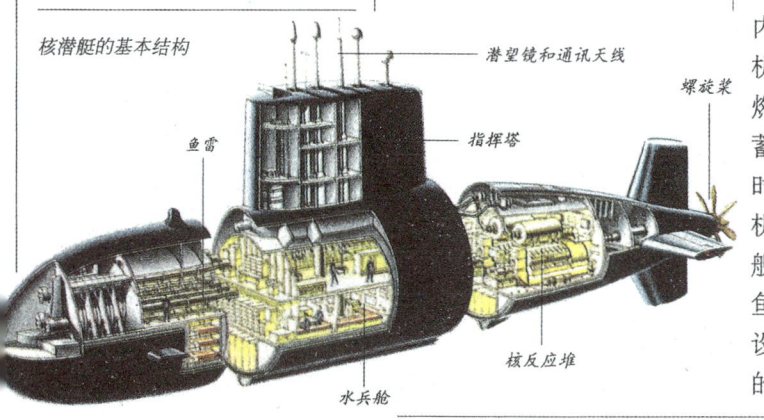

*核潜艇的基本结构* — 鱼雷、指挥塔、潜望镜和通讯天线、螺旋桨、核反应堆、水兵舱

## 武器装备

核反应堆内发生的核裂变产生的巨大能量，使水沸腾，变成蒸汽。这样便带动了发动机推进潜艇。

## 核潜艇

**以核能燃料作动力航行的潜艇**

核潜艇具有航行速度快、自给力大、攻击力强、续航力大、能在水下长时间隐蔽活动等优点。核潜艇主要有导弹核潜艇和攻击核潜艇两种类型。导弹核潜艇排水量为6000～18000吨，有的达2.6万吨。水下最大航行速度20～27节，最大下潜深度300～450米，可连续航行90昼夜。艇上携带12～24枚潜地弹道导弹，并装有4～6具鱼雷发射管。攻击核潜艇排水量2600～7000吨，下潜深度300～600米，最深达900米，水下航行速度20～35节，续航力数十万海里，可连续航行90天。

## "俄亥俄"号潜艇

**美国海军第四代弹道导弹核潜艇**

"俄亥俄"号潜艇艇长170.7米，宽12.8米，水下航速25节，下潜深度400米，装料一次可连续使用9年，服役年限为30年。艇载"三叉戟"导弹，每枚导弹含7～8个分导式弹头，射程7400千米，可攻击对方内陆纵深目标。艇上还装备4具533毫米鱼雷发射管和线导鱼雷。艇装电子设备中有卫星通信设备，能精确进行潜艇定位；还有船用惯性导航系统等用以确定水中目标位置。

目前在役数量最多、最为先进的"俄亥俄"级潜艇，构成了美国海基战略核威慑的主力。

## 潜艇的外形

潜艇的形状与结构在很大程度上决定了它的战术性能，具体如它的航行和沉浮速度、操作性、灵活性与平衡性等。最早的"海龟"号潜艇的外形是蛋形的，后来出现了尖瘦形、纺锤形、水滴形等。世界各国的现代潜艇的外形基本趋于一致，即常规形和水滴形，前者多为常规潜艇，后者多用在核潜艇上。这种流线型的设计能减少潜艇在水下的阻力与压力。

## "海狼"级潜艇

**美国吨位最大的核动力攻击型潜艇**

"海狼"级潜艇长99.4米，宽12.9米，水下最大航速35节以上，水下排水量9150吨，是美国历史上吨位最大的核动力攻击型潜艇。该级潜艇应用现代最新技术，在动力装置、武器装备和探测器材等设备方面，堪称世界一流。"海狼"级外形为长宽比7.7∶1的水滴型，接近最佳长宽比。艇壳采用HY-100高强度钢，使其最大下潜深度可达610米。艇体线型和结构较美国前几级潜艇有重大调整，艏部声呐罩为钢制，提高了防冰层破坏能力，围壳舵改为可伸缩艏水平舵；同时采用Y型艉舵。配有能透过冰层的侦测装置，可在北极冰下海区执行作战任务。"海狼"级安装了8具610毫米鱼雷发射管。还可装备有"战斧"巡航导弹、"海长矛"远程反潜导弹、MK-48"阿德卡普"鱼雷、"鱼叉"舰舰导弹。

"海狼"级是美国最昂贵的攻击型潜艇，造价高达26亿美元。

# 导弹

### ● 像军事家一样思考 ●

导弹是一种可以依靠自身的动力装置和制导装置、自动控制飞行路线并导向目标的武器。导弹从诞生至今虽然只有60多年的历史，但导弹技术发展迅猛，已有数代导弹问世，先进程度也日新月异。导弹是现代战争的主角，谁拥有先进高端的导弹，谁将掌握战争的主动与优势。因此，各国以研制、装备导弹作为增强军队战斗力的重要手段。

**想一想** 导弹为什么能在飞行中自动控制路线攻击目标？

## 导弹的种类
**将导弹按不同的标准归类**

按飞行距离不同来分，导弹可以分为近程导弹、中程导弹和远程导弹等。按作战任务不同来分，导弹可以分为常规导弹、洲际导弹等。按发射位置不同来分，导弹可以分为地基导弹、潜射导弹等。按打击目标不同来分，导弹可以分为防空导弹、反舰导弹等。按导弹飞行区间来分，导弹可以分为地地导弹、空空导弹、空地导弹等。按飞行方式来分，导弹可以分为弹道导弹、巡航导弹等。

## 导弹的结构
**导弹的主要组件与控制装置**

导弹由弹头、导航装置、发动机、动力燃料等几部分组成。导弹的发动机用于为导弹飞行提供动力，它又有固体火箭发动机、液体火箭发动机、冲压喷气发动机等多种类型。发动机、制导装置、战斗部和电源等一起装在弹体里。弹体常用重量轻、强度高的轻合金材料或玻璃钢等复合材料制成。此外，地面还有观察、制导设备，和导弹一起组合成整套武器系统。

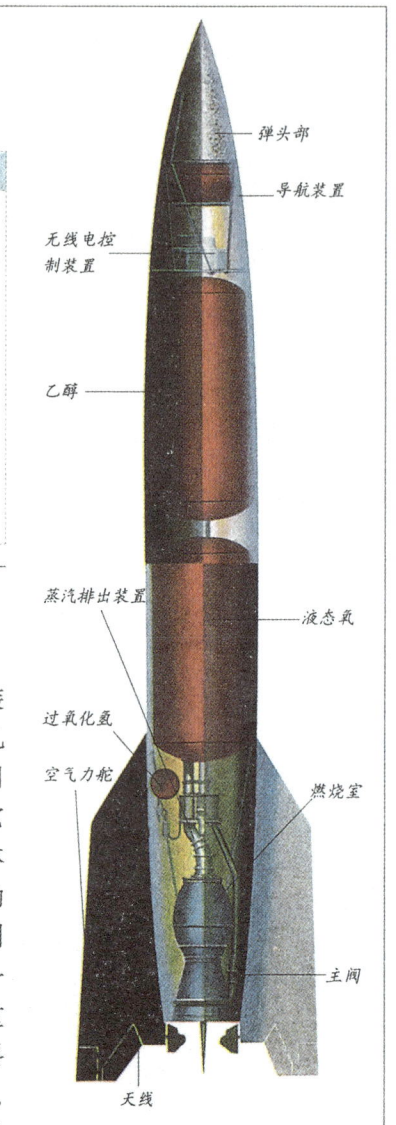

世界上投入战争的第一枚导弹"V-2"导弹的基本结构

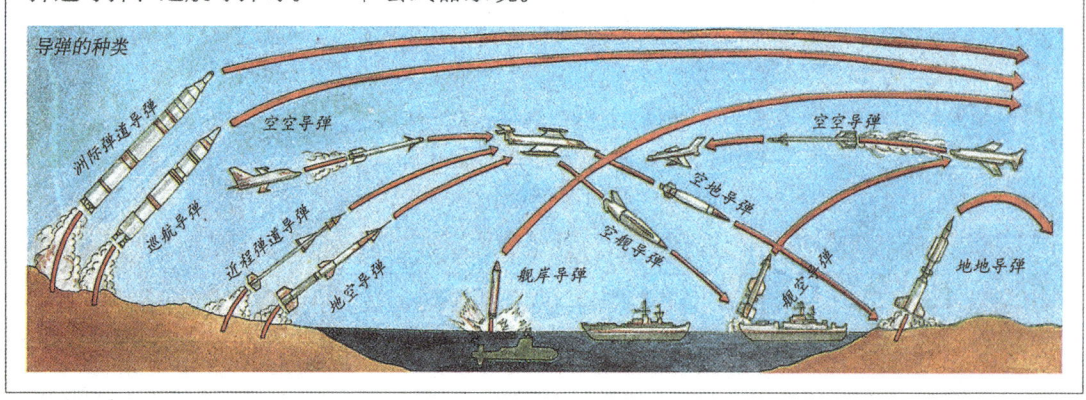

# 导弹与精确制导技术
## 导弹准确打击目标的科学原理

精确制导技术是现代高尖端技术，主要是利用无线电波、光波探测器探测目标在电磁频谱上的能量辐射与反射特性，将所获得的目标信息转换、处理与传输，得出制导指令，对目标进行精密跟踪直到准确命中。采用精确制导技术的武器系统就叫精确制导武器，导弹便是这种精确制导武器。

**柯曼德导航法**
雷达利用无线电波道捕到目标后立即发射飞弹，飞弹由雷达导引飞向目标加以击毁。

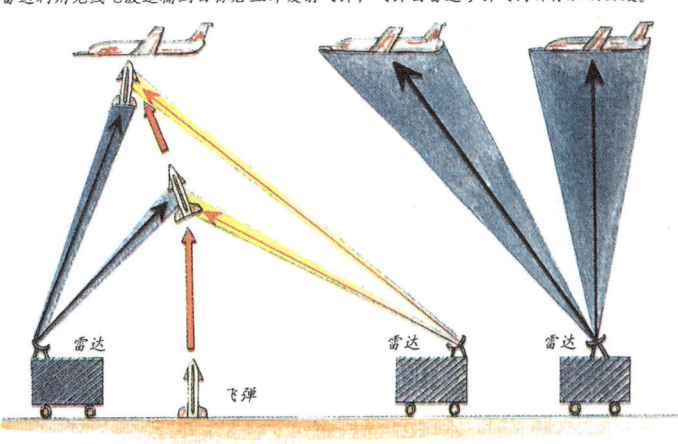

## 动物仿生学的启示

"寻的制导"是根据仿生原理研制出的。海豚自身有一个超声波探测器，当发出超声波碰到障碍马上被反射出来，海豚根据反射就能在水底下畅游无阻。热血动物皮肤的温度与周围温度形成温差，产生气流的对流，飞行的蚊虫碰上对流的空气时，很快便能寻找到猎物。"寻的制导"精确制导武器就是根据这一原理研制出来的。这个"的"就是导弹要去打击的目标。

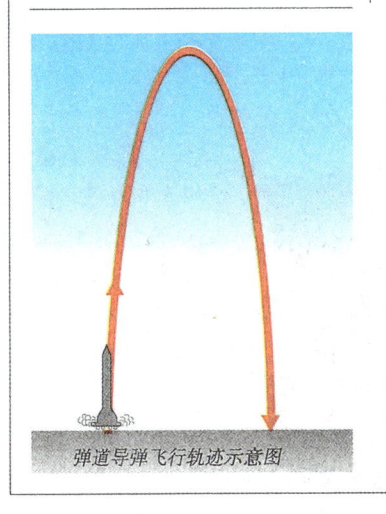

弹道导弹飞行轨迹示意图

巡航导弹"风暴前兆"的外形很像飞机。

## 弹道导弹
**在火箭发动机的推动下靠惯性自由滑行的导弹**

弹道导弹的主要特点是：导弹无弹翼，沿着一条预先确定的飞行轨迹飞行，通常采用垂直发射，弹体与弹头之间采用分离式结构。其制导方式有无线电指令制导、惯性制导等。世界上首次用于实战的德国 V-2 导弹，是一种地地弹道导弹，射程为 320 千米，命中精度 4~8 千米。现在的弹道导弹，如美国"民兵-Ⅲ"弹道导弹，射程达 13000 千米，命中精度为 185 米。

## 巡航导弹
**一种能自动导航的无人驾驶飞行器**

巡航导弹能以最有利的速度和高度飞行数千千米，进行超低空突防；能把核战斗部准确地送到预定地点，其精度误差仅为数十米。巡航导弹和其他类型的导弹在构造上的主要区别，是它装有空气喷气发动机，发动机所需燃料自身携带，这对减小导弹尺寸和重量，实现远距离飞行十分有利。巡航导弹外型与飞机相似，由轻而坚固的铝合金制成。动力装置采用小型、高效、消耗燃料少的涡轮风扇喷气发动机。弹上装有雷达高度计、微型计算机、地形匹配系统、惯性导航和自动驾驶仪系统等。巡航导弹所要攻击的目标信息，都事先装定在制导系统内。一枚导弹可装 8~10 个目标信息。发射前选定一条航线实施飞行。

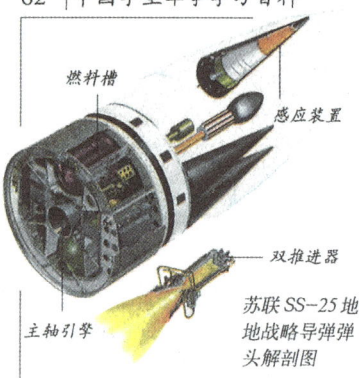

## SS-25 导弹
**苏联地地洲际弹道导弹**

SS-25 导弹弹长 18～19 米，弹径 1.8 米，起飞重量 35 吨。可携带单弹头，也可携带分导式多弹头。单弹头威力为 55 万吨 TNT 当量。导弹射程 10000 千米，命中精度 260 米。采用发射井发射和公路机动发射。

*苏联 SS-25 地地战略导弹弹头解剖图*

## "三叉戟"导弹
**美国第三代海基洲际弹道导弹**

"三叉戟"导弹代号 VGM-96A，先后有 I 型与 II 型，其中 I 型又称为 D4 导弹，II 型又称为 D5 导弹，它具备攻击包括硬点目标在内的各种目标的能力，是用来摧毁敌方重要战略目标的海基核威慑力量。1989 年 12 月开始部署，装备在第 9 艘"三叉戟"级潜艇上。在 20 世纪 90 年代装备了约 20 艘俄亥俄级导弹核潜艇，每艘装 24 枚导弹。导弹全长 13.4 米，弹径 2.108 米，起飞重量 59.1 吨，投掷重量 2800 千克，射程为 11000 千米，命中精度为 90 米。弹头为 MK-5 型分导式核弹头，含 8 个子弹头，其核当量为 47.5 万吨。它足以摧毁强化工事目标，包括陆基导弹掩体及指挥控制中枢等。

## 地地导弹
**从陆地发射打击陆地目标的导弹**

地地导弹与地面指挥控制装置、探测跟踪装置和发射装置一起，组成整套地地导弹武器系统。按作战任务的不同，地地导弹可分为地地战术导弹和地地战略导弹。有些导弹可以穿过稠密的大气层，按照自由物体的弹道在高空中飞行，然后再降落到大气层的目标区，把远距离的目标摧毁，这种导弹就叫地地弹道导弹。目前常用的地地战术导弹，射程一般大约在数十千米到数百千米，主要用来打击敌方核袭击兵器、指挥部等重要的目标。

## "飞毛腿"导弹
**苏联地地战术导弹**

"飞毛腿"导弹主要用于打击敌方机场、导弹发射场、指挥中心、仓库、兵力集结地、交通枢纽、城镇等地面固定目标。分 A 型和 B 型两种。弹长 11.6 米，弹径 0.88 米，射程 300～350 千米，命中精度 300 米。采用头体分离、车载越野机动发射方式。全套武器系统由导弹和地面设备组成。制导系统采用惯性制导。

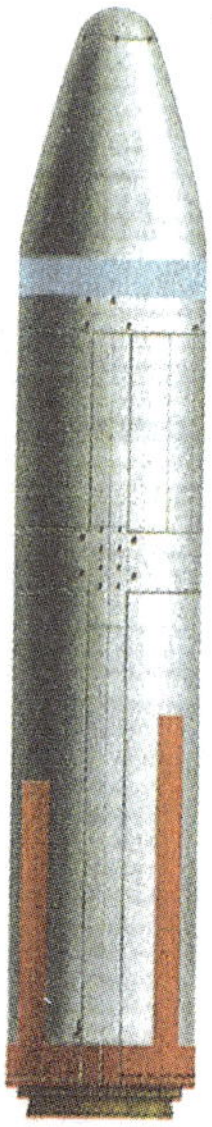

*"三叉戟" I 型导弹*

*"飞毛腿"导弹*

## 地空导弹

**从地面发射攻击空中目标的导弹**

地空导弹也称防空导弹。与高射炮相比，它射程远，速度快，命中率高，威力大，不受目标速度和高度限制。地空导弹种类较多，按射高可分为高、中、低空地空导弹；按射程可分远、中、近程地空导弹。射程在40千米以上，射高在20千米以上的地空导弹称为中高空、中远程导弹。射程在15千米以下，射高在6千米以下的导弹为低空、近程地空导弹。射程在5千米以下，射高在3千米以下的地空导弹为单兵便携式防空导弹。

## "爱国者"导弹

**美国全天候多用途地空导弹系统**

"爱国者"导弹长5.3米，弹体直径0.41米，翼展0.87米，发射重量1000千克，动力装置为一台高能固体火箭发动机。战斗部重100千克，装烈性炸药或核装药，当量为3～5万吨，杀伤半径20千米，杀伤概率大于80%。射程80～100千米，射高0.3～24千米，最大速度5～6倍音速。"爱国者"导弹采用多功能相控阵雷达，能同时掌握100多批目标和制导8枚导弹攻击多个目标。整个系统由一辆相控阵雷达车、一辆指挥控制车、一辆电源车和4～8辆四联或六联装导弹发射车组成。

美 AIM-7 "麻雀" 中距空空导弹

## 空空导弹

**从飞行器发射攻击空中目标的导弹**

空空导弹是现代作战飞机的主要空战武器。空空导弹与航空机关炮相比，具有射程远、命中精度高、威力大等优点。空空导弹种类较多，按攻击方式分有格斗导弹和拦射导弹；按制导方式分有红外、雷达和复合制导导弹；按射程分有近程、中程和远程导弹。空空导弹最小射程为300～500米，最大射程可达100多千米，可由飞机从100千米以外连续发射数枚，攻击不同方向的数个目标。

美国"爱国者"导弹在海湾战争中数次成功拦截伊拉克的"飞毛腿"导弹。

"爱国者"导弹发射架

## "蝰蛇"空空导弹

**俄空军战斗机主力武器装备**

"蝰蛇"空空导弹是俄罗斯的第四代中程空空导弹，北约称"蝰蛇"和AA-12，可挂载到苏-27、苏-30、苏-35、米格-29M、米格-31M和"雅克"-141等战斗机上。该弹采用二级固体火箭发动机，制导方式为惯性制导+指令修正制导+主动雷达末制导，具有"射后不管"和多目标攻击能力。弹重175千克，弹长3.6米，弹径200毫米，前翼展460毫米，后翼展730毫米，最大飞行速度4马赫，最大动力射程90千米，迎头攻击最大射程60千米，尾追攻击最大射程20千米，战斗部为21千克破片杀伤型。

"蝰蛇"AA-12空空导弹射程远，命中率大，是世界公认的最先进的空空导弹之一。

## 空地导弹

**从飞机上发射攻击地面和水面目标的导弹**

空地导弹通常装备在战略轰炸机、歼击轰炸机、强击机、武装直升机、反潜巡逻机等机种上。具有摧毁率高、机动性强、隐蔽性好、能从敌方防空武器射程以外发射等特点。主要有反舰、反雷达、反坦克、反潜导弹等多种类型。用于攻击战略目标的空地导弹最大射程可达 3000 千米；用于攻击战术目标的空地导弹射程多在 100 千米以内。

## 岸舰导弹

**从岸上发射攻击海上舰船的导弹**

岸舰导弹通常部署在沿海战略要地，可有效地控制海域和海上通道，摧毁在沿

*岸舰导弹*

海活动的敌方舰船，进行抗两栖登陆和海上攻击作战。岸舰导弹对沿海舰船和登陆船只具有较大的威慑作用。岸舰导弹特点为：机动性强，可迅速转移发射阵地；隐蔽性好，固定式发射用的可以在沿海有利地形修建导弹发射阵地，机动式发射用的车辆可进行野外伪装；目标分散生存力强。它一般可部署在远离海岸的内地。

*美巡洋舰发射"战斧"巡航导弹。*

## 舰舰导弹

**从水面舰艇上发射攻击水面舰船的导弹**

舰舰导弹射程多在 40～50 千米，有的可达数百千米。飞行速度多为亚音速，少数为超音速。具有射程远、命中率高、威力大等特点。舰舰导弹由弹体战斗部、制导系统等组成。战斗部有聚能穿甲型、半穿甲型和爆破型，采用普通装药或核装药，有触发引信、非触发引信。美国的"战斧"舰舰导弹，用舰艇上的垂直发射筒发射，射程可达 450 千米。有的舰舰导弹还可以用舰炮发射。舰舰导弹曾在几次局部战争中使用，战果显著。

*舰舰导弹*

## 舰空导弹

**从舰船上发射攻击空中目标的导弹**

舰空导弹是从水面舰船上发射攻击飞机等目标的导弹。第二次世界大战末期，美国海军首先研制成功舰空导弹。舰空导弹问世以来，发展迅速，型号繁多，多次在局部战争中使用。1968 年 5 月 9 日，美国"长滩号"巡洋舰在越南战场首次使用"黄铜骑士"舰空导弹，击落越军"米格-17"飞机两架。1982 年，马尔维纳斯（福克兰）群岛之战中，英国护卫舰曾发射"海标枪"、"海猫"、"海狼"舰空导弹，击落阿根廷飞机多架。海战实例表明，舰空导弹是一种有效的舰船防空武器，在现代海空作战中得到广泛使用。

## "海麻雀"导弹
**美军全天候近程低空舰空导弹**

"海麻雀"导弹是美国海军现役的比较先进的防空导弹，主要用于对付低空飞机和巡航式导弹，为攻击型航空母舰和未装导弹的舰船担负防御任务。"海麻雀"导弹长3.8米，弹体直径0.2米，翼展1.02米，发射重量227千克，制导方式采用全程连续波半主动雷达寻的制导。动力装置为一台固体火箭发动机，战斗部装烈性炸药27千克。"海麻雀"导弹的最大射程为15千米，射高5千米，最大速度2.5倍音速。

"海麻雀"导弹占地面积大，不适合安装在中小型舰艇上。

## "宙斯盾"导弹系统

"宙斯盾"（Aegis）导弹系统是美国研制的一种全天候、全空域舰空导弹武器系统。其主要作用是对付高性能飞机及战术导弹，以保卫航空母舰或行进舰队的区域防御，是美国在20世纪80年代以后的主要防空武器系统，并且列为第三代舰空导弹系统。1983年开始在巡洋舰上装备。美国最先进的"提康德罗加"级巡洋舰上就装备有"宙斯盾"防空系统。"宙斯盾"导弹武器系统由"标准"2型导弹（中程）、多功能相控阵雷达、指挥决策中心、武器控制系统、战备状态检测系统、火控系统和导弹发射系统等部分组成。宙斯盾导弹具有反应时间短、抗干扰能力强、可靠性高、火力强、能对付饱和攻击及全空域作战等特点。

舰载"海麻雀"防空导弹

## 反坦克导弹
**用于击毁坦克和其他装甲目标的导弹**

反坦克导弹可单兵携带使用，也可装备在各种车辆上使用；可在地面上使用，也可在直升机上使用。具有体积小、重量轻、命中精度高、射程远、威力大和机动性强等优点，是一种有效的反坦克武器，主要由战斗部、制导系统等组成。战斗部采用聚能破甲，可穿透1400毫米厚装甲，有效地摧毁各种坦克和装甲车辆。

反坦克导弹

"陶"式导弹是世界上产量最大、装备国家最多的反坦克导弹。

## "陶"式导弹
**美国第二代重型反坦克导弹武器系统**

"陶"式导弹除用以攻击坦克、装甲车辆外，还可攻击碉堡、火炮阵地等。导弹全长1.164米，弹重18.47千克，武器系统全重102千克。其最大射程3000米，最小射程65米。初速65米/秒，最大速度为360米/秒。地面发射时的射击精度，高低偏差为±0.2米，方向偏差为±0.2米。它的破甲威力十分巨大。

# 非常规武器

### 像军事家一样思考

人们习惯地把轻武器、火炮、弹药、飞机、坦克、军舰等称为常规武器,而把核武器、生物武器、化学武器称为核、生、化武器。导弹不带核弹头的属于常规武器,带核弹头的属于核武器。近年来,由于高新科技的不断进步而出现了高新科技军事武器,这些武器是指利用声、光、电、电磁和化学失能剂等先进技术直接杀伤目标和破坏设备的武器。通常分为非致死武器和高能武器两大类。这些核、生、化武器,以及非致死武器和高能武器统称为非常规武器。

**想一想** 核、生、化武器的危害有哪些,高能武器的发展有什么趋势?

氢弹爆炸时的冷凝云

## 氢弹
**轻核聚变弹**

氢弹是利用重原子核裂变反应提供的能量,使氘、氚等轻核产生聚变反应,瞬时释放出巨大能量起杀伤破坏作用的武器。氢弹由引爆用的原子弹、热核装药、外壳等组成。氘、氚原子核的聚变反应的先决条件是需几千万度的高温。目前这种高温条件只能由原子爆炸来提供,因此原子弹在氢弹中起着"扳机"和点火器的作用。引爆弹爆炸时产生数千万度以上的高温,使热核装药形成更猛烈的爆炸,威力可达几千万吨TNT当量。

## 核武器
**原核反应武器**

核武器是利用原子核反应产生的各种效应起杀伤和破坏作用的一种大规模杀伤性武器。核武器在爆炸的瞬间能产生强烈的冲击波、光辐射、早期核辐射、放射性沾染和核电磁脉冲等杀伤破坏效应,其作用比常规化学炸药的能量要大数千万倍。核武器按核装料和反应方式的不同分为原子弹、氢弹、中子弹;按作战使用范围分为战略核武器和战术核武器;按配用的武器或运载手段分为导弹核武器、反潜核武器、深水核炸弹等;按当量区分为小型、中型、大型和特大型。核武器爆炸的方式有空中爆炸(简称空爆)、地面(水面)爆炸、地下(水下)爆炸和高空爆炸。

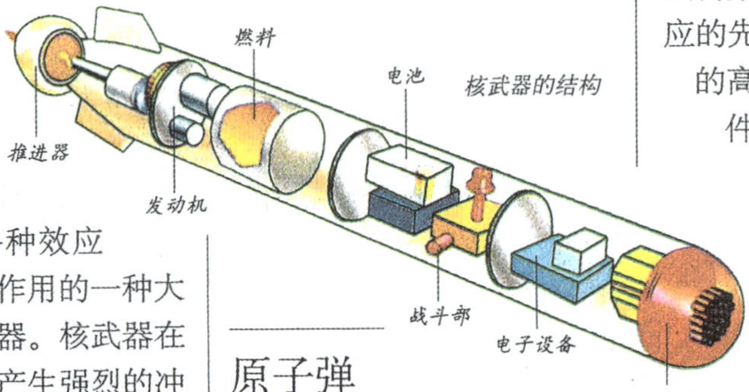

核武器的结构:推进器、发动机、燃料、电池、战斗部、电子设备、搜索雷达

## 原子弹
**核裂变弹**

原子弹是利用易裂变的重原子核链式反应瞬间释放出的巨大能量,来达到杀伤破坏的目的,主要由核装料构成的核部件、核点火部件和外壳等组成。原子弹的爆炸威力巨大,相当于几百到几万吨TNT当量。爆炸程序是先由引爆控制系统引爆炸药,然后推动、压缩中子反射层和核装料,使处于次临界状态的核装料瞬间达到超临界状态,再由核点火部件适时提供中子,触发链式裂变反应,形成猛烈爆炸。

原子弹爆炸时产生的蘑菇云

# 中子弹
**增强辐射武器**

中子弹是以高能中子辐射为主要杀伤因素的低当量小型核弹。中子弹的核辐射效应比其他核武器强许多倍。强辐射与低当量是中子弹的两大特点，利用氘、氚原子核的聚变反应，中子弹能够增强穿透力很强的高能中子的辐射强度，有效地杀伤坦克和地面建筑物中的人员，大幅度减少对武器装备或建筑物的破坏。

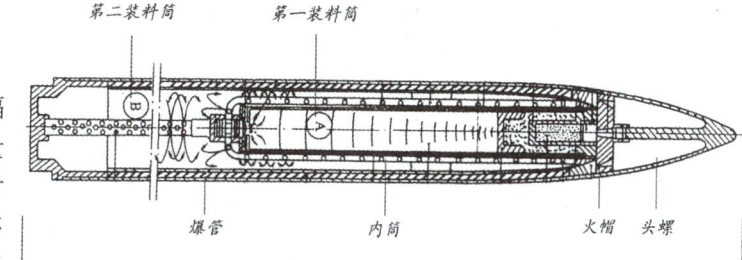

二元化学武器弹药解剖图

# 二元化学武器
**两种毒剂前体混合发生化学反应的武器**

二元化学武器毒剂前体是无毒或低毒的化学物质，分装在二元化学弹药内不同的装料筒内，两个或两个以上装料筒以膜片隔离开。在投射过程中或爆炸时，借助弹体的旋转运动和爆炸力量冲破膜片，使装料筒内的两种毒剂前体混合而发生化学反应，生成毒剂，产生毒害作用。

全副武装的兵工厂士兵正在将密封栓塞抽入装有化学战剂的炮弹上。

# 化学战剂
**化学武器填充剂**

化学战剂也称化学毒剂，旧称化学毒气。凡是在军事上以毒害作用杀伤人畜的化学物质统称化学战剂，也称军用毒剂，简称毒剂。毒剂是化学武器的基础，它决定着化学武器的性能和使用方式。毒剂在使用时，既可成为液滴、蒸汽和粉末等状态，也可成为悬浮于气体中的气溶胶状态，使空气、地面、水源、建筑或物体染毒，人员牲畜经吸入、食入以及接触而中毒伤亡。化学毒剂侵入人机体后，能与人类的生命物质如酶、受体、核酸等发生作用，破坏机体正常的生理过程，引起生理功能紊乱，从而出现一系列中毒症状。化学毒剂分为刺激性毒剂、窒息性毒剂、糜烂性毒性、全身中毒性毒剂、神经性毒剂、失能性毒剂等6大类。

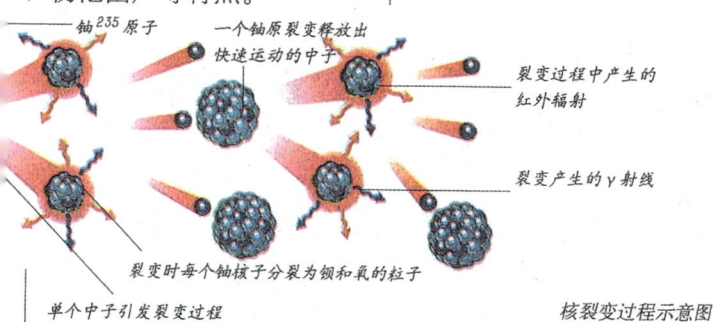

# 化学武器
**以化学毒剂为杀伤手段的武器**

化学武器是以化学毒剂杀伤、疲惫敌有生力量及迟滞敌军事行动的各种武器器材的总称。化学武器是进行化学战的武器，是一种大规模毁灭性武器。化学武器种类很多，包括装有各种化学毒剂的化学炮弹、航弹、火箭弹、导弹和化学地雷、飞机布洒器、毒烟施放器以及某些装有毒剂前体的二元化学炮弹等。化学武器具有杀伤途径多、持续时间长、杀伤范围广等特点。

核裂变过程示意图

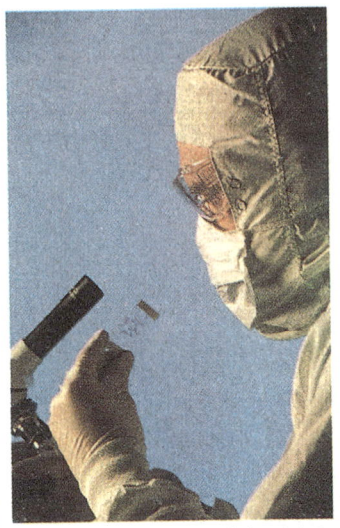

## 基因武器
**遗传工程武器**

基因武器是运用先进的遗传工程技术，按人们的需要通过基因重组，在一些致病细菌或病毒中接入能对抗普通疫苗或药物的基因，或者在一些本来不会致病的微生物体内接入致病基因而制造成生物武器。通过人工、飞机、导弹或火炮等方式把经遗传工程设计过的细菌等投入江河、城市让病毒扩散，使人丧失战斗力。

## 幻觉武器
**心理战武器**

幻觉武器是运用全息投影技术从空间站向云端或战场上的特定空间投射有关影像、标语、口号的一种激光装置。它的作用是从心理上骚扰、恫吓和瓦解敌军，使之恐惧厌战，继而放弃武器逃离战场。

## 次声波武器
**能发射低频声波打击敌人的武器**

次声波武器，是一种能发射20赫兹以下低频声波即次声波的大功率武器装置。在空中，它能以每小时1200千米的速度传播，在水中能以每小时6000千米的速度传播，可穿透1.5米厚的混凝土。它虽然难闻其声，却能与人体生理系统产生共振而使人丧失功能。目前研制的次声波武器分神经型和内脏器官型两种，前者能使人神经错乱，癫狂不止；后者能使人周身剧烈不适，进而失去战斗力。由于次声波能穿透建筑物和车辆，因而躲在工事和装甲车内的人员也不能幸免于难。在波黑战争中美军就曾使用次声发生器发射次声波，几秒钟后使对方大批人员丧失了战斗力。

*全副武装的士兵也难以抵挡次声波武器的攻击。*

*经过基因工程设计过的昆虫携带致病基因，可使敌方在悄无声息中丧失战斗力。*

*使用幻觉武器的战场*

## 生物武器
**细菌武器**

生物武器是以生物战剂杀伤有生力量和破坏植物生长的各种武器、器材的总称。生物武器包括装有生物战剂的炮弹、导弹和航空布洒器、喷雾器等。生物武器可使人畜发病或死亡，也可大规模毁伤农作物，从而削弱对方战斗力及战争潜力。生物战剂分为细菌类、病毒类、立克体类、衣原体类、毒素类、真菌类6大类。最新一代生物武器是利用生物遗传工程科学的成果而制成的生物战剂——基因武器。

联合国大会曾通过《禁止为军事或任何其他敌对目的使用改变环境的技术的公约》，禁止环境武器的使用。

## 环境武器
**以改变自然环境攻击敌军的武器**

环境武器通过控制地壳固体层、液体层等自然环境及大气层内的物理作用，将自然力用于对敌方国家进行破坏的一种武器。如人工制造地震、海啸、暴雨和磁暴，改变地球上某个地区的温度，制造山崩、雪崩、滑坡、山洪和河流阻塞等。

## 气象武器
**通过改变天气打击敌军的武器**

气象武器采用人工方法影响局部天气使其满足某种军事需要，以便袭击和阻碍敌方行动。人工影响局部天气变化主要的途径有：①为己方作战行动创造有利的气象条件，如人工造雾等；②对敌方军事行动制造困难的气象条件，如人工降雨等。

## 高能武器
**利用光速或动能打击敌人的武器**

高能武器包括定向能武器和动能武器两大类。定向能武器也叫能束武器，包括激光武器、高功率微波武器和粒子束武器等。这类武器以光速和高发射率沿一定方向发射能量或以接近光速发射基本粒子，以摧毁目标或使其丧失作战能力。动能武器利用所发射的超高速射弹的动能来杀伤目标。它包括电磁轨道炮和电磁感应炮等。

随着科学技术的发展，智能武器开始出现，它具有自主识别和导向目标能力，能直接杀伤敌方有生力量和破坏军用设施。这对未来作战将产生重大影响。

## 束能武器
**将高能粒子集束定向射出的武器**

束能武器有激光武器、粒子束武器和微波武器三类。突出特点是射速快，能在瞬间穿透数百千米甚至数千千米外的目标而不留下"硬伤"，尤其对精确制导高技术武器有直接的破坏作用。

## 智能武器
**破坏军事设施的人工智能兵器**

智能武器能自主识别和导向目标，直接杀伤有生力量和破坏军事设施。它由信息采集与处理系统、知识库系统、辅助决策系统和任务执行系统4部分组成。现已研制的智能武器主要有：能自主探索、捕捉、识别和导向目标的智能导弹；能存储和记忆有关信息，并分析、鉴别目标的智能鱼雷；能自主完成识别地形、地物及敌我目标，选择前进道路，进行侦察、运送弹药、扫雷、开枪、放炮、投弹等作战任务的多用途作战机器人等。

# 军事工程

### 像军事家一样思考

军事工程是用于军事的各种工程建筑和工程技术措施,其中最具代表性的就是筑城;此外还有城堡、要塞、堑壕、掩体等。随着时代的发展,兵器改进了,作战方式改变了,军事工程的内容也随之扩大了。有阵地工程、城市地下的防空工程、指挥和通信工程、军事交通工程等。

**想一想** 军事工程在军事作战中有什么样的作用?

汉朝时的筑城

## 筑城
**筑城工事、筑城障碍物等工程体系**

筑城是古代用砖石等修筑的一种大型防御工事。筑城的目的是为了提高军队在战场上的生存能力,充分发挥己方兵力和兵器的作用,阻滞敌军行动。筑城是保障战争胜利的重要条件,其作用在于巩固边防和海防。筑城可分为永备筑城,即在边海防构筑的永久性筑城;野战筑城,即在战斗准备阶段构筑的临时性筑城。中国最早的筑城是陕西西安半坡遗址发掘的一条防卫壕,是围绕居住区挖掘的古代筑城。

## 长城筑城
**中国古代连续的线式防御工程体系**

长城筑城是对城池筑城体系的发展和运用。长城筑城体系,由长城城墙、关隘、敌台、烽燧、障碍物和外围关堡组成。长城城墙是长城筑城体系的主体工程,城墙高、厚、坚固,城墙上筑有敌台、雉堞等战斗、观察工程设施。关隘包括关城和外围关堡等,它是长城筑城体系的主要防守据点。敌台主要用于侧射进入城墙根下的敌人,有实心和空心两种。烽燧又称烽火台,是警戒和传送军情的通信工程设施。

明长城

## 要塞
**在边境和海防要地修筑的长期据点**

要塞的作用是迟滞和制止敌人长驱直入,以争取时间组织反攻。中国古代要塞主要由城墙、敌台和护城壕构成,可以有效地抵御云梯攀登和炮击。世界著名的要塞,如俄罗斯的彼得保罗要塞是一座六棱体的古堡。古堡的墙高12米,厚2.4~4米,沿涅瓦河一面长700米。要塞中还有6座棱堡及其他军事设施。3座面对涅瓦河,3座面对克龙维尔克海峡。

中国南北朝时代修建的城堡

## 城堡
**古代封建领主建造的设防工程**

城堡通常建于难以接近的河湾或高岗上,周围筑墙,中间主楼是城堡的核心,围墙外挖有护城河或壕沟。城堡多用砖石砌成,高约10~15米,厚度足以抵御攻城兵器的破坏。墙顶设有射击口,城堡四周建有塔楼和角塔,主楼是城堡中最坚固的部分。城堡内建有武器库、粮库和水井等。它作为军事工程曾在冷兵器时代的战争中起过重要的作用。

## 堑壕

**供人员观察、射击和隐蔽机动的壕沟工事**

堑壕的深度通常根据人体的高度确定。一般跪姿壕深60厘米，立姿壕深110厘米。堑壕位置选在有良好视界和射界，便于交通联络和隐蔽伪装的地段上。其平面走向多为曲线形或折线形，通常有射击、观察、掩护、排水、进出口和路标等设施。堑壕最早出现于15世纪末的欧洲战场。

*山海关上的炮台*

## 炮台

**在边海防要塞中构筑的火炮阵地**

炮台分为明炮台和暗炮台，用石块构筑，每个炮台可置数门至数十门炮。火炮呈圆形、半月形或一字形排列。炮台对加强要塞的防御能力，抵御敌人的进攻起了重要的作用。炮台形制有圆形和方形两种，高10～15米不等，周围修筑堤墙，沿墙修盖土窑，密布炮门枪眼，堤外开挖壕沟，并置木栅。如大沽口炮台，它是中国近代北方海防要隘。第二次鸦片战争期间，清军在此进行了"大沽口保卫战"。

## 掩体

**进行观察和射击的简易军事工事**

掩体的作用是降低火力对人员和装备的杀伤破坏，提高人员的战斗效能。分为人员、火炮、坦克和步兵战车等掩体。人员掩体有单人、双人和三人掩体，可构筑成卧姿、跪姿和立姿射击3种形式。掩体通常选在便于发射火力、有凹坑的地方构筑，也可用草皮、树枝和沙袋等伪装。火炮掩体除构筑供火炮使用的掩体外，还可构筑为弹药和炮手掩蔽所。

*美军士兵正在设置铁丝网。*

## 铁丝网

**用铁丝构成的障碍物**

铁丝网主要用于迟滞步兵和车辆的行动，分固定式和移动式两种。固定式铁丝网是用带刺的铁丝和木桩、铁桩等构筑而成；移动式铁丝网是由工厂成批生产后运至战场等地临时设置，直径一般为70～90厘米，长10米左右，设置速度快、抗破坏强度高，能迟滞汽车、装甲战斗车辆等的行动。

### 马其诺防线

法国在第一次世界大战后，为防德军入侵而在其东北边境地区构筑的防御体系。以当时法国陆军部长马其诺的姓氏命名。马其诺防线全长约390千米。防线共构筑各种用途的工事约5800个。防线内的防坦克障碍物，主要有防坦克壕、崖壁等，并用地雷场加强。1940年5～6月，德军从马其诺防线左翼迂回，进抵马其诺防线的后方，使防线丧失了作用。

*士兵在掩体内执行警戒任务。*

# 军事通信及侦察设备

### 像军事家一样思考

军事通信是用于军事领域，以通信工具等方式，迅速、准确、不间断地传递信息，实施作战指挥和通信联系等的一种军事技术。在高技术条件下，数字化技术、计算机技术的大量采用，进一步提高了军事通信能力。战场上的侦察设备如雷达、侦察卫星、电子对抗设备是军队的"眼睛"和"耳朵"，随着侦察技术设备的发展，它们在战场上发挥了越来越重要的作用。

想一想 军事通信及侦察设备在现代高技术战争条件下发挥了怎样的作用？

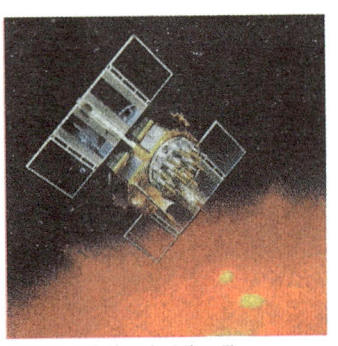

遨游在太空的军事通信卫星

## 军事通信卫星
**用于军事及战场通信的卫星**

军事通信卫星包括战略通信和战术通信两大类卫星，前者提供全球性的战略通信，后者提供地区性战术通信以及对军用飞机、舰船、车辆和个人的机动通信。近年来，战略和战术通信卫星的区分已不明显。军事通信要求迅速、准确、保密和不间断。与民用通信卫星相比，现代军事通信卫星具有抗干扰性好、机动灵活、可靠性高、生存力强等特点。

## 密码机
**按照一定的程序为信息加密和解密用的设备**

密码机由密钥、信息输入装置、编码器和信息输出装置组成。加密是将输入密码机中的明文，变换成以一定代码表示的字母或数字的随机暗码。暗码可根据具体情况，利用通信技术设备、邮局、通信人员等任何一种手段传送，收到的暗码仍用加密时所使用的密钥解密。密码机要求有固定的信道，也可以与保障线路的设备一起配套使用。

密码机是军事情报传递的重要工具。

## 卫星通信地球站
**地球上的卫星通信终端站**

卫星通信地球站通过接入卫星通信线，进行军队相互间的通信。卫星通信地球站按使用方式分为固定站、可搬运站和移动站；按通信性能分为标准站和非标准站。典型的卫星通信地球站的基本组成包括：天线系统、高功率发射系统、低噪声接收系统、信道终端系统、电源系统、监控系统、地面接口系统和信息交换中心等。

士兵正在进行无线电通信。

## 无线电通信
**利用无线电波传输信息的通信方式**

无线电通信在军事上的应用主要有：无线电台通信、无线电接力通信、卫星通信等。最常见的是无线电台通信。按照通信使用的无线电波波段的长短不同，可分为超长波、长波、中波、短波、超短波等通信。超长波和长波的通信距离远，可达数千至数万千米。中波通信主要用于广播和导航。短波通信设备比较简陋，容易架设和撤收，机动性强。

## 侦察卫星

**用于侦测敌情的军事卫星**

侦察卫星既能监视又能窃听,是个名副其实的超级间谍。它利用光电遥感器或无线电接收机,搜集地面目标的电磁波信息,用胶卷或磁带记录下来后存贮在卫星返回舱里,待卫星返回时,由地面人员回收;或者通过无线电传输的方法,随时或在某个适当的时候传输给地面的接收站,经光学、电子计算机处理后,人们就可以看到有关目标的信息。侦察卫星根据执行任务和侦察设备的不同,分为照相侦察卫星、电子侦察卫星、海洋监视卫星和预警卫星。

美国多光谱热成像军用侦察卫星

## 军用雷达

**利用电磁波发现目标并测定其位置、速度的军用电子装备**

雷达具有发现目标距离远、测定目标坐标速度快、能全天候使用等特点。因此在警戒、引导、武器控制、侦察、航行保障、气象观测、敌我识别等方面得到了广泛应用,成为现代战争中一种重要的电子技术装备。其按功能可分为用于警戒和引导的雷达,用于武器控制的雷达,用于侦察的雷达,用于航行保障的雷达等。此外,雷达按架设位置的不同,可分为地面雷达、机载雷达、舰载雷达等。

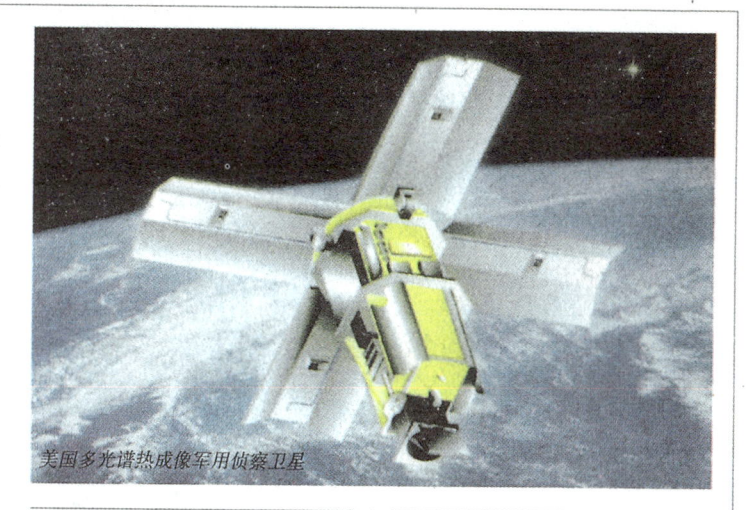

## 机载雷达

机载雷达是战斗机最主要的探测系统,它能全天候工作,不受昼夜或气象条件的限制。雷达发出的电磁波束在空中扫描,不仅能探测目标的方位,还能探测它的距离和速度。现代战斗机雷达大都采用脉冲多普勒体制,利用运动目标多普勒效应产生频移,将地面杂波滤掉,因而能下视工作,看清超低空飞行的目标。机载雷达一般由天线、发射机、接收机、数字信号处理机和计算机等组成。天线安装在飞机机头的雷达罩内。

飞机上的大圆盘就是雷达。

## 声呐

**利用水中声波进行探测、定位和通信的电子设备**

声呐利用声波进行探测、通信等工作,通常装备在潜艇、水面舰艇、反潜飞机等上面,用于对水中的目标进行搜索、识别、跟踪、水下通信、导航以及保障反潜飞机作战。装备在大型水面舰船上的声呐,在良好的水文条件下,探测目标距离15～30海里。

## 电子对抗设备

**进行电子侦察和对抗的设备**

电子对抗设备是用于电子对抗侦察和电子干扰的军事技术装备。其中电子对抗侦察设备主要用于搜索、截获、分析和识别电磁辐射信号,获取敌方电子设备的技术参数、类别、用途等情报。而电子干扰设备主要用于削弱、压制或欺骗敌方电子设备并破坏其工作效能。

# 三防装备

### 像军事家一样思考

三防装备是指在遭到核、生物、化学武器袭击时实施防护的各种装备和器材。包括观测器材、侦察器材、防护器材、洗消器材和预防急救器材等。随着现代科学技术的发展和未来战争的需要，三防装备要求准确可靠、轻便实用、灵敏自动，使部队能在更远的距离上，快速、高效地发现并查明敌方实施三种武器袭击，迅速转入防护状态和确定战斗行动，以保障部队在核、化、生条件下的生存能力和作战能力。

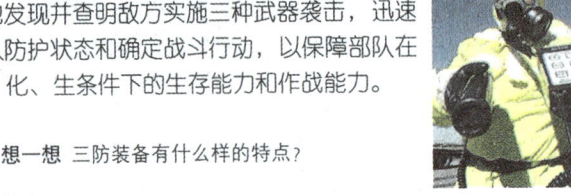

**想一想** 三防装备有什么样的特点？

军队进行防护演习。

## 集体防护器材
**军队和居民集体用以防止生化等武器伤害的各种器材**

集体防护器材包括设置在各种掩蔽部、地下建筑、帐篷、战斗车辆、飞机和舰艇舱室内的气密设备和供给清洁空气的设施。气密设施和滤毒设施是最主要的集体防护器材。现代三防掩蔽部、战斗车辆、飞机和舰艇舱室，在设计制造时都采取了气密措施，人员出入口的门带有密封胶条，进出气口装有密闭阀门。滤毒通风装置可将外界受污染空气净化，以保证人员呼吸到洁净空气。

## 个人防护器材
**个人用以免受生化等武器伤害的各种器材**

个人防护器材又称个人三防器材。主要有：防毒面具、防毒斗篷、防毒手套和防毒靴套。此外，配发给个人使用的剂量仪、侦毒纸、消毒包、急救药品和自动注射器等，也属个人防护器材。熟练地使用个人防护器材，可有效地减轻部队在核、化、生袭击时的伤亡，保证部队在受污染的环境中遂行作战任务。

穿戴防护器材的士兵

## 防毒衣
**防止毒剂等通过皮肤引起伤害的个人防护器材**

防毒衣分隔绝式防毒衣和透气式防毒衣。前者使人体与外界隔绝，主要用于对大量皮肤渗透性毒剂和特殊有害物质的防护。后者具有较好的透气散热性能，主要用于对雾滴状和蒸汽状毒剂的防护，必要时还可作为战斗服使用。

士兵正在穿防毒衣。

## 防毒斗篷
**防止各种毒剂等伤害人体的一种个人一次性使用防护器材**

防毒斗篷采用塑料薄膜或橡胶涂层织物制作，有斗篷式和雨衣式两种。具有结构简单，体积小，携带和使用方便，能很快转入战斗状态等特点。其中，斗篷式主要用于防御空中布洒的毒剂液滴，必要时可铺在染毒地区作为防毒外垫使用。防毒斗篷对各种毒剂的防毒时间为2小时以上，只能对毒剂起减轻伤害的作用，不能达到完全的防护。

## 过滤式防毒面具

**保护人体的呼吸器官、眼睛、面部不受毒剂伤害的防护器物**

过滤式防毒面具由面罩、滤毒罐和面具袋三部分组成。面罩有头盔式和头戴式两种。头盔式的优点是佩戴容易，气密性好，工艺简单，但舒适性差；头戴式的优点是舒适性好，可以调节，但工艺较复杂，佩戴不易。防毒面具是靠滤毒罐内装有的厚厚一层防毒炭和多层滤烟纸防毒，对于染毒空气的过滤效率可达99.999%。防毒炭有吸附作用，滤烟纸有阻碍作用，这可使空气中的毒剂被过滤掉。

防毒面具是防护器材中最常见的装备。

## 隔绝式防毒面具

**使佩戴人员的呼吸器官和面部器官与外部染毒空气隔绝的防护器物**

隔绝式防毒面具由面罩和供氧系统组成。其中，贮气式防毒面具通过供气系统中的钢瓶所装的压缩空气，经减压进入面罩，供人呼吸；贮氧式防毒面具通过供气系统中的钢瓶所装的压缩氧气，经减压进入气囊再经导管进入面罩供人呼吸；化学生氧式防毒面具通过供气系统中的氧气再生罐供氧，导入面罩供人呼吸，呼出的废气经导气管导入氧气再生罐，使废气中的二氧化碳和水蒸汽与罐中的碱金属超氧气化合物反应生成适量氧气进入气囊，供人循环呼吸。

## 个人消毒急救盒

**用于对神经性毒剂预防、急救和对染毒物品进行消毒的个人防护器材**

急救盒内一般装有：预防药片，主要用于预防神经性毒剂中毒，也可用于急救，以增强治疗效果；自动注射器，内装药物，用于对中毒人员的急救；消毒手套，用于对沙林等毒剂的消毒。个人消毒急救盒还包括侦毒纸和防护口罩等。

个人消毒急救盒便于携带，是个人防护的必备器材。

## 防化侦察车

**用于防化兵完成辐射化学侦察任务的专用车辆**

防化侦察车是军队实施大面积辐射化学侦察的主要装备，具有机动快速的特点。车上装有多种仪器，其中有辐射化学侦察仪器、标志器材、采样装置和通信设备等。侦察方式以车辆进行间侦察为主，必要时也可停车侦察或使用车上仪器下车侦察，对一些毒剂、毒物采集样品化验分析。

## 生物战剂检验车

**用于对生物战剂进行检验分析、鉴定的专用车辆**

生物战剂检验车通常由驾驶室、检验室和洗消室组成。检验室装备有灭菌器、细菌培养器材、照明灯等。通常车上所携带的消耗器材和试剂可供200份细菌标本和50份病毒标本的检验和鉴定。

# 军队

## 军制

**像军事家一样思考**

军制即军事制度，是国家或政治集团关于组织、管理、发展和储备军事力量的制度。军制的作用主要是从组织、制度和法规上保障军事建设，发展军事潜力，增强军事实力，以便于有效地准备和实施战争，内容主要有军事领导体制、武装力量体制等。

**想一想** 军制对于军事力量是否强大有什么实质意义？

## 国防部
**国家中央政府中的军事行政机关**

国防部通常隶属于政府首脑，也有直属武装力量最高统帅的。在组织上，一般设部长或大臣一人、副部长若干人，主要由军官或文官担任，部内通常设有若干业务部门。在职权上，多数国家的国防部全面负责国防事宜及各种武装组织的建设和作战指挥；有少数国家的只负责指挥和管理军队。

美国国防部所在地——五角大楼

## 总参谋部
**军队的最高军事指挥机关**

总参谋部的主要任务是在总参谋长领导下，贯彻执行军队最高统帅和国防部长的命令、指示，搜集和提供情报，拟定和组织实施战略、战役计划和动员计划，指挥并协调军队作战。

## 国家安全委员会
**国家安全事务咨询或决策机构**

国家安全委员会是一些国家关于国内外安全和对外关系事务的高级咨询或决策机构。如美国的国家安全委员会主要是作为总统顾问，统一研究和制订有关国家安全的内政、外交和军事政策，并掌管情报部门。总统任主席。法定成员有：副总统、国务卿、国防部长以及总统任命并经联邦参议院批准的其他官员。参谋长联席会议主席是法定的军事顾问，中央情报局长为情报顾问。其工作班子是总统办公室的一部分，由总统的国家安全事务特别助理领导。

美国国家安全委员会正在开会。

## 参谋长联席会议
**国家军事咨询和指挥机构**

参谋长联席会议是一些国家的高级军事咨询和指挥机构。美国参谋长联席会议是美国总统及国防部长领导军事的咨询机构与指挥军队的执行机构。隶属于国防部。由参谋长联席会议主席、陆军参谋长、海军作战部长、空军参谋长和海军陆战队司令组成。主要职责是：制定战略、后勤支援和军事动员计划，制定诸军种联合作战和训练原则，组织诸军种大规模的联合演习，对联合司令部和特种司令部实施作战指挥等。

## 武装力量
**国家各种武装组织的总称**

武装力量包括军队、警察、宪兵、国民警卫队、边防部队、内卫部队、预备役部队、民兵等正规和非正规的武装组织。是国家（或政治集团）执行对内对外政策的暴力工具。由于世界各国的国情不同，武装力量的构成也不同。有的由单一的军队或警察或民兵组成；有的由军队和非正规武装组织构成。世界上大多数国家的武装力量由国家（或政治集团）的主要领导人统率。实行以军队为主体的与其他武装组织结合的体制，平时保持一支精干的常备军，并建立健全预备役制度，加强后备力量建设，战时实行高度集中的组织与指挥。一些国家还结成军事联盟。

*武装力量的强大是国防安全的保证。*

## 正规军
**统一编制和管理的军队**

正规军是一支按照统一的编制，统一的武器装备，统一的制度、纪律和服装、标志，进行组织、管理、训练、补充和供给的军队，是武装力量中组织完善、装备最好、战斗力最强的部分。生产力的发展，巩固的军事经济基础的建立，是建立正规军最重要的物质基础。大多数欧洲国家和日本等国，在17~18世纪就建立有自己的正规军。

## 预备役部队
**战时可快速转为现役的武装组织**

预备役部队是国家平时组建的、战时可快速转为现役部队的武装组织。它以现役军人为骨干、预备役人员为基础编组而成。组建预备役部队是加强国防后备力量建设的一项重要措施，是保证战时迅速扩编正规军的一种重要组织形式，在现代国防和战争中占有重要的地位，受到世界上越来越多的国家的重视。当今世界上许多国家都建有预备役部队。

## 北约组织联合武装力量

北约组织联合武装力量是根据1950年9月北约组织决议组建的联合军事组织。军事委员会是其最高军事指挥机构，由参加北约防务一体化的各国总参谋长组成，负责拟定防务政策和战略方针，向北大西洋理事会和防务计划委员会提出建议。该委员会下辖北约欧洲各战区司令部、北约北大西洋战区司令部、美国－加拿大地区盟军计划小组等。各国向上述战区司令部提供的部队接受军事委员会和本国政府的双重领导。

*正规军是国家武装力量中战斗力最强的部分。*

# 陆军

## 像军事家一样思考

陆军自古以来一直是军队的主要组成部分。现代陆军主要由步兵、炮兵、装甲兵、雷达兵、通信兵、电子对抗兵、防化兵、工程兵、铁道兵、陆军防空兵、地空导弹兵、陆军航空兵、特种兵等组成。主要装备有步兵武器、汽车、坦克、装甲车、火炮、导弹、直升飞机和各种技术器材。现代陆军是一个多兵种、多系统和多层次有机结合的整体,具有强大的火力、突击力和高度的机动能力。既能独立作战,又能与其他军种联合作战。

想一想 陆军包括哪些兵种?各主要负责什么任务?

正在训练的美军步兵

## 步兵
**徒步或乘车作战的兵种**

步兵是陆军中徒步或搭乘汽车、装甲输送车、步兵战车实施机动和作战的兵种。主要装备有步枪、机枪、火箭筒、轻型火炮、反坦克导弹、防空火器、汽车、装甲输送车和步兵战车。步兵是陆军中人数最多的兵种,既能独立地遂行作战任务,又可以在其他军、兵协同下进行合成作战。

## 炮兵
**以火炮进行战斗的兵种**

炮兵是以火炮、火箭炮和战役战术导弹为基本装备,遂行地面火力突击任务的兵种。具有强大的火力、较远的射程、良好的精度和较高的机动能力,能集中、突然、连续地对地面和水面目标实施火力突击。主要用于支援、掩护步兵和装甲兵的战斗行动,并与其他兵种、军种协同作战,也可独立进行火力战斗。

装甲兵正在开展迂回突进训练。

## 装甲兵
**以坦克为基本装备的战斗兵种**

装甲兵也称"坦克兵"。由坦克(装甲)集团军、师、旅、团、营、连等组成。在编成上还编有装甲步兵、炮兵、反坦克导弹、防空、防化、工程及其他勤务保障部队(分队)。装甲兵具有快速的突击力、强大的火力和较好的防护力,可减轻常规武器与核武器的损伤,并能迅速利用火力突击效果实施地面突击,在协同战斗中,通常遂行机动作战任务。第二次世界大战时,装甲兵成为陆军的一个战斗兵种,广泛使用于各种作战行动。在现代战争中,装甲兵仍是重要的突击力量。

炮兵进行火炮演练。

## 雷达兵
**以雷达获取空中情报的兵种**

雷达兵主要任务是不间断地探测、跟踪和识别空中目标,为各军种、兵种战斗行动及飞行管制和人民防空提供情报。通常按团、营、连(站)的序列组成。主要装备有警戒雷达、引导雷达、地面预警雷达系统等。

通信兵利用现代通信设备进行作战通信保障。

## 通信兵
**担负军事通信任务的兵种**

通信兵由通信、通信工程、通信技术保障、无线电通信对抗、航空兵导航、军邮等专业部队、分队组成。任务是组织运用各种通信手段,保障军队畅通的通信联络;进行无线电通信干扰和反干扰;组织实施海区观通、航空兵导航勤务和野战军邮勤务。通信兵对保障军队指挥和完成各项任务具有重大作用。

## 电子对抗兵
**实施电子对抗侦察和电子干扰的兵种**

电子对抗兵是合成军队的重要组成部分,是作战中对敌实施电子进攻的主要力量。有的国家也称电子部队。通常包括雷达对抗部(分)队、无线电对抗部(分)队等。其行动具有很强的技术性、隐蔽性和谋略性,并贯穿于作战全过程,对作战行动和结局影响很大。它通常按团(大队)、营、连、编成。由于其与敌斗争的领域是摸不着看不见的特殊领域,被称为"隐形斗士"。电子对抗兵是现代战场上一支重要的作战力量,它以削弱、破坏敌方电子设备和保护我方电子设备为基本任务,渗透于各军、各兵种的攻防作战之中,可有效地干扰、破坏敌方的作战指挥系统,使其通信中断、指挥失灵,并确保己方指挥系统的正常运转,从而广泛而深刻地影响着战役、战斗的进程和结局。

电子对抗部队对敌实施电子进攻。

电子侦察机起飞执行任务。

### 电子战

电子战是现代战争中采取综合措施削弱、破坏敌方电子设备的使用效能,保障己方电子设备正常发挥效能的一种重要作战手段。由电子对抗侦察、电子干扰和电子防御3部分组成。电子战萌芽于20世纪初无线电通信技术应用于作战之后。第二次世界大战期间,雷达、通信和无线电导航对抗在战争中发挥了重要作用。

*舟桥部队架设桥梁保证队伍顺利渡河。*

*防化兵正在实施烟幕保障。*

## 防化兵
**担负防化保障任务的兵种**

防化兵是军队在核、化学、生物武器作战条件下,以担负防化学保障为主要任务的兵种,也称"化学兵"。它的行动地区为敌军使用化学、生物和核武器的地区,通常先于其他军兵种闯入生命的禁区,实施防化保障。防化兵的主要任务是实施核观测、化学观察和化学、辐射侦察,实施剂量、沾染检查,实施消毒和消除沾染,指导部队对核武器、化学武器和生物武器的群众性防护,组织实施烟幕保障,并以喷火分队直接配合步兵和装甲兵战斗。

## 工程兵
**担负军事工程保障任务的兵种**

陆军工程兵一般由工兵、舟桥、建筑、工程维护、伪装、野战给水工程等专业部队、分队组成。其他军种的工程兵,一般只编工程建筑部队、工程维护部队等。陆军工程兵的主要任务是实施工程侦察,构筑工事,修筑道路,架设桥梁等。其他军种的工程兵主要担负军港、机场、导弹基地等军事工程的建设和维护、抢修任务。

## 陆军防空兵
**以防空作战为主要任务的兵种**

陆军防空兵是陆军中以地空导弹、高射炮武器系统为基本装备,遂行防空作战任务的兵种。由地空导弹兵、高射炮兵和弹炮混成部队、分队及雷达兵部队、分队组成。陆军防空兵是合成军队的重要组成部分,是遂行野战防空任务的基本力量,具有良好的射击精度和较高的机动能力,能单独或协同其他防空兵力完成陆军各种行动中的防空作战任务。陆军防空兵的主要任务是:实施对空侦察和空情报知;制止敌方航空兵侦察;拦截和歼灭敌方的飞机、巡航导弹等空袭兵器等,保障军队的主要集团和重要后方目标免受或少受空中敌人的袭击;歼灭敌方正在飞行、伞降或机降的空降兵。必要时,陆军防空兵歼灭敌方地面或水面目标。

*携带便携式地空导弹的美军陆军防空兵*

军队 | 81

陆军航空兵进行纵深机降训练。

## 地空导弹兵
**用导弹进行防空作战的兵种**

　　地空导弹兵是装备地空导弹武器系统，遂行防空作战任务的兵种或部队。美、英、法、日、德国等称防空导弹部队。一般由火力分队、指挥分队、技术保障分队和其他勤务分队编成。能在昼、夜间和复杂气象条件下，抗击从低空到高空、从低速到高速飞行的飞机和机载空地导弹。主要担负国家要地防空和军队集团防空，参加夺取制空权的斗争。通常同歼击航空兵、高射炮兵共同遂行防空作战任务，也可单独作战。是国土防空和野战防空的重要力量。

地空导弹是地空导弹兵的重要作战武器。

## 陆军航空兵
**运用直升机支援地面部队作战的兵种**

　　陆军航空兵是陆军中装备直升机和轻型飞机，直接支援地面部队作战的兵种。陆军航空兵的主要任务是在战术范围内实施航空火力支援、运送部队和进行航空侦察。陆军航空兵诞生于第二次世界大战后期，目前，全世界许多国家建立了陆军航空兵部队。

## 特种兵
**执行特殊作战任务的兵种**

　　特种兵是独立遂行非正规的特殊作战的兵种。特种兵一般由最高军事指挥机关直接指挥和领导。他们编制精干、装备精良、训练有素、适应能力强。特种兵主要担负侦察搜集情报、袭击破坏、暗杀绑架、制造骚扰暴乱、开展心理战，以及反颠覆、反特工、反偷袭和反劫持等任务。特种兵初见于第二次世界大战期间。战后，世界许多国家都组建了各自的特种部队。

美国特种兵在执行丛林作战任务。

## 美国特种兵
**美国执行特种作战任务的兵种**

　　美国特种兵始建于1952年。当时，其主要职责是在敌国领土上从事破坏活动和开展游击战。1983年，美建立了陆军特别行动第一指挥部，负责协调和指挥美所有特种部队，开展心理战。1989年，美陆军特别行动第一指挥部改组为美陆军特别行动指挥部。美特种兵是由美国公民在自愿的基础之上组成的。只有拥有中士或上士军衔的男性军人才能成为特种部队的志愿兵。特种兵可在战时、军事冲突时期与和平时期发挥作用。特种兵战斗小组可采用各种手段进入敌国领土。最常用的手段是利用合法证件，作为谍报人员派出。战时越过国境或开赴前线的手段包括：徒步、空降、从潜艇登陆、划橡皮艇登陆或其他方式。

# 海军

## 像军事家一样思考

**海**军是以舰艇部队为主体，在海上作战的军种。由海军陆战队、潜艇、水面舰艇、海军航空兵、海军岸防兵等兵种及各专业勤务部队组成。主要任务是消灭敌方海上兵力，夺取和掌握制海权；袭击敌方和保卫己方基地、港口和沿海重要目标；对敌方进行战略袭击；破坏敌方和保护己方海上交通线；进行海上封锁、反封锁等。主要装备有：航空母舰、战列舰、巡洋舰、驱逐舰、潜艇、运输舰等和勤务保障舰艇。

**想一想** 海军陆战队在海军中担负怎样的职责和任务？

*美国海军陆战队进行登陆进攻演习。*

## 海军陆战队

**担负登陆作战任务的海军兵种**

海军陆战队由陆战队步兵、炮兵、装甲兵、工程兵等部队组成，有的也编有航空兵。主要装备登陆工具和适于登陆作战的武器装备及技术和保障器材等。如：两栖作战舰、两栖攻击舰、两栖运输舰、登陆舰、登陆艇等。任务是独立登陆作战或配合陆军实施渡海登陆作战，夺取、巩固登陆场，保障后续部队登陆；进行反登陆，消灭已登陆之敌。在协同陆军实施登陆时，通常担任登陆队先遣队，首先突击上陆。

## 海军礼仪

**海军使用的礼仪规范**

海军礼仪主要包括挂满旗、挂满灯、升挂国旗、设仪仗队和军乐队、舰员分区列队、鸣笛、鸣放礼炮、海上阅兵等等。目前，虽然世界各国海军的礼仪在等级划分、规模及执行方法等方面不尽相同，但其表现形式是基本一致的。通常舰船在海上相遇时，将国旗（商船）和海军旗（军舰）降至距旗杆顶端1/3处，并鸣长声表示答礼，然后将旗升至杆顶表示礼毕。鸣放礼炮是一种隆重礼仪，用于军舰出访和来访时。在重大节日里，军舰上要挂满旗和挂满灯。海上阅兵是在海上对海军舰艇进行检阅的仪式，分为阅兵式和分列式。

## 信号旗

**舰船在海上进行通信联络的工具**

信号旗是在长方、鱼尾、三角和梯形4种形状的旗舰上，用红、黄、蓝、白、黑5种颜色的色块组成各种图案，分别代表字母和某种意义。国际信号旗有40面，其中包括字母旗26面。数字旗10面，代旗3面，回答旗1面。

*潜艇上的旗帜就是海上的"交流语言"。*

美国海军陆战队士兵正在训练。

## 美国海军陆战队
### 美国的两栖作战部队

美国海军陆战队是一支隶属于海军部的两栖作战部队。它于1775年11月10日成立，当时称之为"大陆陆战队"，最初仅有2个陆战营，包括231名军官和约2000名士兵。1798年7月11日，美国国会正式批准大陆陆战队为美国的一个军种，改称美国海军陆战队。美海军陆战队现役部队编制员额为17.3万人，编有两个舰队陆战队和海上部队以及警卫分队。按行政编组，美海军陆战队编为3个陆战师、3个陆战航空兵联队和3个勤务支援大队；按作战编组，编为3个陆战远征部队、6个陆战远征分队及若干特种任务小队等空地联合特遣部队。目前陆战队采用混合编组方式。陆战远征部队是空地联合特遣部队中规模最大的任务编组部队，主要包括1个加强陆战师、1个陆战航空兵联队和1个勤务支援大队，总兵力30000至60000人，通常由1名中将指挥。

## 潜艇部队
### 在海水下作战的海军兵种

潜艇部队有战备导弹舰队和攻击潜艇部队两种。主要任务是攻击、消灭敌方大、中型水面战斗舰艇、潜艇和运输船；对敌方纵深实施战略袭击；袭击、破坏敌方基地、港口；破袭敌方海上交通线，以及实施海上侦察、巡逻、布雷、输送人员或物资等。潜艇于20世纪初出现，在两次世界大战中，都有潜艇部队的交战。第一次世界大战中，被潜艇击沉的战斗舰艇为192艘；第二次世界大战开始时，主要交战国共拥有潜艇690余艘，击沉大、中型水面舰艇174艘，运输舰船1400多万吨。

潜艇已成为战争中的重要突击和威慑力量。

## 各国潜艇部队的编成
### 世界各国潜艇部队的构成方式

各国海军潜艇部队的编成通常有两种基本形式：一种是以装备性能相同的潜艇编组；一种是根据任务或作战需要编组。各国潜艇部队的隶属关系不尽相同。美军的核潜艇部队隶属于舰队或舰队的潜艇司令部，以中队为基本单位，由7～10艘潜艇编成；根据作战任务的需要，还将潜艇部队编入特混舰队。俄罗斯潜艇部队隶属于舰队的区舰队、分舰队，或编为潜艇区舰队、分舰队，直接隶属于舰队。日本联合舰队中编有潜艇舰队，下辖潜艇队群，队群辖2～4个潜艇队，队辖2～3艘潜艇。法国的战略核潜艇作为战略核力量之一，直接受三军参谋长指挥。

人字队形前进的美军舰艇编队

日本"村雨"级驱逐舰

## 水面舰艇部队
**在海洋水面作战的海军兵种**

水面舰艇部队有水面战斗舰队部队和勤务舰船部队两种。水面战斗舰艇包括航空母舰、战列舰、巡洋舰、驱逐舰、护卫舰、布雷舰、反水雷舰艇等；勤务舰船包括侦察舰、防险救生船、基地勤务船等。任务是攻击、消灭敌方水面舰船；搜索、攻击、消灭敌方水面舰船；搜索、攻击敌方潜艇；袭击、破坏敌方基地、港口和岸上目标；进行海上破袭与反破袭战；进行海上封锁和反封锁作战；参加登陆和抗登陆作战；进行海上侦察、巡逻等。

## 舰艇战斗队形
**舰艇行进和作战时的编队和队形**

舰艇在海面上作战，要组成一定的编队和战斗队形。受到攻击时便于集中火力，防御时便于组织火网，还能抗击来自空中、水面和水下的袭击。舰艇的战斗队形有人字队形、纵队队形、横队队形、梯队队形、菱形队形和半环形队形等。比如人字队形用于进行导弹攻击和搜索、攻击潜艇；纵队队形用于舰炮和导弹攻击，还用于扫雷；梯队队形用于舰炮攻击、导弹攻击、布雷扫雷；半环形队形用于航母编队和护航、登陆编队。

## 日本联合舰队
**日本在海洋水面作战的海军兵种**

日本联合舰队是日本海上自卫队的主要作战力量，下辖1个联合舰队、5个地方队、1个教育航空集团和1个练习舰队。作为日本海上自卫队核心力量的联合舰队，于1954年正式组建，经过两次扩编后，现在具有较强的海上作战能力，已具有了进行海上、空中和水下立体联合作战的能力，是进行海上反潜护航、阻敌登陆、封锁海峡和进行海上救护等任务的主要作战力量。根据新日本《防卫计划大纲》规定，联合舰队根据日本自卫队情报体制的改变和加强，在联合舰队司令部下新编情报业务部门，改善作战情报工作；同时减少联合舰队航空集团所属的岸基反潜巡逻机队；改善联合舰队的舰艇，装备新建造的性能先进的驱逐舰和护卫舰，等等。

水面舰艇部队是执行海上作战的基本力量。

*岸防兵发射岸舰导弹。*

## 海军航空兵

**在海洋上空作战的海军兵种**

海军航空兵按任务可分为轰炸、歼灭、强击(攻击)、反潜、侦察、巡逻、运输等航空兵部队和高射炮、地空导弹、雷达等防空部队。按基地性质，可区分为岸基航空和舰载航空兵。飞机类型有固定翼飞机、旋翼飞机和

*海军航空兵实施机降训练。*

垂直／短距起降飞机。任务是夺取和掌握海上制空权，支援己方兵力的海上作战行动，保障己方海上兵力夺取和掌握制海权；袭击、破坏敌方实施战略袭击；保卫海军基地的空中安全，以及进行海上侦察、巡逻、反潜、护航、布雷、引导、救生和输送人员或物资等。

## 美国海军舰队

**美军在海洋水面作战的海军兵种**

美国海军的主战兵力按行政编号可编为两大战略集团，即太平洋舰队和大西洋舰队。其中太平洋舰队设有第3、第5和第7舰队；大西洋舰队设有第2和第6舰队。美军第7舰队成立于1943年。目前已成为美海军作战舰队中训练水平最高，作战能力最强的前沿部署部队。它的辖区范围从中太平洋国际日期变更线直到非洲东海岸，和从千岛至南极洲的5100万平方千米海域。

## 海军岸防兵

**进行海岸防御作战的海军兵种**

海军岸防兵是装备有海岸炮和岸舰导弹，以火力参加海军基地和海岸防御作战的海军兵种。部队建制一般为团、营。有海岸炮兵和海岸导弹部队两种，部署于沿海要地、要塞、岛屿和重要地段。主要任务是：以火力突击敌方舰船，掩护己方海军基地、港口、要地、水雷阵地，掩护近岸海地区守备部队作战和濒海地区守备部队作战，以及掩护濒海区活动和舰船等任务。

*美国海军舰队*

# 空军

## 像军事家一样思考

空军是由空降兵、各种航空兵及保障部队等组成的空中作战的军种。装备有战斗机、轰炸机、强击机、侦察机、运输机、直升机及其他作战支援飞机,具有远程作战、高速机动和猛烈突击的能力。担负国土防空和支援陆军、海军作战,对敌人后方实施空中打击,并负责空运和航空侦察等任务。

**想一想** 空军航空兵在现代战争中有着什么样的作用?

## 空中编队
**利于空战而编成的飞行队形**

空中编队就是两架或两架以上的飞机在空中执行任务时,按照规定的间隔、距离和高度差组成一定的队形飞行。编队飞行是战斗机在巡逻和作战中保持最佳战斗力的飞行方式。飞机编队,能有效地进行防守和进攻,常常能集中火力,打击敌人。编队飞行也被用于轰炸机飞机在空编队飞行。空中编队可以是单机种编队,也可以由歼击机、轰炸机、强击机等多机种组成混合编队。

*由轰炸机担任长机的飞行编队*

## 长机
**负责指挥和进攻的飞机**

在空中编队飞行时,带队的飞机称为长机。长机的飞行员就是编队指挥员。他的主要职责是:率领空中机群编队飞向指定作战区域,严密组织空中搜索,隐蔽地突然攻击目标等。

## 僚机
**负责保卫和掩护的飞机**

在空中编队飞行中,跟随长机执行任务的飞机称僚机。僚机在空中与长机保持一定的距离,执行长机的命令。在空战中,积极配合长机攻击敌方,同时担负保卫、掩护长机的任务。

## 空军飞行员
**驾驶军用飞机的人**

在军用飞机上驾驶和操纵设备的人员都称空军飞行员。单座飞机的飞行员除负责驾驶外,还担负着领航、通信、侦察、射击和轰炸等任务。在白天和晚上,简单和复

*正在驾机执行任务的美军飞行员*

杂的各种情况下,都能执行任务的飞行员,称全天候飞行员。技术全面的飞行员,还能在空中进行各种特技飞行。

*飞机在空中编队飞行,有利于指挥、搜索、警戒、攻击和掩护。*

## 特技飞行

**在空中做动作造型的飞行技术**

特技飞行是一种专门的飞行技术。飞行员驾驶飞机在空中不断改变飞行姿态，如多方向的旋转、翻滚，飞出各种弧线形状等。它对于提高飞行员的驾驶技术、培养勇敢精神和充分发挥飞机的飞行技能等，有重要的作用。

空中特技飞行表演

## 法国空军"法兰西巡逻兵"特技飞行队

**世界上资格最老的飞行表演队**

1913年，法国成立了第一支特技飞行队，被命名为"法兰西巡逻兵"。1964年2月，法国国防部正式将"法兰西巡逻兵"这一崇高的荣誉授予普罗旺斯的高级飞行学院特技飞行队。从此，这个飞行队就成为代表法国空军的唯一的特技表演飞行队。目前主要进行9机表演，其表演动作复杂精彩，令人眼花缭乱。

特技飞行展现了飞行员的高超技艺。

## 美国"雷鸟"特技飞行表演队

**以"菱形"编队闻名的特技飞行队**

1953年，美国空军"雷鸟"特技飞行表演队成立。"雷鸟"飞行表演队的表演用机是美空军现役主力之一的F-16战斗机。"雷鸟"飞行表演队通常使用6架F-16战斗机进行表演，其中4架为编队特技，2架为单机特技。"雷鸟"飞行表演队经常采用"菱形"、"楔形"、"一字"等编队队形，表演动作惊险刺激，令人目不暇接。其中4机"菱形"编队为"雷鸟"的绝技，头尾相衔，机翼相接，令人惊叹，充分体现了"雷鸟"作为一流飞行表演队的魅力。"雷鸟"飞行表演队出访的国家和地区之多，大概是世界第一，至今航迹遍及美国五十个州和世界50多个国家，累计表演3000多个场次，观众达2亿多人次。

## 空降兵

**以伞降、机降方式投入地面作战的兵种**

空降兵由步兵、装甲兵、通信兵等部队组成。其主要作战程序是"空降——夺取——坚守——会合"，即以空降形式夺取并坚守敌纵

正在从高空降落的空降兵

深内的重要目标或地域，接应会合己方正面部队，达到破坏敌方指挥机构、交通枢纽、导弹、核武器等设施的目的。现代空降兵逐渐与陆军其他兵种混合编织，形成空地一体的快速反应部队的骨干。空降部队的大型运输机可以载运坦克、装甲战车和其他重型武器装备，使得突击力和火力大为提高。

空降兵正在进行实战演练。

## 俄罗斯空降兵
**俄罗斯实施机降作战的兵种**

俄罗斯空降兵自1930年8月2日诞生之日起,就谱写着胜利与辉煌的篇章,成为俄罗斯最受欢迎的兵种,被视为"军队的精英,民族的骄傲"。俄罗斯空降兵是一个独立兵种,属于国家总统——武装力量最高总司令的战略预备队。目前,俄空降兵编有4个空降师和1个空降旅,共约有4万人。从1998年开始,俄空降部队陆续装备了水陆两用坦克,使具有"双翼步兵"美称的空降兵的作战能力得到进一步提升。

## 空军航空兵
**在空中执行作战任务的兵种**

空军航空兵是在空中运用各种军用飞机执行作战任务的空军兵种,是空军的主要作战力量。包括歼击航空兵、运输航空兵、侦察航空兵、轰炸航空兵、强击航空兵等。

## 轰炸航空兵
**装备轰炸机,对地面、水面目标进行突击的航空兵**

轰炸航空兵能投放航空炸弹、核弹、鱼雷和发射空地、空舰导弹,具有猛烈突击和远程作战能力,是空军的主要进攻力量。主要任务是:消灭敌方导弹、核武器,摧毁、破坏敌方政治、经济中心和重要工业目标,参加夺取制空权、制海权的斗争,支援地面、舰艇、空降部队作战,以及实施航空侦察和电子干扰。有些国家战略轰炸机部队与地地战略导弹部队、海军弹道导弹潜艇部队相结合,共同构成战略核威慑力量。

## 歼击航空兵
**装备歼击机歼灭敌空中飞机的航空兵**

歼击航空兵具有高速机动和猛烈攻击的能力。主要任务是:抗击敌空袭,夺取制空权;掩护地面部队,舰艇部队;保障其他航空兵和空降兵的战斗行动;实施强击和航空侦察。歼击航空兵诞生于第一次世界大战期间,在第二次世界大战中,形成了较完善的编制体系。20世纪60年代以后,逐步装备了超音速、全天候歼击机和空空导弹,具有对空、对地攻击能力和全天候、多目标、超视距的作战能力。

美军歼击航空兵架机执行战斗任务。

苏联伊尔-28轻型轰炸机

美国 C-5B "银河"战略运输机

## 运输航空兵
**遂行空中输送任务的航空兵**

运输航空兵是装备军用运输机和直升机，遂行空中输送任务的兵种。有的国家称之为军事空运部队。具有快速、远程和超越地理障碍的运输能力，是军队快速反应的一支重要力量。主要用于保障部队实施空中机动、空降作战、运送武器装备和物资器材。20世纪30年代，欧美一些国家相继组建军事空运分队，其装备为改装的轰炸机和民用运输机。第二次世界大战中，运输航空兵迅速发展，在一些大的空降战役中，军用运输机一次出动就达数百架之多。战后，运输航空兵的地位和作用进一步加强。

## 侦察航空兵
**从空中获取情报的航空兵**

侦察航空兵是军事侦察的重要力量，由侦察飞行部队和情报处理机构组成。一般隶属于空军，编制单位为联队或独立团。具有快速、远程、机动和全天候的侦察能力，用于查明敌重要目标及地形、气象等情况，以保障己方的作战行动。装备的飞机通常由歼击机、轰炸机或运输机改装；也有专门设计的高空高速侦察机。

美军侦察机起飞执行侦察任务。

## 强击航空兵
**装备强击机，对地面、水面目标进行攻击的航空兵**

强击航空兵的主要任务是：支援地面部队进攻和防御作战，消灭和压制敌方战术、战役纵深内的导弹、炮兵阵地、集群坦克及有生力量，破坏敌方指挥机构和防御工事，破坏和封锁敌方交通运输；支援登陆部队登陆作战，协同地面部队消灭敌方登陆兵，协同海军编队突击敌方舰艇；支援空降作战，协同地面部队消灭敌方空降兵；参加争夺制空权，破坏敌方机场，消灭敌方机场上的飞机和人员，摧毁敌方雷达站；实施航空侦察。第一次世界大战中，德国于1917年组建以强击活动直接支援地面部队作战的航空分队，装备歼击机或轻型轰炸机，主要用于攻击敌方前沿的有生力量。战后，强击航空兵得到进一步的发展和壮大。

## 地勤人员
**保养和维修飞机的地面工作人员**

空军中在地面上工作的人员叫地勤人员。他们负责对飞机进行日常保养、例行检查和维修，以使飞机始终处于良好状态。军械士保证战斗机经常有足够的弹药和炸弹。

地勤人员正在给战机安装炸弹。

# 军用标志和军衔

## 像军事家一样思考

军用标志有多种使用情况：象征军队、军种或建制部队的标志，如军旗、军徽等；用以表明军人所属军队、军种、兵种、专业性质和军人军衔的标志，如帽徽、胸章等。军衔是用缀在肩章或领章等处的等级符号，标明军人社会地位和军事级别的称号。军衔的等级，通常由将官、校官、尉官、士官和士兵构成，有的国家在将官之上还设有元帅，在尉官与士官之间还设有准尉。

**想一想** 军用标志和军衔在军队中有什么样的作用？

阅兵仪式上的美国海军陆战队军旗

## 军旗
### 象征军队或建制部队的旗帜

军旗是表示该军队或部队属何国武装力量的一种标志。军旗一般由旗幅、旗杆和旗顶组成。旗幅的规格、质料、颜色、图案及制作方法等，各国军队都有严格的规定；旗杆一般为金属品，表面有旋纹；旗顶，即杆头，多为金属制成的矛、十字等图形。军旗通常由国家、军队的最高领导人或最高军事领导机关正式批准颁发。

## 军徽
### 象征军队或军种的徽章

有些国家的军队各军种都有自己的军徽。把具有一定意义的图案制成徽章作为某一军事集团的象征和军事首领的标志在古代就已经出现。公元前5世纪，欧洲一些国家军队中出现装饰有神祇和动物小雕像或刻绘着特殊象征性图案圆盘的矛和杆，这是早期的军徽标志。同时，还出现了军事首长、高级官员的个人标志。公元10～13世纪，西欧骑士的盔甲和旗帜上出现了区分各种骑士身份的贵族家族纹章。之后，军旅中的徽章不断发展，逐渐发展成象征军队或建制部队的标志之一。

## 美国的军旗与军徽
### 象征美军的主要标志

美国没有总的军旗、军徽。陆军军旗为白色旗面，中间的深蓝色徽章由各种武器和旗帜组成。海军陆战队军旗为红色旗面，中间为海军陆战队军徽图案。海军陆战队军徽为圆形徽章，由红、白、黄、黑色四个同心圆组成。红色圆面上绘有飞鹰、铁锚和标有美洲地图轮廓的地球仪图案。海军军旗为深蓝色旗面，中间的浅蓝色圆

美国海军陆战队军旗、军徽

美国海军军旗、军徽

美国空军军旗、军徽

形徽章上有象征海军的铁锚和帆船。海军军徽为圆形徽章，由橙、蓝、白色三个同心圆组成。白色圆面下绘有飞鹰、盾徽、铁锚图案。空军军旗为深蓝色旗面，中间为空军军徽图案。空军军徽为圆形徽章，由灰、黄、白、蓝四个同心圆组成。蓝色圆上绘有盾徽和飞鹰图案。

## 军衔的起源
**最初的军衔出现在欧洲**

最初的军衔出现在15~16世纪的意大利和法国等一些西欧国家。这些国家中出现了资本主义萌芽,雇佣军成了国家的主要军事力量。雇佣军大都是自由农民、市民、破产骑士等普通人。被选拔上来的这些非贵族的指挥官,由于没有爵位可供标志个人的身份,自己的荣誉、地位和待遇得不到社会的保障,于是,他们强烈要求设立一种与其军职相对应的阶位称号,来保障自己的社会地位。这样,形成了军队职务与军衔等级相对应的两大体系。军衔制度的出现,促进了军队建设。正因为军衔制度对军队建设具有积极的促进作用,它逐步被世界各国军队所采用,400年相沿不衰。

## 编制军衔
**对军队每一个职务所规定的军衔等级**

军人个人的军衔必须是在其所担任职务的编制军衔范围内授予或晋升。各国军队编制军衔有的一职编一衔,有的一职编数衔。规定一职编一衔的英美等国家,则在编制军衔之外,辅以临时军衔制度,来调整新老军官的利益关系;规定一职编数衔的国家,则用编制军衔的幅度来调整新老军官的利益关系。

## 永久军衔
**个人终身享有的军衔符号**

永久军衔是根据军官所任职务,德才表现,工作实绩,对事业的贡献和在军队中服役的经历等综合因素,授予个人的军队等级称号。这种军衔称号是军官的终身荣誉。军官退役后仍然予以保留,只是在军衔称号前冠以"退役"二字。永久军衔的特点是将军官的荣誉称号、待遇等级和职务因素融为一体,使其兼有调整部队指挥关系和调整个人利益关系的两种功能。

美军将领给军官授衔、授勋。

## 临时军衔
**按照所任职务临时佩带的军衔符号**

临时军衔就是按照军官所任职务佩带的军衔符号,任何种职务就佩带与职务所对应的军衔符号,职务下降军衔也随之降低,职务消失军衔也随之作废。按临时军衔佩带军衔符号,可以实现职务和军衔符号相一致,便于对部队的作战指挥和平时管理;按永久军衔享受个人生活待遇,使军官的待遇同全部的劳绩贡献挂钩,有利于调整新老军官之间的利益关系,调动更多人的积极性。

美军上将

## 美国的军衔制度
**分6等25级**

美国军衔设6等25级:五星上将、上将、中将、少将、准将;上校、中校、少校;上尉、中尉、少尉;一级准尉、二级准尉、三级准尉、四级准尉、五级准尉;一级军士长、二级军士长、三级军士长、上士、中士、下士;一等兵、二等兵、三等兵。

## 俄罗斯的军衔制度
**分7等20级**

俄罗斯军衔设7等20级:俄罗斯联邦元帅;大将、上将、中将、少将;上校、中校、少校;大尉、上尉、中尉、少尉;高级准尉、准尉;大士、上士、中士、下士;上等兵、列兵。

俄罗斯列兵

# 军服

• 像军事家一样思考 •

军服是军人穿着的制式服装的通称，是军队的识别标志之一。军服的根本作用是适应战争的特殊环境，有利于作战。军服必须要有一些特殊功能，比如在炮火硝烟中冲锋，军服必须具有一定的防火性能；在枪林弹雨中冲杀，军服必须具有防弹的特殊功能。另外，军服还应具有美观、防寒御冷、调温、调湿、调气等功能，以保证人员在各种气候条件下作战。现代军服的种类繁多，大致可分为礼服、常服和作训服三大类。

想一想 迷彩服有什么特点和作用？

身着礼服的将领

## 礼服
军人在参加重大礼仪活动时穿着的服装

军礼服用料讲究，多用纯毛或毛涤混纺织物制成，作工精细。其特点是庄严、美观、色彩鲜艳、军阶标志鲜明、装饰注重民族风格等。由于各个国家的民族特点风俗习惯等不同，其礼服的样式也不一样。有的喜欢把礼服装饰得绚烂多彩；有的设计得庄重大方。

## 常服
军人在平时和一般礼仪场合穿着的服装

常服的主要特点是庄重、威武，能反映民族传统习惯和精神，适合日常穿着。一般区分为军官常服、士兵常服。按穿着季节又可分为夏常服和冬常服。有些国家还细分为队列常服和非队列常服。这种军服外观不像礼服那样要特别庄重，主要是穿着方便，更适宜于军人平时的活动。

身着常服的士兵

## 作训服
军人在作战等特殊环境下穿着的制式服装

作训服也称为武装服、作业服、野战服、特种军服和军人的"工作服"等。其主要特点是轻便耐用，具有良好的防护性能，适应战场活动和平时训练的需要。按类别分，有基本作训服和特种作训服；按保护色分，有单色普通作训服和多色组合迷彩作训服。作训服通常是官兵通用，多采用合成纤维与棉花混纺织物制作。

## 迷彩服
能够迷惑敌人侦察的作训服

迷彩服的"迷彩"是由绿、黄、黑等颜色组成不规则图案的一种新式保护色。迷

身着迷彩服的美军士兵

彩服的反射光波与周围景物反射的光波大致相同，不仅能迷惑敌人的目力侦察，还能对付红外侦察，使敌人现代化侦察仪器难以捕捉目标。据报道，外军近年来已研制出一种所谓"变色龙"型迷彩作训服，其材料采用一种光色性染料染色，可随着周围环境的光色变化而自动改变颜色。

军队 | 93

防弹服是战场上保护士兵的重要装备。

## 防弹服
**保护人体躯干免受弹丸或弹片伤害的一种单兵防护军服**

防弹服多呈背心状。由衣套和防弹层制成。衣套用化纤织物制作,起覆盖和保护防弹层的作用;防弹层用金属、玻璃钢等材料单一或复合制作,能使弹头、弹片弹开,并消释冲击动能,起到防护作用。防弹服具有一定的防弹丸直射和防弹片击伤的能力,对人体胸、腹部有良好的防护作用。

## 飞行服
**飞行员在执行任务时穿着的军服**

飞行服是保证飞行人员在飞行中,特别是在高空低气压、缺氧等情况下能正常工作和保证生命安全的重要装备。主要包括:头盔、头(围)巾、风镜、外上衣、裤子、皮靴、手套和毛衣裤、衬衣裤等。按穿用季节分为春秋季、夏季和冬季飞行服。通常上衣为夹克式,下衣为马裤式。飞行服作为飞行人员在空中执勤时着用的制式工作服,其种类包括高空代偿服、调温服、通风服等。

## 水兵服
**水兵在执行任务时穿着的军服**

水兵服是海军士兵最有特色的服装之一。世界上各国海军服饰虽各有不同,但大致样式相近,形成了一种"国际流行范例"。特别是水兵服已基本形成国际惯用的样式,通常为白、蓝色,上衣为套头式,有披肩,蓝色的披肩和袖口上有数道白线;裤子在侧面开口,裤口肥大。各国水兵们穿的内衣,通常为白蓝相间的条纹衫,俗称海军衫,又称海魂衫。

身穿水兵服的美国海军士兵

## 跳伞服
**空降兵执行伞降任务时穿着的军服**

跳伞服作为空降兵或伞兵执行任务的作战服装,它具有防寒保暖、防潮、防水等性能,并有轻便紧凑的特点,其色彩有一定的伪装性。但担任表演任务的空降兵,其服装的色彩却十分鲜艳醒目,为的是收到良好的观看效果。外国军队的跳伞服的式样,上衣多为夹克式,下衣多为马裤式。

身着跳伞服的伞兵

身着飞行服的美军士兵

# 作战方式

## 古代作战方式

### 像军事家一样思考

**战**争起源于原始社会晚期母系氏族阶段。从战争诞生的那一刻起，武器与战争形式就成为决定战争胜利的关键因素。在任何文明程度下的军队统帅在战争开始时都要考虑同样的问题：兵力如何部署？选择什么时间进攻？采取哪种作战方式？从早期的布阵作战、修筑防御工事，到步骑结合、各种野战战术的灵活运用，无不体现了古代作战方式的不断创新与发展。

**想一想** 古代战争中作战方式能起到哪些作用？

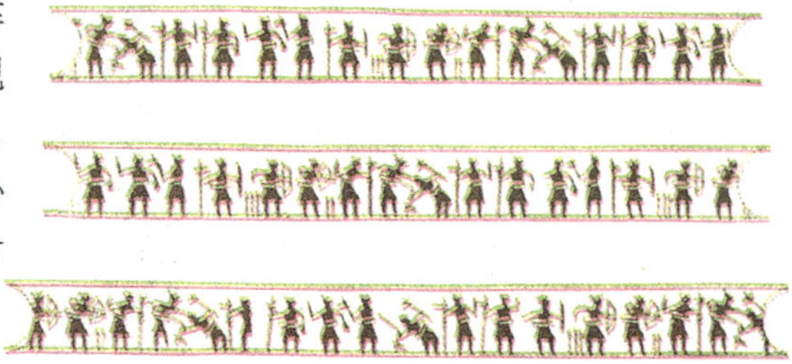

由于战场不再局限于某个固定的地点，野战指挥与技战术运用成为决定战争胜利的关键因素。

### 野战
**在城市与要塞之外进行的战斗**

野战是在城市和要塞以外进行的战斗。它随着时代的发展而不断变化。在四五千年前的中国，黄帝为了战胜势力强大的蚩尤，与炎帝结盟，合力打击蚩尤，堪称野战的最早运用。秦始皇在统一中国的战争中，车、步、骑兵相配合，水陆并用，使野战的机动性大为提高。汉、唐在统一全国的战争中，都成功地运用了由近及远、各个击破、避实击虚、奇兵突袭等野战谋略和战法，终获全胜。成吉思汗创造了运用骑兵远程奔袭、快速进攻、迂回包围、野战歼敌的战法，使野战战法发展到了一个新的水平。

### 车战
**古代以战车为主的作战方式**

车战是以阵战的形式进行的，所以车战的战术就是方阵战术。车战适合于地域开阔平坦的地区。由于车战的阵形从密集队形逐渐改为稀疏的配置，军队交战时的机动性趋于合理，军队的防御和攻击能力亦随之大大提高。约公元前21世纪，中国的战争中已开始出现战车。公元前11世纪，车战逐渐成为战斗的主要方式。

埃及法老站在战车上，朝着敌人射箭。

### 步战
**以步兵为主的作战方式**

步战随着铁兵器的使用开始出现。杀伤力大并且造价低廉的铁兵器给步兵作战提供了良好的物质条件。井田制的施行，使战车便于通行的道路遭到破坏，步兵从此成为主要兵种，登上战争舞台。具有灵活性、机动性的步战的兴起，使战争从平原旷野向山川险要地区扩展，以车兵为主的运转不灵的密集集团方阵向以步兵为主的多种阵形演变。现代的步战，是诸兵种协同进行的合同作战。

战国铜镜上的步战图纹案

## 骑战

**以骑兵为主的作战方式**

骑战是以骑兵为主进行的战斗。具有行动迅速、机动灵活的特点。通常用于正面突击、迂回包围、追击、奔袭等任务。中国战国时开始大量的使用骑兵作战。秦汉时期，由于北方游牧民族的袭扰不断，骑兵一直是一支重要的作战力量，骑战术在当时的战争中发挥了关键的作用。生

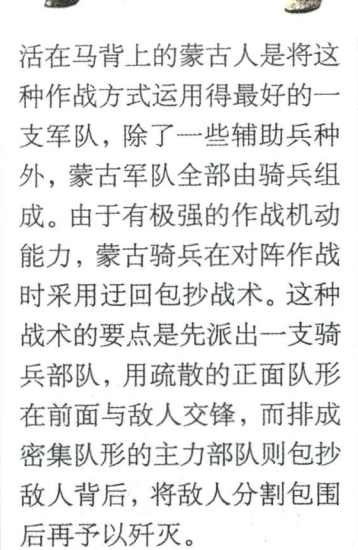

骑兵

活在马背上的蒙古人是将这种作战方式运用得最好的一支军队，除了一些辅助兵种外，蒙古军队全部由骑兵组成。由于有极强的作战机动能力，蒙古骑兵在对阵作战时采用迂回包抄战术。这种战术的要点是先派出一支骑兵部队，用疏散的正面队形在前面与敌人交锋，而排成密集队形的主力部队则包抄敌人背后，将敌人分割包围后再予以歼灭。

## 水战

**在水面进行的作战方式**

水战是一种在水面上利用舰船进行的战斗。中国春秋末期，地处南方的吴、越等国已经能在江河、海上作战。秦汉至唐代，军队已能连舟为桥，跨越长江、黄河，并能实现顺江而下、溯江而上的江面作战和大规模的渡江作战。在南宋，朝廷偏安江南，长江和东南沿海，成为金、蒙军队南下的重要通道。因此，朝廷在淮河、长江沿岸设防，设置了二十多个水军部队。水战亦成为十分重要的作战手段。此时火器开始被用到战船上，大大增强了水战的战斗效果。明代郑成功收复台湾，使用数百艘战船，大炮200门，实施渡海登陆作战，击败荷兰殖民军，创造了登陆作战的经验。

水军作战图

此图表现出一支军队在火炮的支援下攻城的战斗场面。

## 攻防战

**城池（城堡）守卫者与进攻者之间的战斗**

城池攻防作战是古代战争中的一种重要的作战形式。中国春秋战国时期，城邑发展迅速，使城池攻防作战成为克敌制胜的重要手段。朱元璋创制了以火铳与冷兵器相结合的攻城战术，随后，徐光启又创造了以炮台护铳、以铳护城、以城护民的城防原则和战术。同样，在中世纪的欧洲战争中，城堡攻防战也很普遍。为了提高防御能力，城堡守卫者在城堡四周挖深壕，注满水，形成护城河。而围攻者则想尽一切办法破坏城防设施。

# 现代与未来作战方式

### 像军事家一样思考

现代战争是高技术条件下的局部战争,是指使用高技术武器和使用与高技术武器相适应的作战工具、作战方法所进行的战争。从二战开始,高科技技术在战争中得到了充分的应用,这使现代战争方式发生了很大的变化,呈现出"空地一体"、"海空一体"的特征。同时,作战部队机动速度的加快,作战部队的任务纵深和立体空间的大大增加,使得现代战争前线与后方的区别趋于淡化,远战将多于近战。而远战体系的完善,将会逐步降低短兵相接下的作战强度。可以预见,未来战争将会在现代战争的基础上呈现出高速度、全天候、全天时的特点。

想一想 在高技术条件下,战争中制胜的关键是什么?

## 常规战争
**使用常规武器进行的战争**

常规战争是使用常规武器所进行的战争,它是随着常规武器的发展而发展的。在冷兵器时代,使用的兵器是石头、棍棒以及大刀长矛和简单的机械兵器;在热兵器时代,使用的武器主要有枪炮、坦克、飞机、军舰、导弹等武器装备。该时期的常规战争依靠常规武器辅以战斗群体的力量,讲究战略、战术,其规模破坏性都很大。

*用枪炮对敌人攻击是常见的常规战争方式。*

## 高技术战争
**使用高技术武器和相应的军事理论进行的战争**

高科技战争是指使用高技术性能的武器和使用与高技术武器相适应的作战工具、作战方法所进行的战争。高技术武器精度越来越高,对目标的选择性较强。可实现对目标的精确打击,对非目标的附带损伤很小,战争破坏规模有较大的可控性。其首选打击目标一般是军事首脑机关、指挥控制中心、通信网络等系统。高技术战争中还将创造出新的作战理论,全新的作战支援和后勤保障模式。

## 精确打击
**准确锁定敌方目标进行精确攻击的作战方式**

精确打击是有效运用军事力量实现其军事意图的过程。它是现代高技术战争中的一种新的作战样式,即准确地确定敌军的位置,指挥己方部队,对敌方的关键力量或军事能力进行精确打击,并准确地评估打击效果的一种作战方式。作战时一般采用精确制导武器。所谓精确制导武

*利用导弹进行精确打击是高科技战争的标志之一。*

器是指采用精确制导技术的各种高命中率武器。在伊拉克战争中,美军使用的电磁炸弹、智能炸弹和改装的巡航导弹,绝大部分都拥有精确打击的能力。

*在高技术条件下,从舰上发射导弹袭击陆上目标已经变得轻而易举。*

## 阵地战

为争夺地域空间而进行的进攻或防御战

阵地战，是人类有战争以来最古老的作战形式之一，也是一种随着时代发展而常变常新的作战形式，是为争夺地域空间而开展的殊死搏杀。坚固阵地攻防作战，野战阵地攻防作战，城市和海岸、岛屿上的阵地攻防作战等，都属于阵地战的范畴。敌对双方或依托阵地进行防御，或对据守阵地之敌实施进攻，构成了阵地战的主要形式。

二战中，苏联红军和德军进行阵地争夺战。

## 未来阵地战

高技术条件下的阵地战

在高技术条件下，未来阵地攻防作战的立体性、整体性、机动性更强，被利用的空间范围更为广大，诸军兵种的力量能从陆、海、空、天、电磁等领域联合行动。进攻一方为了摧毁对方的坚固阵地防御，重视使用航空兵、炮兵、导弹等强大而精确的火力对敌方坚固工事及有生力量进行先期打击，甚至使用化学、生物武器攻击对方；以坦克、机械化部队的作战，同武装直升机的火力突击、空降兵的垂直包围相结合，实施空地一体化作战，并力求将战术、战役突破发展成为战役、战略突破，以取得胜利。防御一方则依靠完善的防御体系、坚固的阵地，采取多层次、大纵深、隐蔽疏散的立体部署，抗击对方进攻，同时以有利条件下的攻势行动和攻防结合的火力运用，增强防御的积极性和稳定性，并给对方造成重大杀伤，以挫败对方的进攻。可见，阵地进攻与阵地防御这一对冷兵器时代演化来的"矛"与"盾"在未来战争中，还将不断出现和发展。

通信系统是C4I系统的重要组成部分。

## C4I 系统

自动化的指挥、控制、通信、计算机和情报系统

C4I系统以计算机为核心，综合利用各种信息技术实现军事情报搜集、传递、处理、分发自动化，保障各级指挥员对部队和武器装备等信息的实时了解并付诸指挥和控制。给战场提供最快速、精确的信息，保证战争的必胜性。未来高技术战争中，只有通过C4I系统把各层次的分系统连为一体，才能发挥最大的作战整体功能。

士兵在掩体内向敌方阵地发射导弹。

## 空战

**敌对双方航空兵在空中进行的战斗**

空战是消灭敌机和其他航空器,夺取和保护制空权的主要手段。通常发生在歼击机为夺取制空权,掩护陆、海军作战,掩护其他航空兵和空降兵作战时,与敌机、巡航导弹等目标展开战斗。空战主要使用机载机炮、火箭和空空导弹进行。空战按参战兵力分为单机空战、编队空战和机群空战;按飞机高度分为低空空战、中空空战和高空空战;按攻击距离分为近距空战和超视距空战等。就一次空战而言,其过程包括搜索、接敌、攻击和退出战斗数个阶段。

战机向地面发射导弹。

战机巡逻是防空的一种重要方式。

## 防空

**抵御空袭的战斗行动**

防空是为抗击敌方飞行器的入侵,保卫己方重要设施和居民区免遭空袭而采取的一系列战斗行动。主要内容有建立各种防空体系,进行反空中侦察,反袭扰,轰炸作战,实施对空隐蔽、伪装和设置防空导弹、高炮等防空C⁴I系统和激光武器等。

## 未来空战

**高技术条件下的空战**

未来空战战术活动的单位以单机和小编队为主。空战样式将主要是导弹攻击,同时将大量进行中远程拦射,超视距战斗也会经常出现。在攻击方向上,空空导弹将既可尾追、迎头发射,又可以向后发射。空战既可以在白天,又可以在夜间进行,不良气候条件下的空战将比过去大为增加。先进的卫星技术,各种先进雷达技术的运用,将增加空战的探测范围和精度。此外,未来空战在信息搜集、处理、控制技术上的要求会更高。

进行中远程拦射,是未来空战的重要方式。

## 现代空袭战

**现代高技术条件下的空袭战争**

现代空袭战的兵力逐步向合成化发展。空袭作战由传统单一机种独立作战向多机种协同作战的新样式发展;"外科手术"式的空中打击成为一种特殊的作战样式。这种作战样式最大的特点是独立运用空中力量,通过远程奔袭,向对方特定目标实施"点穴"式的突然袭击,打完就走,瞬间即结束作战;大规模、高强度的战略空袭对战争胜负有决定意义;现代空袭战需要组织严密的战斗保障和作战协同。特别是指挥、控制、通讯及情报系统的有效性和可靠性对现代空袭战的成败具有举足轻重的影响;在现代空袭战中,高科技改善了空袭飞机的性能,同时空袭飞机装备了各种各样的精确制导武器,大大提高了空袭的精度和毁伤效果。

## 海战
**海军兵力在海洋上的交战**

海战通常是为了达成以下的目的：夺取制海权；消灭敌人的海上舰队和海军力量；切断敌人的海上运输线；封锁敌方的沿海港口和濒海地域；控制海上重要的战略要点（岛屿、海域、海峡等）以及为登陆作战提供条件等等。对不同的国家，海战具有不同意义。对海洋国家来说，海战可以决定整个战争的进程和结局，可以达到完全的战略目的；对于有

*发射舰载导弹攻击目标是现代海战的常见模式。*

海岸线的大陆国家来说，海战可以影响战争的进程和结局，可以直接达成战役乃至一定的战略目的。现代条件下的海战，由海军诸兵种在水面、水下、空中以至宇宙空间，广泛使用精确制导武器和电子对抗手段进行。

*潜艇是海上封锁的利器。*

## 登陆战
**从海上或空中登到敌军陆岸的战斗行动**

登陆作战的基本特点是：强渡海区，克服海洋的天然障碍和人为障碍；背水攻坚，克服敌方在海岸地区的抵抗和反击；联合作战，发扬陆、海、空军的作战效能和整体威力，协调一致地打击敌人。现代登陆作战首先是编队、登船装载；其次是抢占滩头阵地；再次是纵深攻击，袭占要点。

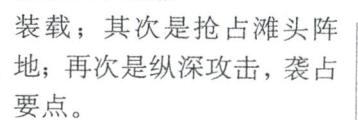

## 海上封锁
**用武力隔断地方海上联络的军事行动**

海上封锁是现代高技术局部战争的重要手段；是用武力隔绝敌方的海上联络并进行进攻性作战的军事行动；是破坏敌方经济、军队补给和剥夺其采取大规模军事行动能力的一种有效方法。一般分为严密封锁和监视封锁两种。海上封锁的主要武器有潜艇、水面舰艇、战斗机、水雷、精确制导武器等。要取得海上封锁的成功，必须在局部海域夺取制信息权、制空权及制海权。

## 特种战
**担负特殊作战任务的战斗行动**

特种战是由特殊编组、训练及装备的军事和准军事部队，运用一些特殊的手段，来达到军事、政治、经

*特种部队士兵在执行战斗任务。*

济或心理目标的行动。政治、军事因素常常制约着特种战的形式，需要在国家的监督下利用秘密和隐蔽的方法来达到目的。特种战在风险程度、战法和部队使用方式上均不同于常规作战，它基本上不需要友军的支援，而主要依靠作战情报和当地资源来完成特定的作战任务。特种部队执行任务多以达成战役战术企图为目的，多以以下方式进行：先于攻击部队行动，破袭敌障碍设施或抢占要点为主力部队攻击创造条件；在主力部队侧翼行动，扰乱迷惑敌人，保障主力部队行动的突然性；配合部队攻坚作战；深入敌后，破袭敌重要目标，配合正面部队的作战行动等等。

# 著名战争

## 中国著名战争

### 像军事家一样思考

在几千年的古代文明进程中,中国发生了无数次不同性质、不同规模的战争,其中包括了原始部落战争、封建王朝的统一战争、农民起义战争、反侵略的战争等等。这些战争对中国乃至世界都产生了影响,同时也为后人留下了大量宝贵的军事遗产。

**想一想** 中国境内发生的战争对社会发展产生了哪些影响?

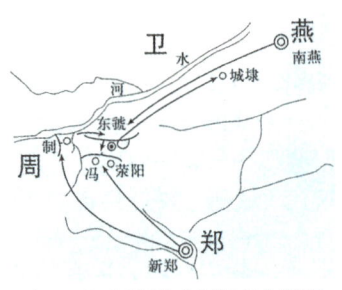

*周桓王二年,郑国军队在北制大败南燕军队。*

## 北制之战
**首次迂回袭敌制胜的战例**

周桓王二年(公元前718年),郑国出兵进攻卫国。卫国调遣属国南燕的军队抗击郑国。郑庄公派军队从正面逼近燕军,另派军队偷偷地迂回到燕军的侧后北制。燕军认为北制地形险要,放松了戒备,只专注正面之敌。郑军突然从背后发起进攻,大败燕军。这是史书上首次记载迂回袭敌制胜的战例。

*黄帝、炎帝与蚩尤进行激战。*

## 涿鹿之战
**黄帝灭蚩尤的战争**

约四五千年前,黄帝、炎帝两族合兵与蚩尤的九黎族在涿鹿之野进行了一次大规模战争。蚩尤率领族人向黄帝部落发起攻击。黄帝率领以熊、虎等为标志的氏族以及加盟的炎帝部落迎战。传说交战中蚩尤凭借弥天大雾围攻黄帝,黄帝则制造出能辨别方向的指南车,冲出迷雾,击败了蚩尤。又传说黄帝在作战中利用各种战法,最终取胜,擒杀了蚩尤。

## 牧野之战
**周灭商的决定性战役**

商朝末年,纣王当政,残酷暴虐。崛起于西方的周族势力逐渐强大起来。武王四年(公元前1045年)周武王率兵伐商。纣王慌忙调集守卫国都的军队,又临时武装了大批奴隶,组织了数十万人开赴牧野迎战。两军对阵,商军中的奴隶纷纷倒戈,反为周军开路。武王立即投入主力猛烈冲杀,商军土崩瓦解。纣王逃回朝歌自焚而死。

### 蚩尤造兵器

传说,蚩尤将牛角装在头上,作为兵器使用;他又用兽皮制成大军鼓,让黄帝的军队胆战心惊。蚩尤对中国兵器的发展有过重大贡献。

*传说蚩尤制五兵,造九冶,被称为"主兵之神"。*

*牧野之战前,周军誓师,准备消灭商纣。*

## 繻葛之战
**先击弱旅后攻强敌的战例**

周桓王十三年（公元前707年）秋，周桓王调集陈、蔡、卫等国军队联合攻郑，战于繻葛。周分三军，郑军分三军迎战，郑庄公布成"鱼丽阵"的车战队行，使车步协同相互掩护交战。郑军先从两翼发起进攻，击败较弱陈、蔡、卫军。周军左右两军阵脚大乱，中军孤立。随后，郑军向周军中军实施钳形攻击，中军主力亦投入战斗，周中军三面受敌而大败。桓王中箭受伤，急忙退军。自此，周王威信扫地，各诸侯国争霸局面继之兴起。

## 长勺之战
**敌疲我打的经典战例**

周庄王十三年（公元前684年），齐、鲁两军战于长勺。齐军恃强两次击鼓发动进攻，均未奏效。当齐军第三次击鼓发起冲击时，已是兵疲意沮，战斗力大大削弱。贵族曹刿抓住时机，建议鲁庄公实施反击。鲁军"一鼓作气"击溃齐军。

虞君利欲熏心，中了晋国的离间计，导致亡国。

## 假途灭虢之战
**一石双鸟的经典战例**

春秋初期，晋献公决定南下攻虢国。但虞国为必经之途。晋献公采用各个击破之计，先向虞借道攻虢，再伺机灭虞。周惠王十九年（公元前658年），晋献公送贵重礼品给虞公，虞公贪利，不但应允借道，还自愿作攻虢先锋。二十二年，虞给晋借道。晋灭虢班师途中，灭了虞国。

长勺之战

## 城濮之战
**后发制人的成功战例**

周襄王十九年（公元前633年），楚国以宋背楚从晋为名，出兵攻宋，宋求救于晋国。楚攻击晋军驻地。晋文公下令全军"退避三舍"，以答谢自己过去流亡楚国时受到的礼遇和当时许下的诺言，同时避其锋芒。楚军以为晋军畏惧，追至城濮。二十一年四月初二，决战开始。晋下军把驾车的马蒙上虎皮，首先向楚右军发起猛攻，楚军同盟陈、蔡军一触即溃，全军瓦解。这时晋上军竖起两面大旗，并在阵后扬起尘土，佯装后退。楚帅子玉不察虚实，令左军追击。待其突出之时，晋帅先轸指挥中军向其暴露翼侧攻击，断其退路，晋上军亦回头夹击。楚左军大部被歼。子玉见两翼均败，大势已去，急忙下令收兵，退回楚地。战后，晋文公一跃成为中原霸主。

## 崤之战
**利用地势进行伏击的战争**

周襄王二十四年（公元前628年）秦穆公执意要越过晋境偷袭郑国。晋襄公决心打击秦国。十二月，秦军出袭郑国，次年春顺利通过崤山隘道，越过晋军南境，抵达滑，恰与赴周贩牛的郑国商人弦高相遇。弦高一面冒充郑国使者犒劳秦军，一面派人回国报警。秦军以为郑国有备，于是撤退。此时，晋军已埋伏于隘道两侧。秦军重返崤山，晋军见秦军已全部进入伏击地域，立即封锁峡谷两头，突然发起猛攻，晋襄公身着丧服督战，将士个个奋勇杀敌，秦军身陷隘道，全部被歼。

楚平王派兵抵抗吴军，但楚军却在鸡父之战中大败。

秦军穿越崤山。

## 鸡父之战
**出奇制胜的成功战例**

周敬王元年（公元前519年），吴王僚发兵进攻楚地。吴王采纳公子光建议分师先破弱敌的建议并选择了古代最忌用兵的晦日（七月二十九日）突然出现在鸡父战场。楚军仓促应战，把胡、沈、顿、许、蔡、陈六国军队放在前面掩护后边的楚军。吴王令3000名囚徒在前诱敌，结果诱兵一触即溃，胡、沈、陈三国军队紧追不舍，阵势大乱。吴军主力乘机出击，俘胡、沈国君，随后又释放胡、沈军的俘虏，让他们逃奔许、蔡、顿军传呼"国君被杀"，吴军趁机随后呐喊冲击，许、蔡、顿三军惊慌溃逃。楚军不敌而逃。

## 笠泽之战
**成功的渡江奇袭战**

周敬王四十二年（公元前478年）吴国大旱，国库空虚、民不聊生。越王勾践乘机发兵攻吴，率军北上进至笠泽江南岸。吴王夫差仅率姑苏守军迎战，两军夹江对阵。勾践命左、右军各派一部兵力，利用黄昏秘密进至上、下游各5里处待命。夜半击鼓呐喊，佯装渡江发动钳形攻势。夫差忙派左、右军分别迎战，致使中军两翼暴露，孤立无援。勾践乘机率三军主力，以6000锐卒为先锋，偃旗息鼓，秘密渡江，向吴中军突然发起猛攻，敌阵大乱，吴军溃逃。

## 桂陵之战
**创造"围魏救赵"战法的战争**

周显王十五年（公元前354年）魏军围攻赵都邯郸。赵求救于齐。齐派田忌为主将，孙膑为军师，发兵救赵。孙膑建议趁魏军精锐在外，采取"批亢捣虚、攻其必救"的战法，直攻魏都大梁。孙膑为了迷惑敌人，故意示敌以弱，派不懂军事的人率兵进攻魏国军事重镇平陵，结果兵败被杀。战后，田忌、孙膑又用轻车锐卒直扑大梁，主力隐蔽分散其后。魏将庞涓自恃其强，脱离主力，轻车兼程追赶齐军，结果在桂陵被伏击，魏军全部被歼。赵国获救。

著名战争 | 103

*齐军火牛冲向燕军军营*

## 马陵之战
**利用地形进行伏击的战争**

周显王二十五年（公元前344年），魏国派庞涓率军伐韩，韩向齐求救。齐威王答应出兵，韩国奋力抗魏，但五战五败。二十七年，齐派田忌为主将，孙膑为军师率军救韩。孙膑仍用"围魏救赵"战法，直奔魏都大梁。庞涓闻之，急忙撤韩国之围，准备去灭齐军于大梁，但齐军得知韩国之围已解，遂班师。魏军追击齐军。孙膑见魏军势大，就以逐日减灶的方法，引诱魏军追击。庞涓见灶台数量愈来愈少，就以为齐军士兵不耐饥疲，已逃亡大半，竟甩开主力，率领轻车锐卒昼夜兼程追赶齐军。孙膑率军退至地形险要的马陵，筑好工事，设伏于此。疲惫不堪的魏军果然在预计时间进入伏击圈。齐军万箭齐发，全歼魏军，擒魏太子申，庞涓愤愧自杀。

*庞涓*

## 即墨之战
**巧用"火牛阵"大败燕军的战争**

周赧王三十一年（公元前284年），燕将乐毅攻齐国仅存的莒及即墨二地，年余不克，燕王中齐国反间计，以骑劫取代乐毅。三十六年，齐将田单征集千余头牛，身披五彩龙纹外衣，角缚利刃，尾系浸油芦苇，并命点燃牛尾芦苇，牛负痛冲出城去狂奔燕营，燕军见状大惊失色，被牛撞死者不计其数，骑劫在乱军中被杀。田单率军乘胜追击，将燕军逐出国境。

### 围魏救赵
战国时期，魏国包围赵国。齐派田忌为主将，孙膑为军师，发兵救赵。齐军不直接去赵国解围，而是通过包围魏国国都的办法，迫使其回救而解赵之围。后引申为通过围攻来犯之敌的后方据点，迫使其撤回兵力的作战方法。

## 长平之战
**采用长围久困之策破敌的战争**

周赧王五十五年（公元前260年），赵国派赵括替代廉颇守卫长平。赵括只会纸上谈兵，毫无实战经验。赵括到任后即连续向秦军发起进攻，意在决战。秦将白起利用赵括骄傲轻敌的弱点，用小股秦军挑战，随后假装败退。赵括不察虚实，率军紧追至秦营。这时秦军从两翼截断赵括退路，将其分割为二。白起采取长围久困之策，赵军无粮，赵括率军突围被射死，赵军瓦解。

*巨鹿之战*

## 巨鹿之战
**项羽"破釜沉舟"大败秦军的战争**

秦二世三年（公元前207年），反秦武装赵王歇被秦军围在巨鹿。项羽为解巨鹿之围派英布率楚军渡过漳水，初战获胜，切断了秦将章邯与王离的联系。而后项羽率领全部楚军渡过河水以击秦军，并下令全军破釜沉舟，每人携带三日口粮，以示决一死战之心。楚军九战九捷，大败章邯军，齐、燕等各路援军也冲出营垒助战，俘王离，解巨鹿之围。

## 彭城之战
**远程奔袭的著名战例**

汉王二年（公元前205年）三月，汉王刘邦攻占楚都彭城。入城后，汉军众将日夜欢饮，毫无戒备。项羽率军远程奔袭彭城。汉军仓促应战，大败北逃，死伤10万余人。项羽乘胜追击，在灵壁东将汉军逼入睢水，汉军惨败。刘邦趁乱率数十骑逃脱。

*秦岭褒斜道模型*

### 秦岭栈道

栈道是古人在山崖险绝处凿孔架木连阁而成的道路。战国到秦汉时期从汉中横跨秦岭到关中的栈道有三条。楚汉战争前，刘邦曾"烧绝"其中的一条栈道褒斜道，迷惑了项羽，赢得了在汉中进行战争准备的时间。

## 成皋之战
**事关楚汉兴亡的争夺战**

汉王二年（公元前205年）彭城战败后，刘邦退守荥阳。三年春，项羽派兵将荥阳紧紧围住。刘邦诈降逃出荥阳。项羽夺占成皋。这时，彭越军渡过睢水，攻克下邳，项羽急忙率军东征彭越。刘邦乘机收复成皋。六月，项羽击败彭越后，发动第二次攻势，一举夺占荥阳、成皋。但汉军连克睢阳等17城，并烧毁楚军粮草。项羽第二次回师解救。刘邦趁机再次收复成皋。

## 井陉之战
**出奇制胜韩信大败赵军的战争**

汉王三年（公元前205年）十月，韩信攻赵。赵军在井陉口附近设防。韩信在绵蔓水东岸列背水阵。韩信率主力发起进攻，赵军迎击，韩信假装败退，奔向背水阵。赵军追击。隐蔽待机的汉军迅速抢占赵军大营壁垒。赵军见壁垒被占，惊慌失措。后在汉军夹击下赵军被全部歼灭。

*垓下战败，项羽逃至乌江，自刎身亡。*

## 垓下之战
**"楚汉争霸"的最后一战**

汉王五年（公元前202年）十二月，韩信在垓下将楚军包围，命各路军分作四面埋伏，连环接应。项羽几次突围冲杀均被伏兵截击而回，人数越来越少。夜晚，韩信命手下士兵唱起楚地歌谣。楚军士兵听到歌声都思乡厌战，军心瓦解。项羽突围南走，被汉军追至乌江，自刎身亡。楚汉战争以刘邦全胜而告终。次年，刘邦称帝，建立汉朝，中国重归统一。

*垓下之战遗址，在今安徽灵璧东南。*

漠北之战

## 周亚夫平定七国之乱
**以逸待劳平定叛军的战争**

汉景帝时,用晁错削藩。以吴王刘濞为首的七王借"诛晁错清君侧"的名义发动叛乱。景帝任命周亚夫为太尉,率军迎击叛乱的吴楚联军。周亚夫率军避开吴楚联军锋芒,在昌邑以逸待劳。双方对阵于下邑,周亚夫坚守不出。联军久战乏粮,被迫撤退。周亚夫乘机派精兵追击,大败吴楚联军,楚王自杀,吴王被东越人所杀。后来胶西王、胶东王、淄川王、济南王、赵王被汉将栾布和郦寄打败。

平定七国之乱作战示意图

## 汉武帝对匈奴的战争
**分前、中、后三个阶段**

秦汉时期,北方的匈奴一直对中原王朝构成巨大的威胁。汉武帝继位后,决心征讨匈奴。战争分前期、中期、后期三个阶段。前期反击。汉朝从元朔二年(公元前127年)起,九年时间内,派卫青、霍去病等人,连续发起了四次漠南之战、两次河西之战、一次漠北之战,均取得胜利,匈奴被逐出漠南及河西地区。中期戍防。这段时期汉朝主要是采取防御措施,移民实边,修筑长城,屯兵驻防、垦田开发。后期远征。这段时期武帝派李广利三次征讨匈奴,不是先胜后败就是无功而返。征和四年(公元前89年),双方议和,从而结束了延续45年的战争。

## 昆阳之战
**绿林军歼聚王莽主力的战争**

新莽地皇四年(23年)五月,王莽军围攻昆阳,刘秀趁夜出城,寻求援兵。六月初一,刘秀假传宛城已克战报,并将战报射入城中及王莽军营,动摇王莽军心。接着,刘秀率敢死队秘渡昆水,迂回至王莽军侧后,冲击其大营。昆阳守军趁机杀出,内外夹击,王莽军溃逃。

在官渡之战中,曹军奔袭乌巢,火烧袁军乌巢屯粮。

## 官渡之战
**以弱胜强的经典战役**

东汉建安五年(200年),袁、曹两军对峙于官渡。谋臣许攸建议分兵袭许,被袁绍拒绝。许攸降曹,献计偷袭袁军屯粮之地乌巢。曹操自率精骑,打着袁军旗号,乘夜抄小路奔袭乌巢,放火焚烧屯粮,守军惊乱。天明,曹军集中兵力猛攻,先破守军,再败援兵,大胜还师。乌巢大败消息传至官渡前线,袁绍军心动摇,曹操乘势发起进攻,大获全胜,歼袁军7万余人,缴获大批军资,袁绍仅率800余骑北逃,从此一蹶不振。此战,为曹操统一北方奠定了基础。

公元207年，曹操击败乌桓，至此完成了北方的统一。

## 乌桓之战
**攻其不备的经典战例**

东汉建安十二年（207年）夏天，曹操为消灭袁氏残余势力，统军征乌桓。大军进至无终，因连日大雨，曹军受阻。曹操采纳田畴出偏僻小路攻其不备的建议，回师并对外诈称秋冬季再进军。乌桓军因此放松了戒备。曹操从一条弃用的旧道登徐无山，抵达距柳城200里处，乌桓单于蹋顿与袁绍子袁尚、袁熙率数万骑仓皇迎战。八月，在白狼山与曹军遭遇。曹操以帅旗授张辽率军突击。乌桓军猝不及防，阵势大溃。曹操率军乘胜攻占柳城，斩蹋顿。

## 赤壁之战
**巧用火攻的著名战例**

东汉建安十三年（208年）孙权任命周瑜为主将，率精锐水军与刘备军一起迎击曹军。十一月，双方对阵于赤壁。曹军步骑不习水战，屡遭败绩。曹操令将战船相连，

赤壁之战中，曹操败退北方。

减弱风浪的颠簸。吴将黄盖献计利用火攻，周瑜令黄盖向曹操投书诈降。黄盖率数十艘战船，前面10艘满载引火之物，乘东南风疾驰曹军水寨。当接近对岸时，黄盖命同时点燃战船。火船乘风势冲入曹军连环船阵，曹军大乱，联军趁机猛攻，曹军溃逃。

荆州古城

## 江陵之战
**奇袭夺城的成功战例**

东汉建安二十四年（219年）七月，关羽率兵围攻驻守襄阳、樊城的曹仁。孙权派陆逊守陆口。陆逊为了麻痹关羽，写信大加恭维，关羽不以吴军为虑，不断从江陵调兵增援襄阳前线，江陵愈加空虚。十月，吴将吕蒙率军至寻阳后，将战船伪装成商船，士兵改扮成商人，占领了江陵。曹操派兵解曹仁之围，迫使关羽退军。关羽败走麦城，被吴军俘获杀害。孙权尽占荆州之地。

## 夷陵之战
**火攻胜敌的战争**

蜀章武元年（221年）七月，刘备率军伐吴，意为关羽报仇并夺回荆州。孙权与魏修好称臣，同时派陆逊率兵抗击蜀军。次年初，刘备派水军进入夷陵地区，亲率大军至夷陵一带，连营数十里。两军相持半年之久。蜀军劳师远征，戒备渐渐松懈，当时又值酷暑，刘备遂将水军移驻陆上，失去了主动。陆逊趁机火烧连营四十余座，蜀军死伤惨重，刘备突围后病亡。

夷陵之战中，吴军用火攻大败蜀军。

## 淝水之战
**以少胜多的经典战役**

前秦建元十九年（东晋太元八年，383年）七月，秦王苻坚率大军攻晋，但兵力极其分散。十月，秦军攻克寿阳，派晋降将朱序到晋营劝降。朱序反将秦军情况密告晋将谢石，谢石夜渡洛涧，袭击秦军大营。晋派人至秦营，要求秦军稍从淝水后撤，以让晋军渡河决战。苻坚想趁晋军半渡而击取胜，下令稍退，秦军一退，阵势大乱，朱序在阵后大呼"秦军败了"，秦军纷纷逃命。晋军抢渡淝水猛攻，秦军大败，死者无数。苻坚中流矢负伤，逃往淮北。

淝水之战中，苻坚登上寿阳城，见晋军阵营严整，又远望八公山草木茂盛，以为都是晋军，便开始胆怯。

### 草木皆兵

淝水之战时，东晋军主力在八公山扎下营寨。苻坚登上寿阳城探望，只见晋军阵势森严，旌旗如林，遥望八公山上到处是晋兵。苻坚吃了一惊，连忙下令秦军严密防守。其实，八公山并没有晋军，而是苻坚把风吹动的草木看成晋兵了。

唐军将领征战图

## 洛阳、虎牢之战
**围城打援的著名战役**

洛阳、虎牢之战是唐初李世民率军在洛阳、虎牢各个击破割据势力王世充、窦建德军的一次重要战役。王世充于唐朝武德二年(619年)四月在洛阳称帝，国号郑，夺取了唐朝在河南的部分土地。唐朝武德三年七月，李世民领兵8万向东攻打王世充。李世民率军先扫清外围，然后围困洛阳，王世充困守孤城，向窦建德求救。待窦军至虎牢，李世民分兵围困洛阳，并占据虎牢要地，阻止窦军向西进军，一举两得。后引诱窦军出战，大败窦军，俘获5万多人，窦建德受伤被俘。李世民回军洛阳，王世充投降。

唐军骑兵在蔡州之战中发挥了重要作用。

吐谷浑之战示意图

## 吐谷浑之战
**分进合击远程追歼的经典之战**

唐贞观八年（634年）唐太宗令李靖等率军进攻吐谷浑。九年闰四月，唐军追击吐谷浑可汗伏允，大败吐谷浑军于库山。李靖兵分两路，北道唐军连败吐谷浑军。南道唐军穿过无人区在乌海大败伏允部，伏允溃逃。

## 蔡州之战
**雪夜奇袭的著名战例**

唐元和九年（814年），淮西镇节度使吴少阳死，其子吴元济拥兵作乱。十一年底，唐将李愬率兵讨伐。十二年十月十五日，唐军乘风雪天气，乘夜急行70里，赶至蔡州城下，这时尚未天明，敌军未察觉。李愬令部将率勇士攀城而入，打开城门放进唐军。吴元济只得投降。

## 宋灭南唐之战
**首创长江下游架桥的战例**

宋太祖于开宝七年（974年）九月，命宣徽南院使曹彬偕都监潘美，统领10万大军进攻南唐，调吴越军出杭州北上策应；并遣王明牵制湖口南唐军，保障主力东进。十月十八日，曹彬率军顺长江东下，水陆并进，攻破池州，占领采石。于十一月中旬，在采石架通长江浮桥，保障大军渡江，继续向东推进。八年正月初三，宋军破溧水，继而于秦淮河大败南唐军，直逼南京城，并全歼南唐的救援军，旋即攻破江宁，南唐灭亡。

## 高梁河之战
**充分发挥骑兵优势的战争**

北宋太平兴国四年（979年）五月，宋太宗率军攻辽，六月败耶律奚底部于沙河，兵临幽州城下。辽军耶律斜轸以溃军青色军旗示弱诱伏，宋军贸击，败于德胜口，后太宗分兵一部牵制耶律斜轸部于清沙河，自率主力四面围攻幽州城。随即，辽景宗耶律贤遣耶律沙、耶律休哥各率所部骑兵救援。七月初六，宋辽激战，辽军败退，宋军列阵于高梁河。黄昏，辽军各部齐出，宋军三面受敌，全线溃败，死者万余人。宋太宗乘驴车南逃，辽军追至涿州而止。

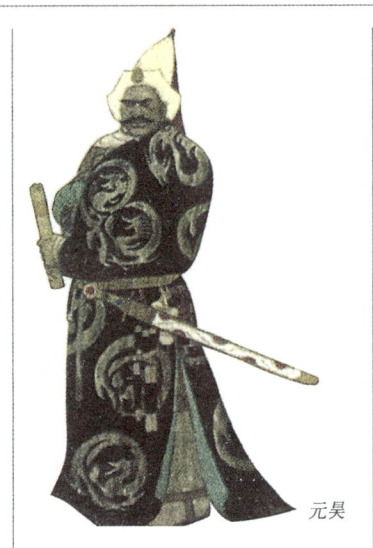

元昊

## 好水川之战
**以地利之势大败敌军的战争**

西夏天授礼法延祚四年（1041年）二月，夏景宗元昊率军至好水川地区，将主力埋伏于两侧谷口，以一部兵力至怀远城一带诱敌。宋陕西经略安抚副使韩琦命任福率军伺机破敌。十三日，任福等率军抵达捺龙川，得知宋军正与夏军在张义堡交战，急忙赴援，夏军佯败，任福率军轻装尾随。黄昏屯于好水川。十四日，任福率军循川西行，至羊牧隆城东5里，见道旁有几个银泥盒，将盒打开，百余只带哨家鸽飞出，恰为夏军发出信号，伏兵四起攻击，宋军死伤甚众，任福等将战死。夏军获胜。

## 贺兰山之战
**避敌锋芒坚壁清野之战**

西夏自元昊称帝后，国势日强，由附辽转为抗辽，并支援党项、呆儿等部落抗拒辽军。西夏天授礼法延祚七年（1044年），辽兴宗率10万辽兵，分三路攻夏，萧惠率兵6万为北路；耶律重元率兵7000为南路；萧孝友率兵为中路，随兴宗行营。夏、辽接壤地区为沙漠草原，无险可守。辽军全面出击，计划一举灭夏。夏景宗元昊以左厢兵屯贺兰山北，见辽军势大，采取避敌锋芒、保存实力的策略，率军后撤百余里，并烧毁沿途牧草，待辽兵马疲惫无食之机发动反击。两军交战后，辽军小胜，夏军处于劣势，忽起风沙，辽军阵乱，夏军乘势大举反击，辽军大败，人马相践，损失惨重，夏军乘胜攻破得胜寺辽营，俘辽驸马及近臣数十人。辽兴宗单骑逃走。战后夏景宗遣使请和。

西夏武士复原像

## 东京保卫战
**主动出击胜敌的战争**

南宋建炎二年(1128年)正月初七,金军围攻东京。宋东京留守宗泽为安定民心,令全城张灯结彩庆元宵,以迷惑金军。同时派精骑潜到金军背后,前后夹击,大败金军,后宋军在滑州又打败金兵,解了东京之围。

*金朝武士复原像*

## 和尚原之战
**著名的要隘防御战**

南宋绍兴元年(1131年),金将完颜没立率部攻要隘和尚原正面,乌鲁、折合率部攻和尚原背面。宋将吴玠率军依险据守,屡败乌鲁、折合率领的金军,使两路金军无法会合。同时,完颜没立所率金军,亦为吴玠部将杨政所击退。十月,金元帅完颜宗弼率军跨过渭水,与宋军决战。吴玠率部以精兵强弩阻击金军,并出奇兵断其粮道,激战三日后,击败金军。

## 郾城之战
**以长击短败金兵的战争**

南宋绍兴十年(1140年)六月,金军进攻郾城。岳飞令其子岳云率骑兵冲入金阵,打乱其阵势。金军"铁浮图"及"拐子马"投入战斗,三面包抄岳家军。岳飞令步兵手执麻轧刀、提刀和大斧从侧翼冲入,上砍敌兵,下砍马足。"铁浮图"军立即乱成一团。同时马队专门对付"拐子马",忽左忽右,忽前忽后,进行攻击,使金军处于被动。自晨战至午,重创金军。此战共斩杀金军5000余人,金军统帅完颜宗弼率余部溃逃。

*1140年,岳飞在郾城大败金军。*

### 宋代武学

北宋神宗时,健全了武学制度,每年招收武生,教习兵法,演练武艺,三年后考试,按等第授官。1078年至1085年,朝廷颁布《武经七书》作为武学和武举的统一教材,这是军事学术史上的一个创举。

## 合州之战
**著名的守城战例**

南宋宝祐六年(1258年)年底,蒙古大军进逼重庆,进而包围重庆北面的孤城合州钓鱼城。蒙军连续攻打钓鱼城及其周围的营寨,却屡被击退。由于屡攻不克,主帅汪德臣又受伤而死,加上夏季到来,蜀地炎热,疫症流行,蒙军士气低落。钓鱼城内南宋军民在王坚的率领下,白天抵抗蒙军进攻,夜晚则偷袭蒙军营寨,蒙军无计可施。七月,蒙哥在督师攻城时负伤后死去,征蜀的蒙古大军被迫撤退,南宋遂得以苟延残喘。

*宋军与蒙军激战。*

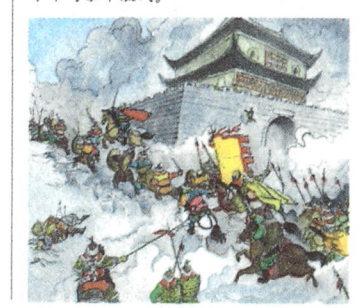

## 鄱阳湖之战
**以少胜多的著名水战**

元至正二十三年（1363年），陈友谅率军取水道围攻洪都。朱元璋率舟师救援。七月二十日，两军在康郎山水域遭遇。朱军向陈军展开猛攻，焚毁敌舰20艘。二十二日，陈友谅将全部巨舟连锁为阵，朱军命敢死士驾火具小舟冲入敌阵，火借风势，焚毁敌巨舟数百艘，陈军死伤过半。八月二十六日，陈军缺粮，向湖口突围，遭围攻，溃不成军。在泾江口陈友谅中箭身亡。

## 土木堡之战
**明英宗被俘的战争**

明正统十四年（1449年）七月，瓦剌部首领也先兴兵攻明。宦官王振怂恿明英宗亲征。八月初一，师至大同，得知前线兵败，王振决定撤军。十四日，明军退至四面环山、缺少水源的土木堡，等待辎重。也先遣使议和，并佯装退兵，麻痹明军。英宗与王振信以为真，急令部队移营就水，人马相争，阵势大乱。也先率军冲击，明军大败，英宗被俘。

*明朝军官像*

## 萨尔浒之战
**集中优势兵力围歼敌军的战例**

明万历四十六年（1618年）春，后金兴兵反明。明廷从次年二月派兵分四路合击后金都城赫图阿拉。后金首领努尔哈赤采取"凭尔几路来，我只一路击"的对策，集中八旗精锐，先攻打明西路军，袭击萨尔浒明军大营，一举歼之。尔后，挥师转向界凡，明西路军全军覆灭。后金军又大败明北路军、东路军。南路明军火速撤退，才未被歼灭。

## 宁远之战
**避敌所长、击敌所短之战**

明天启六年（1626年）正月，努尔哈赤亲率大军13万进兵宁远。天启元年以后，努尔哈赤率后金军先后攻占沈阳、辽阳、广宁、义州等40余城，其势迅猛，明廷无计。宁前兵备佥事袁崇焕在大兵压境之际，主张若保关内，必守关外；若保关外，必守宁远。时宁远明军不满两万，袁崇焕与诸将集议，对城内城外作了周密部署：令参将祖大寿领精兵出宁远西北牵制金兵；令副将王承胤等自宁远四面应援；袁崇焕亲率主力，凭城坚守。二十三日，后金兵进抵宁远城，次日发动进攻，宁远军民凭坚据守，浴血奋战。袁崇焕负伤后仍坚持战斗。明军在城上以西洋炮还击，后金损失严重。二十六日，后金连续两天攻宁远不克，只得从锦州撤围而去。努尔哈赤在宁远失败后，忧愤而死。

*后金军队在萨尔浒之战中大败明军。*

著名战争 | 111

松锦之战中，明蓟辽总督洪承畴被俘降清。

## 松锦之战
**明清两军的战略决战**

明崇祯十四年（1641年），蓟辽总督洪承畴赴援锦州。八月十九日，皇太极将大军部署于松山、杏山之间，切断两城通道，后又派兵夺取明军存于笔架山的储备粮，又从锦州西向南，穿松杏大道，直至海口挖长壕三道，将明军围困其中。洪承畴率军突围不成，撤回松山坚守，清军紧围不舍。明军外无援兵，内粮将尽。十五年二月，松山副将夏成德降清，迎清军入城，洪承畴被俘降清。经此决战，明军在关外的主力尽失。

郑成功率军同荷军在海上激战。

山海关

## 山海关之战
**待敌疲惫突出奇兵的战争**

清顺治元年（1644年），明山海关守将吴三桂拒降李自成。四月二十一日，李自成大顺军与吴三桂军对峙于石河西岸。清军亦到达山海关外扎营。二十二日，吴降清，多尔衮随即率领精锐入关。吴三桂顽强抗击大顺军，双方疲惫不堪之时，突然清军精骑直冲大顺军。大顺军伤亡惨重，败回北京。

## 收复台湾之战
**击败荷兰殖民者的战争**

清顺治十八年（1661年）三月，郑成功自金门料罗湾出发，进军台湾。登岸后连挫荷军，四月初四，赤嵌城守军投降。荷兰殖民者两次派兵救援都被击退。台湾城被围8个月后，郑军第二梯队登陆。十二月初六，郑成功率军攻占台湾城外围重要据点乌德勒支堡。台湾城守军因伤残完全丧失了战斗力。荷兰总督揆一率军投降。郑成功收复台湾。

## 雅克萨之战
**驱逐沙俄保卫国土的战争**

清康熙二十四年（公元1685年）五月二十二日，清军抵雅克萨并向俄军发出通牒，令其撤离，俄军自恃城堡坚固，企图负隅顽抗。二十五日黎明，清军炮火齐发，城墙被毁，沙俄守军被击毙百余人，士气大挫，陷入混乱。俄军头目托尔布津乞降，经清军应允，率700余人撤离。不久，沙俄军重占雅克萨。二十五年八月，清军再攻雅克萨，击毙托尔布津等百余人，在城外掘壕截断城内水源，采取长围久困办法，并数次击败沙俄守军反扑。经近一年的围困，沙俄军弹尽粮绝，仅剩66人。最后，在沙皇政府企求下，清军于二十六年冬撤围。

雅克萨之战

## 虎门之战
**清军抗击英军的战役**

清道光二十一年（1841年）1月7日，英军为迫使清政府就范，向沙角、大角发动进攻：右纵队攻沙角，以战舰3艘轰击沙角炮台正面；另以轮船4艘配以小船运送登陆部队约1500人在炮台侧后的穿鼻湾登陆，炮兵抢占制高点，构筑阵地，向清军炮击，步兵则直抄炮台后路。守军腹背受敌，顽强抵抗不支，沙角炮台失陷。

*虎门海防大炮*

之后，英军左纵队以战舰4艘猛烈轰击大角炮台，守军炮火不敌，炮台多处被轰塌，英军乘小船从炮台两侧登岸，攻占炮台。25日，英军抢占未设防的下横档岛，连夜构筑炮兵阵地。26日清晨，下横档岛英军炮击上横档岛。至下午2时，上横档岛失陷。与此同时，英军进攻东岸威远、靖远等炮台。经过长时间的炮战，清军炮台失去抵抗能力，广东水师提督关天培战死。英军300人登岸，攻占炮台。下午5时，英军又攻占巩固炮台。大虎山炮台清军闻讯主动撤离。至此，虎门失陷。

*陈化成墓及塑像，位于福建厦门。*

## 浙东之战
**反攻不利的战役**

清道光二十一年（1841年），英军舰队侵占厦门、鼓浪屿后，进窥浙东，并先后占领定海、镇海、宁波。浙东三城失守后，道光帝令奕经赴浙督办军务。二十二年正月，奕经对敌实施水陆反攻。二十九日夜，清军分三路进攻浙东三城，三路反攻均告失败。二月初四，英军1200余人从宁波进占慈溪，分路进攻清军集结地大宝山，清军伤亡惨重。浙东战败，清廷遂无心再战，决意妥协求和。

*清军英勇抵抗英军的进攻。*

## 吴淞之战
**长江门户的抗英之战**

清道光二十二年（1842年）四月，英军主力北上，于初九攻陷浙江乍浦，随后进犯吴淞口。吴淞口位于黄浦江与长江交汇处，东西两岸筑有炮台，共安炮180余门，由江南提督陈化成等率2400余人驻守。五月初八，英军舰船13艘炮击东、西炮台，掩护步兵在吴淞镇附近登陆。陈化成率西炮台守军猛烈反击，打伤敌舰4艘，毙伤数十人。不久，驻宝山的两江总督牛鉴和防守西炮台侧后的总兵王志元弃阵逃走，西炮台侧后受到登陆英军的袭击，正面也被英军突破，守军前后受敌，大部阵亡，陈化成壮烈牺牲，西炮台失守。英军继占宝山和东炮台。十一日，英军进占上海县城。

## 镇江之战
**巷战肉搏抵抗英军的战役**

清道光二十二年（1842年）六月十二日，英舰驶抵镇江江面。英军在金山附近登陆，第1旅直扑城外清军兵营。第3旅攻镇江西门，遇守军顽强抗击，后用火炮才轰开城门。第2旅在北固山登陆，经激烈战斗，才入北门。英军入城后，双方展开巷战与肉搏，清军副都统海龄自杀殉国。此战共击毙英军169人。镇江最终失陷。

## 太平军攻克武昌之战
**利用穴地攻城之战**

清咸丰二年（1852年）十一月，太平军水路并进，进攻武汉。湖北巡抚常大淳将驻守城外及援军的兵勇全部撤入城内，共约万余人。十三日，太平军水军攻占汉阳。太平军陆师亦在同日到达武昌，并围攻文昌、登山诸门。后太平军架设浮桥，攻克汉口。二十八日，太平军集中兵力攻城，在文昌、平湖开挖地道。十二月，太平军在文昌门附近轰塌城墙，杀入城内，武昌告破。

太平军和清军在长江上激战。

太平军与清军进行城市争夺战。

## 太平军北伐
**孤军远征后援不继的战争**

清咸丰三年（1853年），太平天国派林凤祥、李开芳等率精兵2万余人北伐。7月4日，主力渡过黄河，与清军周旋于华北各地。北伐军长驱6省，转战5000里，连克数十城，京师震动。咸丰帝急调各路人马守卫京畿。后太平军在极端恶劣的条件下与清军进行了大小无数次战役，但由于孤军深入，后援补给严重困乏，加之策略不当，指挥不灵活，最终失败，大部分将士英勇战死。

## 湖口之战
**太平军扭转西征战局的大捷**

清咸丰四年（1854年）十二月十二日，湘军水师战船由鄱阳湖隘口冲入湖内，直驶姑塘镇。太平军翼王石达开把握战机，立即堵塞隘口，将湘军水师分割为二，同时出动战船围攻八里江湘军水师大营。湘军水师多是大船，运转不灵，被焚40余艘。二十五日，太平军水师再攻九江官牌夹，俘湘军统帅曾国藩座船，曾国藩逃入陆营。此战，扭转了太平军西征的不利战局。

太平军士兵

## 九江保卫战
**悲壮的城市防御战**

清咸丰三年（1853年）八月，太平军西征军占领九江，由林启容率部驻守。六年秋，湘军攻占武昌，转而攻九江。湘军将领李续宾知强攻难以取胜，遂采取长围久困办法，从城西官牌夹到城东白水港挖深壕6道，对九江三面包围。七年九月，九江对岸小池口和湖口被湘军攻占，使湘军内湖、外江水师重新会合，湘军控制了长江江面，切断九江水陆接济。八年二月十六日起，湘军发动进攻，地道、云梯数路齐发，城墙多处被毁。太平军守将林启容率众浴血奋战，给敌人以重大打击。四月初七，湘军水陆四面总攻，城东及城东南城墙被轰塌百余丈，湘军蜂拥而入，林启容率部拼死巷战，1.7万将士全部牺牲，九江落入湘军之手。

## 三河镇之战
**重创湘军的歼灭战**

清咸丰八年（1858年）秋，清军企图收复庐州。北路统帅李续宾急于立功，率湘军进逼三河镇。十月初二，湘军攻占三河镇外围砖垒。李续宾屡胜气骄，于初十夜进攻金牛镇。太平军统帅陈玉成以主力抄其后路，将其一部围于烟筒岗一带，太平军合力歼敌。李续宾急率四营救援，不得入围，退守营垒，在数路太平军围攻下，营垒尽失。李续宾后被太平军击毙，湘军从此元气大伤。

## 高楼寨之战
**快速机动巧妙设伏击的战役**

清同治四年（1865年）四月初，捻军进至高楼寨地区。此地附近河堰纵横，捻军决定在此设伏，歼灭追敌。四月二十四日拂晓，清钦差大臣僧格林沁率军向高楼寨进攻。捻军派小部队诱敌，且战且退。中午，清军进至伏击圈，捻军伏兵四起，大获全胜。后僧格林沁在郝胡同突围时身负重伤，逃至吴家店被杀。

《捻军征战图》

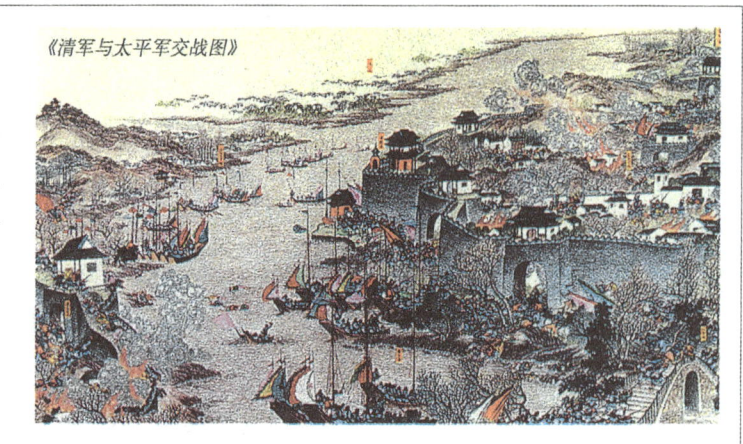

《清军与太平军交战图》

## 马尾海战
**福建海军惨遭覆灭的战争**

清光绪十年（1884年）五月下旬，法国远东舰队司

马尾海战纪念碑

令孤拔率舰侵入马尾港，清政府严令清军不许主动出击。七月初三下午，法国军舰发炮攻击。负责指挥的副将张成跳水逃命，中国各船失去指挥，经半小时激战，中国舰船全部被击沉。

## 镇南关大捷
**清军大败法国侵略军的战役**

清光绪十一年（1885年），老将冯子材受命帮办镇南关外防务，他根据镇南关的险要地形，选定关前隘为预设战场。山上修筑堡垒，两岭间筑一道石墙，与之平行又筑一道土墙，二月

《点石斋画报·镇南关大捷》

初五，冯子材派兵夜袭文渊法军。初七，法军第2旅主力乘雾侵入关内。初八，法军在炮火的掩护下发起进攻，当敌人逼近长墙时，冯子材率子手持长矛大呼冲出，全军一齐涌出，与敌展开白刃格斗，战至中午，终将法军击退，连克文渊、谅山。法军惨败消息传至巴黎，茹费理内阁辞职。

《中日甲午海战图》

## 黄海海战
**导致清政府丧失制海权的战役**

清光绪二十年（1894年）六月，清军撤守平壤。清政府派兵赴援，北洋舰队提督丁汝昌率舰队护送援军在大东沟登陆。八月十八日返航时发现日本联合舰队，遂起碇迎敌。战斗中日旗舰"吉野"被击伤。清军"定远"舰中弹，丁汝昌摔伤，随后信号旗又被击毁，舰队失去指挥。日本联合舰队司令长官伊东指挥舰队对北洋舰队实行前后夹击。清军"致远"舰受重伤且弹药已尽，管带邓世昌命令直冲"吉野"舰，被日舰击沉。此战，黄海制海权落入日本舰队之手。

邓世昌与"致远舰"官兵

## 摩天岭之战
**一次成功的阻击战**

清光绪二十年（1894年）十月中旬，日军第10旅一部分别向摩天岭和赛马集进攻。十月十四日，日军第22团攻占连山关，在摩天岭遭清军顽强抗击，总兵聂士诚指挥士兵在丛林中竖起旗帜、鸣鼓角以作疑兵，日军不敢进，退守连山关。十六日，日军12团偷袭赛马集，遭到黑龙江将军依克唐阿军队的痛击，死伤惨重。聂士诚率部乘势夺回连山关。二十八日，聂士诚、依克唐阿率军夹击大败草河口一带日军，毙伤日军数十人。日军大队来援，清军依托有利地形固守阵地。同时不断派兵游击于草河口、凤凰城等地。日军恐后路有失，退守凤凰城。此战，是甲午战争以来清军唯一成功的阻击战。

## 威海卫之战
**北洋海军惨遭覆灭的战役**

清光绪二十年（1894年）十二月二十五日，日本"山东作战军"进占荣成。三十日，日军扑向威海卫南岸炮台。总兵孙万龄孤军奋战，不支而后撤。二十一年正月初五，日军两路夹攻南岸炮台，守军奋勇抗击，丁汝昌指挥军舰炮击日军，击毙日军多人，中午南岸炮台失守。初七，日军攻占威海卫。第二天日军攻占北岸炮台。至此北洋海军陷于日军海陆包围之中。日军连续炮击北洋舰队及刘公岛炮台，偷袭北洋军舰。丁汝昌自杀殉职。二十三日，日军占领刘公岛，北洋海军覆灭。

## 大沽、天津之战
**自相残杀导致失败的战争**

清光绪二十六年（1900年）夏，英、美等八国联军发动侵华战争。五月十九日，联军在塘沽登陆，同时派舰驶入海河。二十一日，联军水陆发起攻击，各炮台相继失守。二十五日，清廷对各国宣战。驻天津清军及义和团议定后分三路从三面进攻紫竹林租界，各路都有进展，北路在东机器局重创联军并一度攻占老龙头火车站。这时，清廷由主战转为主和，下令屠杀义和团。十八日，天津失陷。

# 世界古代与近代著名战争

## 像军事家一样思考

战争是整个人类的社会现象,是伴随着人类历史的发展而滋生和蔓延的。在整个地球上,战争此起彼伏,规模或大或小,时间或长或短,几乎天天都在发生。世界古代与近代发生的战争,如希波战争、希腊内战、罗马帝国的扩张战争、拿破仑战争、美西战争、日俄战争等等,这些著名的战争持续时间之长、规模之大、影响之远都是空前的,同时战争中的军事思想、兵器(武器)装备、作战方式也在不断改进,对以后的战争产生了重要影响。

**想一想** 外国战争和中国战争相比,有什么异同?

公元前1299年卡迭石战役中,拉美西斯二世率领军队向赫梯人发起排山倒海的冲锋。

## 卡迭石会战
### 孤军深入遭伏击的战例

公元前1299年,埃及国王拉美西斯二世进攻赫梯军队军事要塞卡迭石。赫梯国王穆瓦塔利斯派人装扮成牧民向埃军谎报赫梯军主力尚在百里之外,卡迭石守军薄弱。拉美西斯二世信以为真,亲率先头部队孤军深入,结果陷入赫梯军的包围之中,遭到惨败,本人险些被擒。

## 特洛伊战争
### 兵不厌诈的精彩战例

希腊第一美人海伦被特洛伊王子帕里斯诱拐后,海伦的丈夫斯巴达国王美内劳斯组建希腊联军制定远征特洛伊的计划。公元前12世纪,联军远征特洛伊。希腊联军与特洛伊之战旷日持久。最后希腊联军利用"木马计",攻陷了特洛伊,抢回了海伦。

### "木马计"

公元前1183年,希腊联军围攻特洛伊城,久攻不下。希腊人制造了一巨大的木马,里面装满兵士。其余的希腊军队佯装驶离海岸。特洛伊人以为希腊人已逃之夭夭,便将木马拖进了城里。藏身木马里的希腊人在夜里离开藏身之所,打开了城门,将返回来的战友放进城内,攻陷了特洛伊城。

## 马拉松战役
### 以弱胜强的典范战役

公元前490年9月12日波斯军队与希腊军队在马拉松决战。希腊步兵乘波斯军骑兵主力尚未赶到之机,率先发起进攻。波斯军反击,希腊军且战且退,诱使波斯军拉长战线,分散兵力。然后,希腊军乘胜追击,波斯军乘船败退。此战是战争史上以弱胜强的著名战役。

希波军队在马拉松平原激战。

## 萨拉米斯海战
### 以弱胜强的典型海战

公元前480年9月下旬,萨拉米斯海战开始。希腊舰队利用有利地势,在艾加莱奥斯山后隐蔽,并编成两线战斗队行,向敌人发起攻击。希腊舰队船小灵活,在狭窄的海湾里运转自如,以接舷战和撞击战法反复突击波斯舰队。而波斯战船体大笨重,调度失灵,前进不得,后退无路,陷于被动挨打境地。经过一天激战,波斯舰队被击沉战船200余艘,败逃回国。此战扭转了希波战争的战局,是世界战史上以弱胜强的典型战例。

## 伯罗奔尼撒战争

伯罗奔尼撒战争，主要是古希腊两个强大城邦斯巴达和雅典之间为争夺霸权而发生的战争。战争分为十年战争、西西里战争、德凯利亚战争三个阶段。

### 十年战争

公元前431年5月，斯巴达军入侵提卡，战争全面展开。公元前425年，雅典海军攻占皮洛斯及斯法克蒂里亚岛，并煽动斯巴达的奴隶暴动，斯巴达陷入困境。公元前421年，双方议和。

*希腊士兵*

*雅典军队征战图*

### 西西里战争

公元前415年5月，雅典军队远征西西里，虽初有小胜，但不久斯巴达和科林斯派来援军，形势急转直下。雅典虽增兵援助，但由于统帅尼基阿斯指挥不力，于公元前413年9月全军覆没。雅典从此失去海上优势。

### 德凯利亚战争

公元前413年，斯巴达军占领德凯利亚。雅典与外界联系受阻。斯巴达舰队于公元前405年在羊河口重创雅典海军，迫使雅典于公元前404年4月投降。从此斯巴达取代雅典成为希腊霸主。

*斯巴达武士*

*斯巴达重步兵*

### 叙拉古围攻战
**迷信致败的战争**

公元前414年5月，尼基阿斯指挥雅典舰队完成对叙拉古的陆海两面包围。斯巴达援军赶来，斯巴达舰队也发起冲击，雅典海军退回驻地。公元前413年8月27日月夜雅典军正准备撤退，突然发现天狗吃月亮。尼基阿斯召来占卜师占卜，得出的卜辞是再等三九二十七天方可移动军队。撤军计划因此推迟。叙拉古和伯罗奔尼撒人封锁了雅典军的海上退路。雅典全军覆没，尼基阿斯被处死。

## 羊河口海战
**雅典兵骄致败的战争**

公元前405年夏末，莱山德指挥斯巴达海军，切断了雅典的补给线。雅典将军科农率战船尾追而至，停泊于羊河河口。雅典海军出海挑战，肆意谩骂，莱山德避不出战。一连4天，雅典人天天如此，骄横之气日盛，第5日傍晚，叫骂了一天的雅典人离去时，莱山德急令一侦察船尾随其后，行前向船长交待任务，并把一块青铜盾牌交给他。雅典人靠岸后即把战船停在海边，蜂拥上岸吃饭。侦察员见此情况，立即返航，并用青铜盾牌发出可以出击的信号。看到信号，莱山德率军向敌人驻地驶去。科农发现大批战船扑来，忙组织军队对抗，但已无济于事，最后雅典军队逃往塞浦路斯。莱山德取得了彻底打垮雅典舰队的决定性胜利。

古代希腊内战主要在地中海东部和希腊本土进行。

### 古希腊内战

（地图：雅典和提洛同盟、斯巴达及其盟友、战役；波提狄亚 422B.C.、塔纳格拉 457B.C.、帕特拉克斯湾 429B.C.、留克特拉 371B.C.、普拉蒂亚 479B.C.、雅典、斯巴达、锡拉库萨、西西里岛、科孚、色雷斯、拜占庭、波斯帝国、吕底亚、埃维亚、爱奥尼亚、米利都、埃雷特里亚、克里特岛）

# 亚历山大东征
**所向无敌的侵略远征**

公元前333年10月，马其顿国王亚历山大率军与波斯国王大流士三世激战于伊苏斯城，大获全胜，俘获大流士三世的母亲、妻子、女儿和大量财物。公元前332年，进占埃及。公元前331年10月，在高加米拉平原与大流士三世展开决战。大流士三世再次战败逃走，后被其部将谋杀，波斯帝国灭亡。公元前324年亚历山大东征结束。

*亚历山大率军同波斯军激战。*

# 伊苏斯战役
**波斯王惨败的大战**

公元前333年10月，亚历山大南下叙利亚。此时，波斯国王大流士三世率军隐蔽集结在索契附近，欲切断马其顿军的后方补给线。亚历山大闻讯后，即刻率军回师。双方交战后，亚历山大亲率右翼骑兵猛烈冲击波斯军左翼步兵方阵，直逼大流士三世主营。在胜负难分之际，坐镇中军的大流士三世因左翼溃败而率先弃阵逃跑。波斯军大败。

# 高加米拉战役
**以少胜多的典范战例**

公元前331年10月，马其顿军在高加米拉村以西与波斯军主力对阵。双方进行了激烈的骑兵战和肉搏战。战斗中，亚历山大利用敌左翼暴露的缺口，率骑兵直扑大流士三世兵营。大流士三世率先逃脱，波斯军惨败。

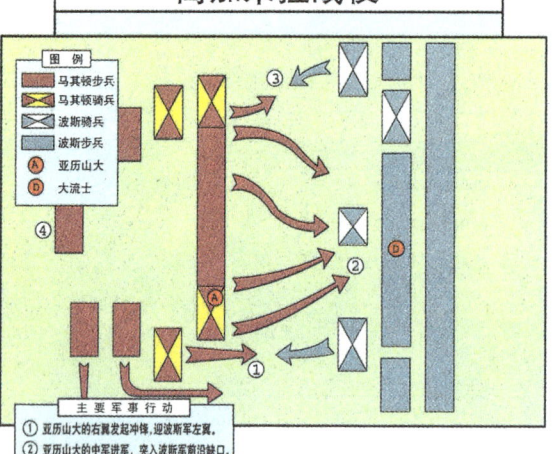

### 高加米拉战役

**图例**
- 马其顿步兵
- 马其顿骑兵
- 波斯骑兵
- 波斯步兵
- Ⓐ 亚历山大
- Ⓓ 大流士

**主要军事行动**
① 亚历山大的右翼发起冲锋，迎波斯军左翼。
② 亚历山大的中军进攻，突入波斯军前沿缺口。
③ 波斯军对马其顿军左翼的进攻最终被击退。
④ 波斯军溃败后，马其顿军乘胜追击，获全胜。

*高加米拉战役中，亚历山大47000人的军队打败了约20万波斯军队。*

# 布匿战争

从公元前264年开始，罗马与称霸西地中海的迦太基(即布匿)发生冲突。战争先后爆发了三次。

### 第一次布匿战争

公元前264年，罗马军击败迦太基军，占领西西里岛大部地区。在公元前260年的米拉海角战和公元前256年的埃克诺姆斯角海战中，罗马军大败迦太基舰队，此后双方互有胜负。公元前241年，罗马军夺取制海权，迦太基被迫割地讲和。

### 第二次布匿战争

公元前216年4月，迦太基统帅汉尼拔率步骑兵在提楔诺河和特雷比亚河地区连挫罗马军。8月，在坎尼之战中，汉尼拔以5万兵力消灭罗马军8万余人。此后，罗马采取拖延战术，积蓄力量。公元前204年，罗马军进攻迦太基本土；汉尼拔奉召回国救援，于公元前202年在扎马之战中被罗马军打败。

### 第三次布匿战争

公元前149年，罗马出兵围攻迦太基城，两年不克。公元前147年，罗马军加强围攻，断绝迦太基人与外界的联系，使城内发生饥荒。次年春，罗马军将其攻克。经过此次战争，迦太基最终灭亡，罗马尽占其地。在其领土上设置了阿非利加省。

*汉尼拔率军远征。*

## 埃克诺姆斯角海战
**海上强国败北的战役**

公元前256年，罗马战舰远征迦太基本土，在埃克诺姆斯角附近与迦太基舰队遭遇。交战中，罗马人采用接舷战术，靠近敌舰后立即放下接舷吊桥，钩住敌舰甲板，官兵迅速通过吊桥冲上敌舰与敌人进行白刃格斗。经激战，迦太基舰队败退。

一艘罗马战舰驶向大海

## 坎尼会战
**合围歼敌的典范战役**

公元前216年8月，汉尼拔率步兵4万、骑兵1万进入意大利东南部阿普利亚境内。罗马军队指挥官保罗斯和瓦罗率步兵8万、骑兵6000跟踪而至。迦太基与罗马两军在坎尼村附近展开会战。罗马军将骑兵配置在两翼，步兵放在中央，布成绵密的、纵深很大的战斗队形。汉尼拔将迦太基步兵列成新月形，凸面朝前，弱兵放在中间，精兵置于两侧，骑兵分列两翼。双方几乎同时发起进攻。当罗马步兵猛烈冲击迦太基中军时，迦太基中军弱兵主动后退，两翼步、骑兵则向前推进，对敌形成包围之势。陷入重围的罗马军一片混乱，失去战斗力。经一天激战，罗马军惨败，战死5.4万人，被俘1.8万人。迦太基军队仅损失约6000人。坎尼会战创造了以劣势兵力围歼优势之敌的范例。

## 战争中的大象

公元前6世纪，印度军队就开始使用大象作战。大象在欧洲和中东的战争中得到广泛使用，是在公元前327～326年亚历山大远征至那里时才出现的。大象通常置于军队的首排，它们会在战斗开始时冲入敌阵，还会被用来攻击敌军骑兵。大象通常载有两到四名佩有弓箭、标枪或长矛的战士。有的时候一座小塔会连在大象的后背上，给驾驭大象的士兵更多的保护。

在战场上驮载士兵作战的大象

反映角斗士生活的镶嵌画

## 斯巴达克起义
**为奴隶解放而进行的战争**

公元前73年，斯巴达克与角斗士训练学校的奴隶密谋起事，事泄后，斯巴达克等逃往维苏威山。罗马军包围维苏威山。起义军乘夜暗顺野葡萄藤编成的梯子滑下悬崖，绕到罗马军营侧后发起突然进攻，击溃罗马军。此后，斯巴达克利用敌人兵力分散的弱点，多次打败敌军，直指罗马城。罗马军在起义军背后挖了一条大壕沟，企图封锁起义军退路。起义军利用恶劣天候，以骑兵为先导突破封锁线北进。公元前71年春，起义军在阿普利亚之战惨败，斯巴达克壮烈牺牲。

## 高卢战争
**古罗马征服高卢的战争**

公元前52年，高卢爆发大规模起义。罗马山南高卢总督恺撒采取分化瓦解策略，最后将起义军主力包围。起义军几次突围未成，终因断粮而失败，公元前51年，高卢地区的反抗均被恺撒所镇压，罗马当局在山北高卢设立新的高卢行省。高卢战争为建立恺撒个人独裁统治奠定了基础。

*高卢骑兵像*

## 法塞拉斯之战
**恺撒对决庞培的战争**

法塞拉斯之战是恺撒军和庞培军于公元前48年8月在法塞拉斯进行的一场决战。8月9日，恺撒军进攻，庞培骑兵、投石兵和弓弩手迎敌。恺撒骑兵抵挡不住，向后撤退。庞培骑兵迅速追击。恺撒命令埋伏于右后方的步兵从侧后方攻击敌骑兵。庞培骑兵遭突袭，迅即溃败。恺撒乘势率军进攻庞培左翼步兵，并命令预备队投入战斗，庞培军左翼腹背受敌，全线溃退。庞培兵败逃走。

*亚克兴海战*

## 亚克兴海战
**安东尼对决屋大维的战争**

公元前31年9月2日，安东尼率舰队进至亚克兴角，其右翼编队从上风方向对屋大维的军队发起进攻。屋大维的左翼编队充分发挥了船体轻、航速快、机动灵活的优势，避开对方远程矢炮的轰击，运用火攻、接舷等战术进行反击。安东尼船大体重，运转不灵，被动挨打，损失惨重。安东尼见大势已去，无心再战，命令战船撤退。

*恺撒时代的罗马士兵*

## 阿德里安堡之战
**骑兵突击取胜的战争**

378年8月，罗马军在阿德里安堡企图一举击败西哥特人。罗马军队首先发

*正在出征的罗马军团*

起攻击，但因部队行军疲惫，未能奏效。此后，双方形成对峙之势。西哥特人以和谈争取时间，调动骑兵对罗马军队实施突袭，打乱其方阵队形，随后以步兵猛烈冲击。罗马军大败。西哥特人牢固控制了色雷斯地区，为进一步扩张建立了基地。阿德里安堡之战，显示了骑兵的巨大突击威力。

## 拜占庭-波斯战争
**两败俱伤的战争**

公元6~7世纪，拜占庭帝国与波斯帝国为争夺两河流域进行了近80年的战争。530年，波斯军进攻德拉，拜占庭一支骑兵埋伏于城外一"丁"字形壕沟内，当波斯军猛烈攻城时，埋伏的骑兵突

*波斯人围攻君士坦丁堡。*

然从背后杀出，配合守城部队一举挫败波斯军进攻，扭转了战局。此后，双方三次讲和，拜占庭均向波斯支付了重金。572年，拜占庭军攻占德温，次年波斯军攻占德拉。此后，拜占庭在亚美尼亚连续战败。589年，波斯发生内乱，拜占庭借机收回被波斯占领的德拉和亚美尼亚大部。614年波斯攻占耶路撒冷，把基督徒奉为神灵的"圣十字架"掠走。622年，拜占庭军攻占小亚细亚，627年在尼尼微重创波斯军，次年兵临波斯首都。波斯王被迫将小亚细亚全部领地和"圣十字架"交还拜占庭。长期战争导致双方两败俱伤。

## 拜占庭的铁骑兵

拜占庭铁骑兵是从头到脚周身穿戴盔甲的重骑兵，他们身跨剽悍的战马，通常携带着一张弓、一杆矛、一柄剑和一把短刀。除了身上的铠甲，他们还头戴铁盔，并持有一面盾牌。盾牌被固定在手臂的铠甲之上，以便他们可以腾出双手来控制战马。主要的"铁骑"战术是"突击行动"，是一种可以冲垮任何敌人的凶猛的作战方式。

## 阿拉伯统一战争
**穆罕默德统一阿拉伯半岛的战争**

624年，伊斯兰教创始人穆罕默德率穆斯林军在白德尔镇击败麦加军。627年，麦加军围攻麦地那。穆罕默德指挥军队在城外挖沟灌水防守。联军对此束手无策，围困一个月未有进展，后因士兵厌战，飓风大作，全军陷入混乱，被迫撤走。这次作战是穆罕默德由战略防御转入战略反攻的转折点。630年，穆罕默德统一了阿拉伯半岛。

*穆罕默德率领穆斯林士兵进行征战。*

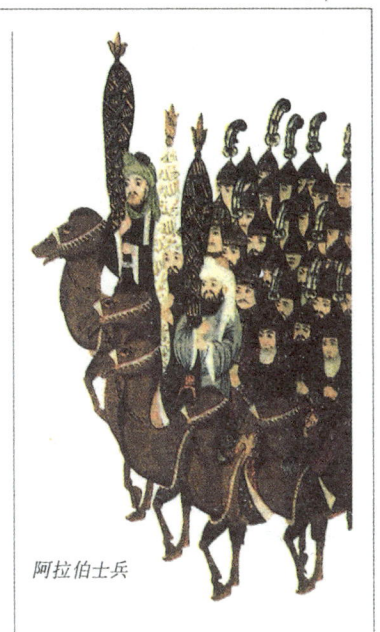

*阿拉伯士兵*

## 君士坦丁堡会战
**诱敌深入打败敌军的战争**

穆斯林兴盛的倭马亚王朝时期，阿拉伯统治者不断向外扩张。为了占领拜占庭首都君士坦丁堡，阿拉伯军队先后占领卡尔西登、基齐库斯半岛、塞浦路斯岛和罗得岛等地，形成对君士坦丁堡的包围态势。尔后，在669年和673~677年，阿军多次围攻君士坦丁堡，但均未能攻克。717~718年，阿拉伯军再次围攻君士坦丁堡达13个月之久，最后无功而返。当时拜占庭军采取诱敌深入的战术，先是利用火箭、火船、火矛击败阿海军，继而在保加利亚人协助下击败阿陆军，接着击溃阿增援部队。此战共歼灭阿军17万、战船2555艘。阿军被迫撤离君士坦丁堡。

## 普瓦捷会战
**阻遏阿拉伯人扩张的战争**

普瓦捷会战发生于732年，是法兰克王国军队同入侵的阿拉伯军队进行的一次决定性战争。当时，阿拉伯军队主要为轻骑兵，武器以标枪、刀剑为主，少数人备有甲胄，机动性强，长于快速进攻，但防护能力差。法兰克军队步、骑兵数量大体相等，普遍装备有甲胄和防盾，武器有刀剑、战斧等，战

*法兰克人正在抗击阿拉伯人的入侵。*

斗力和防护力较强。法兰克军首先派出小股骑兵袭扰和牵制阿拉伯军，而将主力布成密集的步兵方阵配置在地势有利的交通要道上。两军相持了6天，第7天，阿拉伯军队轻骑兵对法兰克军阵地发起猛攻。双方激战一天，阿军多次攻击均被法兰克军队击退，伤亡惨重。黄昏时分，法兰克军队以右翼实施反击，攻向阿军营地。阿军战败南逃。

## 黑斯廷斯战役
**威廉征服英国的战争**

1066年10月14日，哈罗德国王的盎格鲁－撒克逊军队和诺曼底公爵威廉一世的军队在黑斯廷斯进行了一场交战。很多盎格鲁－撒克逊士兵使用的是石斧和近射程弓箭。哈罗德率军首先在黑斯廷斯附近的森拉克岗上占领了阵地，军队摆成方阵，正面埋设了尖桩栅栏。丘岗后面斜坡陡峭，对方难以进攻。诺曼底弩手首先投入战斗，从约100米的距离向盎格鲁－撒克逊军队射击，然后步兵和骑兵展开进攻。盎格鲁－撒克逊士兵英勇厮杀，打退了诺曼底军队的进攻。这时，威廉命令骑兵队实施佯攻，然后撤退，诱使盎格鲁－撒克逊军队下岗。佯动奏效。哈罗德战死。岗上下来的盎格鲁－撒克逊军队遭到诺曼底步兵和骑兵的有力打击而溃败。

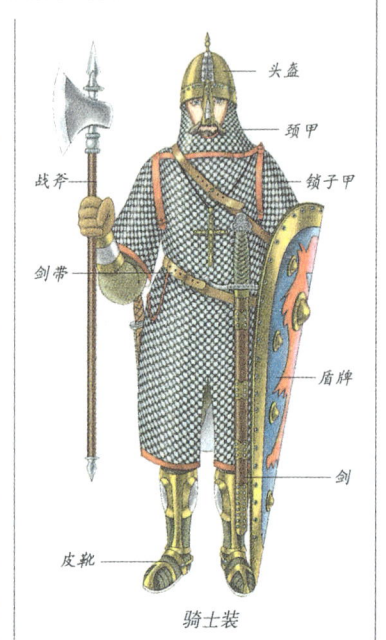

**黑斯廷斯战役示意图**

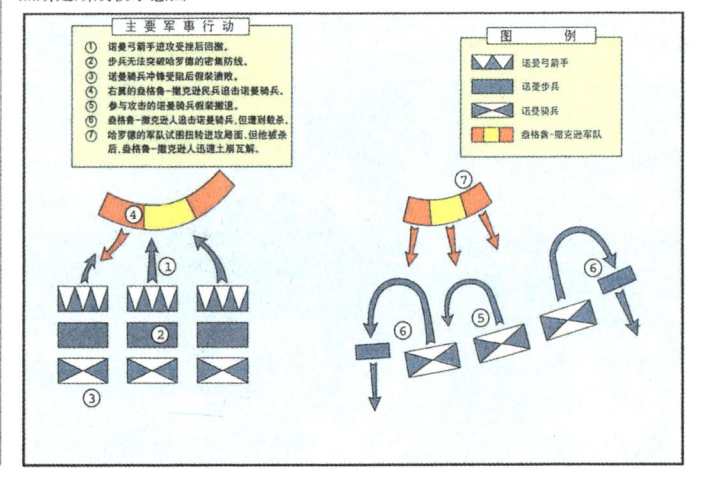

*骑士装*

## 诺曼骑士

诺曼底的威廉的主要攻击力量是他的重骑兵。诺曼骑士的铠甲就是所谓的锁子甲，由密密缝制在一起的金属片组成。他们还戴着一顶头盔，并手执一面长长的鸢形盾牌。他们的武器中通常有一柄剑，剑身扁平，以便砍杀而不是刺杀敌人。重骑兵的主要战术是密集式攻击，另一种战术是所谓假装逃跑的"回马枪"。

## 哈丁战役
**穆斯林痛歼十字军的战争**

1187年7月2日,穆斯林统帅萨拉丁率军攻占太巴列城。翌日,耶路撒冷的古伊国王率领十字军前往救援。萨拉丁的军队以逸待劳,对敌军发动多次攻击。当晚,又渴又累的十字军匆匆在一眼泉水旁扎营,但却发现此泉早已干涸。4日晨,正当古伊所率的救援部队试图接近哈丁那眼泉水旁的营地时,穆斯林发起了猛烈的攻击。萨拉丁分而歼之,取得胜利。

*萨拉丁率军进攻十字军。*

## 斯勒伊斯海战
**英军战胜法军的战役**

1340年6月24日,英王爱德华三世率领舰队跨过英吉利海峡,对驻扎在斯勒伊斯的法国海军发动攻击。战斗中,先是由英国弓箭手和为法国人作战的热那亚弩兵互相对射,然后,手执长矛、利剑、盾牌的英国骑士投入战斗。英国人赢得了这场决定性的胜利,摧毁和俘获了几乎所有的法国舰船。

*克雷西之战中,英法弓箭手对射。*

## 克雷西之战
**弓箭决定胜负的战役**

1346年8月26日,法军与英军在克雷西会战。当时天降大雨,法军弓箭尽遭雨淋,降低了杀伤能力;而英军的弓箭暂时收藏在筐中未被雨淋。英军弓箭手密集射击,杀伤法军甚众。法军重骑兵发起冲击,两军展开激战。英军左翼渐渐支持不住,英王急令右翼集团前进,牵制法军。战至半夜时分,英军弓箭手从两翼射击,接连打退了法军冲锋。法军伤亡惨重,被迫退兵。

*英法海军在进行激战。*

## 早期火器在攻城战中崭露头角

1346年,欧洲战场上第一次听到了枪炮声。在克雷西之战中,英军就动用了三门小炮向法军开火。到15世纪初叶,已经出现了各种各样的枪炮。其中包括考福林,这是一种类似于火枪的小炮,另外还有用来摧毁城墙的射石炮以及大炮。15世纪50年代,各种火枪也已经出现。这些火枪一般是将一根金属枪管固定在木把上,用沾满硝末的棉绳或布条作为火信,点燃后引发火药而完成射击的。

*阿金库尔战役中英法军队正在激战。*

## 阿金库尔战役
**步兵战胜铁甲骑士的辉煌战例**

1415年10月25日,英王亨利五世率军在法国阿金库尔与法军大战。英国的弓箭手把法国骑兵射得人仰马翻。随后,又一队法国骑兵步行而进,由于战场是一片耕过的庄稼地,当时十分泥泞而狭窄,法军前进缓慢,当他们与英国人刚一接战,英弓箭手便用战斧、匕首和利剑对其进行斩杀。英军骑兵发动反击,驱散了法国军队的残余。

贞德率领法军向英军进攻。

## 奥尔良解围战
**圣女贞德拯救法国的战役**

1429年4月27日,农家姑娘贞德率法军解奥尔良之围。贞德强渡卢瓦尔河,进入奥尔良城。5月7日,贞德率军向英军据点托里斯堡垒发起进攻。贞德在进攻中不幸中箭,从云梯上掉进壕沟,险些被英军俘虏。贞德包扎好伤口,继续率军进攻,法军终于攻克托里斯堡垒,英军被迫撤走。被围困达7个月之久的奥尔良城解围了,贞德被誉为"奥尔良姑娘"。

## 君士坦丁堡围攻战
**千年帝国的覆灭之战**

1453年4月6日,土耳其军队从西面发动对君士坦丁堡的强攻,他们用火炮、攻城锤和投石器猛烈破击城墙,并填平壕沟,架设云梯,还在城墙下挖掘坑道。但进攻没有成功。土军改变进攻谋略,通过人推牛拉方式把战船拖到金角湾。5月29日,土军在金角湾用火炮破坏防御工事和轰击防守船只;同时从西面突入城堡。君士坦丁堡被陷。拜占庭帝国灭亡。

## 跨越高山的舰队

为了把土耳其舰队从外海运到金角湾里面的内港以便进攻君士坦丁堡,穆罕默德二世调集了人马修筑了一条经过佩拉山岭的道路,在道路上铺了一层坚厚的木板,并在上面涂上一层牛油、羊油等油脂。在一个夜晚,土耳其战舰被前面的两排水牛拉着,后面的水兵推着,一艘接一艘地翻过了田野、山岭,进入了金角湾内港。第二天早上,当拜占庭人望着从天而降、近在咫尺的土耳其舰队时,惊得目瞪口呆。

身着盔甲,手持长矛的奥斯曼骑兵。

奥斯曼土耳其人向君士坦丁堡发起最后的进攻。

## 英西海战
**"无敌舰队"惨遭毁灭的战役**

1588年7月31日,英西海战开始。8月7日夜,英国舰队乘起风之机,放出纵火船袭击西班牙"无敌舰队"。西舰船向西北溃逃。翌日晨4时许双方在格利沃利讷海域决战。西舰队墨守过时的横阵战术,坚持接舷战,但舰体笨重,机动性差,且舰炮射程近,不能毁伤英舰。而英国舰船机动灵活,舰炮射程远,西舰队损失惨重,英舰获得全胜。此战后,"无敌舰队"事实上已不复存在。

远征的西班牙无敌舰队

### 西班牙"无敌舰队"

1588年,西班牙国王腓力决定派一支由130艘军舰组成的舰队——"无敌舰队"远征英国。西班牙舰队装备了2341门火炮,其中1100门为重型火炮。英西海战中,"无敌舰队"由于船身庞大,运转不灵,战术陈旧,武器落后等原因,在英西海战中,"无敌舰队"覆灭。

## 奥土战争
**阻遏土耳其人西侵的战争**

奥土战争是奥地利同土耳其为争夺东南欧和中欧的霸权而爆发的战争。1683年7月，土耳其围攻维也纳；8月，波兰国王索别斯基率领"基督教联合战斗部队"在奥军配合下将土军击败。此后，奥地利与波兰、威尼斯结成"神圣同盟"。1716年8月奥军在多瑙河中游发动进攻，连续获胜，于次年8月攻克贝尔格莱德，土耳其被迫求和。1789年10月，奥军再占贝尔格莱德。此后，由于法国爆发大革命而引起了欧洲局势的变化，奥地利面临威胁。俄国在巴尔干的扩张也使奥地利颇为担心，于是便与土耳其单独议和。通过战争，奥地利有效地阻遏了土耳其的扩张，客观上加速了奥斯曼帝国的衰落。

## 北方战争
**波罗的海出海口的争夺战**

1700年8月，瑞典军队在纳尔瓦把俄军打得惨败；1708年瑞军开始征讨俄国。俄军首先采取战略防御，实行坚壁清野，诱敌深入。1709年7月8日，俄瑞两军在波尔塔瓦进行决战。瑞军战败。1720年，俄国海军击败瑞典舰队并登陆瑞典。通过这次战争，俄国取得了波罗的海出海口。

*法军同联军激战的情景。*

## 布伦海姆之战
**英法争霸的西班牙王位继承战争**

1704年8月12日深夜，英国和荷兰联军突然发起攻击，以主力进攻布伦海姆的法国、巴伐利亚军阵地，并将敌预备队诱至该村。13日中午，荷军骑兵猛攻法军骑兵，将其击溃；继而在法军两支部队之间、布伦海姆村和塔拉尔部队之间，分别实施突破，法军元帅塔拉尔被俘。同时，奥地利军击溃另一部法、巴军队。法巴联军败退。

*俄瑞军队在波尔塔瓦激战。*

## 萨拉托加战役
**美国独立战争的转折之战**

1777年9月，英军渡过哈得孙河进攻靠近萨拉托加的美军主力。战役分为两个阶段：9月19日的弗里曼农庄之战和10月7日的贝密斯高地之战。英军在这两场对美军的进攻战斗中均被击退并遭受重创。10月17日英军投降。

*英美军队在萨拉托加激战。*

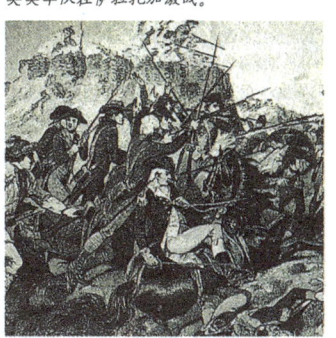

## 博罗季诺战役
**俄法势力均敌的战争**

1812年9月7日，俄法军队在莫斯科以西博罗季诺展开激战。法军借助凶猛的冲锋和大炮的轰击向前缓慢地推进，双方均伤亡惨重。黄昏时分，法军虽攻占了俄军阵地，但此时双方都已精疲力竭，无力再战。最终双方未能决出胜负。

*俄军与法军在博罗季诺激战。*

滑铁卢会战示意图

主要军事行动
① 6月16日,普鲁士军在利尼被法军打败。
② 英军在卡特尔-布拉斯遭到法军痛击,撤回滑铁卢。
③ 普军向北撤往华费里(Wavre)。
④ 法军的一部追击普军,但移动迟缓。
⑤ 6月18日,拿破仑在滑铁卢持续对英军发动了一天的进攻。
⑥ 当法军被困在华费里时,大批普军正向西推进。这支部队的及时到来决定了法军主力在滑铁卢的彻底失败。

## 滑铁卢会战
**彻底击败拿破仑的战争**

滑铁卢会战是英、普等国联军与法军在布鲁塞尔以南滑铁卢进行的一次决定性会战。1815年6月18日,英国同荷兰的联军在滑铁卢以南地区占领阵地,阻击拿破仑率领的法军,法军把主要突击方向转向敌军中部,但未取得明显进展。法军骑兵虽两次突入英军阵地,但因步兵和炮兵未能及时支援而被击退。当天,普鲁士军主力赶赴战场,联军发起全面反击。法军全线崩溃。战后,拿破仑被流放到圣赫勒拿岛。

## 阿亚库乔会战
**秘鲁独立之战**

1824年12月8日,哥伦比亚—秘鲁联军同西班牙殖民者在秘鲁阿亚库乔附近进行决战。西班牙军队首先攻击位于联军左翼的秘鲁部队,初战得利。然后,西军从正面发起冲击。联军统帅苏克雷令右翼部队实施猛烈反击。联军步、骑兵密切协同,一举突破西班牙军左翼阵地。随后,苏克雷将预备队投入战斗,获得全胜。

南美解放战争领袖玻利瓦尔(骑白马者)

在滑铁卢战役中,法军骑兵试图冲入在高地上的英军步兵方队。

## 葛底斯堡之战
**美国内战的转折点**

1863年6月30日,联邦军与南部同盟军先头部队遭遇于葛底斯堡,经一天激烈战斗,南军于7月1日占领了葛底斯堡镇。联邦军退守镇南的公墓岭。当晚,联邦军援军赶到,控制附近制高点。2日下午,南军全线进攻,被联邦军打退。3日凌晨,南军进攻公墓岭,遭到联邦军的猛烈炮轰和枪击,死伤惨重。最后,两军刺刀见红,展开白刃格斗,结果南军大败。

## 巴拉圭战争
**拉美历史上最为残酷的战争**

1864年至1870年,巴拉圭与巴西、阿根廷和乌拉圭三国同盟之间进行了一场力量悬殊的战争。1864年,巴拉圭向巴西宣战。1865年6月,三国同盟海军在巴拉那河沿岸里亚丘埃洛附近水域,一举摧毁了巴拉圭舰队,从而控制了河道,切断了巴拉圭与外界的水上联系。1866年5月24日,同盟军在帕索-德帕特里亚歼灭巴军1.3万人。巴拉圭动员全国人力物力,竟把9岁以上的儿童和年迈的老人统统派到前线,拼死抵抗。1869年,巴拉圭首都陷落。一年后战争结束。战争使巴拉圭的人口由52.5万人降至22.1万人,幸存的成年男人不足2.8万人。

*普奥战争中普军向奥军发起进攻。*

## 普奥战争
**争夺德意志领导权的"七周战争"**

普奥战争也称"七周战争",是1866年爆发在两个德意志大邦普鲁士和奥地利之间争夺德意志领导权的战争。战争开始后,普鲁士总参谋长毛奇利用先进的铁路运输线实施战略输送,同时使用先进的电报手段进行统一指挥。普军很快占领霍尔施坦和德国中部、北部各邦。7月3日,双方在凯尼格列茨城附近的萨多瓦地区进行决战,由总司令贝内德克指挥的奥军大败,伤亡及被俘约4万余人,普军损失约1万人。7月13日,普军乘胜进逼奥地利首都维也纳,奥军被迫求和。普取得什列斯维希-霍尔施坦和汉诺威、黑森、拿骚、美因河畔、法兰克福等地,奥退出德意志邦联。

*普奥战争时期的普鲁士总参谋长毛奇*

## 日本戊辰战争
**结束幕府体制的战争**

1868年初,日本萨摩、长州等6强藩组成的倒幕派,在明治天皇的支持下在京都发动政变,建立以天皇为首的新政府。1868年1月幕府军从大阪向京都进攻。

*手持冷兵器的日本武士*

当晚,幕府军舰在兵库海面炮击萨摩藩的轮船。1868年1月3日,朝廷宣布德川幕府为"朝敌",决定讨伐。于是以萨摩和长州两藩军队为主力的新政府军和幕府军在京都南郊的鸟羽、伏见接触,全面内战展开。结果幕府军队被明治政府军队击败。政府军乘胜追击,占领大阪,幕府将军德川庆喜逃回江户。政府军东征,德川庆喜献城投降。

普法战争中普军步兵用德雷西步枪向敌人射击。

## 普法战争
### 争夺欧洲大陆霸权的战争

1870年7月19日,法国对普鲁士宣战。8月2日,法军向萨尔布吕肯发动进攻。此时的法军完全没有做好战争准备,普军则准备充分,前线兵力超过法军一倍,所以很快转入反攻,6日法军遭重创,开始撤退,普军越过边境开始追击。8月14日,法军撤退途中被普军包围在梅斯。22日,拿破仑三世和麦可马洪指挥法军前往梅斯解围,普军立即追击,法军退至色当被围。9月1日,普军发动总攻,2日法军投降。色当失利后,巴黎9月4日爆发革命,成立共和国。9月19日普军包围巴黎,巴黎人民奋起反抗。10月底,梅斯法军投降,1871年1月巴黎陷落,威廉一世在凡尔赛宫加冕为德国皇帝。法国被迫割地赔款。

## 苏丹马赫迪起义
### 非洲近代史上规模最大的反帝民族起义

1881年,马赫迪起义爆发。1883年初,起义军攻克乌拜伊德。这年11月,又在乌拜伊德附近全歼英国远征军1万余人。1885年初,马赫迪又率领4万人攻入英国在苏丹的统治中心喀土穆,

骑着骆驼冲锋陷阵的马赫迪勇士

打死英国总督戈登。1885年6月,苏丹建立马赫迪国。不久马赫迪病逝。1898年起义军在喀土穆战役中战败。1899年苏丹沦为英殖民地。

## 美西战争
### 标志世界进入帝国主义时代的战争

1895年2月,西班牙殖民地古巴发生武装起义,美国企图进行斡旋被西班牙拒绝。1898年4月14日美西双方宣战。1898年4月22日,美海军封锁了古巴港口,5月1日,美国亚洲舰队进入西属菲律宾的马尼拉湾。西班牙舰队和炮台对美舰开炮,美舰还击,当日全歼西班牙舰队。6月10日美军在古巴圣地亚哥港以东关塔那摩登陆,包围了圣地亚哥。7月3日,港内西班牙舰队被美舰队全部击沉,7月中旬圣地亚哥守军投降。7月25日,美军在波多黎各登陆,8月12日占领该岛。6月12日,菲律宾宣布独立,8月13日美军攻占马尼拉。12月10日,签定《巴黎和约》,西班牙将菲律宾、波多黎各、关岛割让给美国,古巴独立但由美军保护。

美军向西班牙军阵地发起进攻。

## 马尼拉湾海战
**依靠新式战舰制胜的战役**

1898年5月1日,美国舰队在马尼拉湾向西班牙舰队发动攻击。美舰队排成一路纵队,凭借新式军舰甲硬、火力强、速度快的优势,边进边打;装备陈旧、缺乏训练的西舰队处于被动挨打地位。西班牙舰队和海岸要塞炮台虽进行反击,但于事无补,经过1小时激战,西班牙所有军舰都被击沉或搁浅,美军取胜。

马尼拉海战中的美军战舰

日俄海军在旅顺港激战。

## 旅顺口海战
**日军出奇制胜的战争**

1904年2月8日,日本舰队偷袭俄国太平洋舰队驻泊地——旅顺口。此时正逢俄国的"圣玛利亚节",在俄军狂欢、麻痹大意的时刻,日舰驶近停泊于旅顺港外的俄国舰队,重伤俄主力舰3艘后,从容撤出战斗。第二天,日舰主力乘胜向俄舰队发动攻击,迫使俄国舰队龟缩到旅顺口港内。4月13日俄旗舰触雷沉没。12月6日,日军用大炮击沉了停泊在港内的俄舰队大部分舰只。

## 对马海战
**俄军遭遇惨败的战争**

1905年5月27日,日俄两支舰队在对马海峡相遇。在激烈的炮战中,俄旗舰受重创,俄舰队司令和参谋长负重伤。其他俄舰冲出包围,向北逃走。下午6时,日本舰队追上了北逃的俄国舰队。28日上午。日舰对残存的俄舰进行包围攻击。俄舰队在绝望中挂起白旗投降。

对马海战中,日本舰队指挥官、日本海军上将东乡平八郎(左)在舰上指挥战斗。

图为意大利单翼飞机"新港"号。1911年,这架飞机在意土战争中投放了炸弹,这是飞机第一次用于空中作战。

## 意土战争
**飞机首次用于军事目的的战争**

1911年9月,意大利对土耳其宣战。与此同时,意军从海上对的黎波里、胡姆斯等地实施炮击,挑起了战争。当时,土耳其驻的黎波里塔尼亚和昔兰尼加的军队只有一个师约7000人,意大利则调集9万军队参战。意军以绝对优势力量对付土军,并以海军对土实施封锁,断其后援。10月3日~5日,意大利海军登陆部队炮击并攻占了的黎波里和图卜鲁格。11日,意军进驻的黎波里;另有意军在胡姆斯德尔纳和班加西等地登陆,尔后向腹地推进。战争进行到1912年5月,10万意军仍不断加强攻势,取得了一些局部胜利。由于军事上不断失利,加上巴尔干战争爆发的威胁,土耳其只好对意让步。1912年10月18日,双方签订《洛桑条约》,土耳其被迫将的黎波里塔尼亚和昔兰尼加割让给意大利。战争中,飞机被首次用于军事目的。

# 世界现代著名战争

**像军事家一样思考**

人类历史上发生了两次世界范围的大战。第一次世界大战中飞机、坦克、潜艇等现代武器都开始用于战争，这对战后各国军队建设和军事学术的发展产生了巨大的影响。第二次世界大战中航空母舰大显其能，原子弹也首次用于战场。以海湾战争、科索沃战争为代表的现代高科技战争，作战模式是前所未见的，对当今各国的军事建设有着深刻的影响。

**想一想** 世界现代战争和以往的战争相比，有哪些明显的变化？

一战中，德国士兵在地下工事中进行集结。

法国画家创作的战争画《凡尔登战役》

## 凡尔登战役
**第一次世界大战的转折点**

1916年2月21日，德军攻占法军在凡尔登要塞的第1道阵地。6月下旬，德军首次使用光气窒息毒气弹和催泪弹猛攻苏维耶堡，给法军造成重大伤亡，德军一度进抵距凡尔登不足3千米处，但终被击退。法军于12月15日发起新攻势，3天后大体恢复了2月25日以后被占阵地，至此战役结束。这次战役双方伤亡近100万人，由于伤亡惨重，凡尔登战场被称为"绞肉机"。此役是第一次世界大战大战的转折点。

## 马恩河会战
**打破德军的速决战略的战争**

1914年9月5日，马恩河会战开始。当日，英法联军对侵入法国的德军实施反攻。联军对德军右翼进行迂回突击，主力实施正面攻击。会战中，德军伤亡约21万人，法军伤亡约14万人。联军在宽达200千米的地带向前推进60千米，达到了阻止德军向巴黎推进的目的。此后，西线战场转入旷日持久的阵地战阶段。

## 伊珀尔战役
**首次使用化学战剂的战争**

1914年10月19日，英军从伊珀尔进攻德国，但两度告急。11月22日，法国援军到达后，双方转入阵地战。1915年4月22日，德军为了掩护其向东线调动部队，向伊珀尔的英、法军阵地连续施放氯气。这是战争史上首次大规模使用化学战剂。结果，英军1.5万人中毒，其中5000人死亡，德军趁势扩张战果。

中毒气后失明的英军士兵

## 日德兰海战
**一战中规模最大的海战**

1916年5月31日4时许，英、德前卫舰队在日德兰半岛以西的斯卡格拉克海峡附近遭遇。双方交战，英2艘战舰被击沉。随后，德军主力舰队相继赶到。英前卫舰队见势不利，急忙北撤，英舰队主力随后加入战斗。德舰队遂施放烟幕掩护撤退。6月1日凌晨，双方进行鱼雷攻击之后，德舰队摆脱英舰拦截返航。此战是第一次世界大战中规模最大的一次海战。

日德兰海战中的英国巡洋舰

## 索姆河战役
**首次使用坦克的战争**

1916年7月1日，部署在索姆河地区的英法军队对德国军发起进攻。英军因以密集队形冲击，遭到德军机枪和炮兵火力的严重杀伤。9月15日，英军在战场上首次使用坦克，但未获重大战果，至11月下旬，战役渐告平息。

## 无限制潜艇战
**德军破坏协约国商船的战争**

1917年2月4日，德国海军部为打破因战争僵局而引起的经济困难，正式宣布实行"无限制潜艇战"。实行无限制潜艇战后，协约国商船的损失直线上升，英国出海的商船，平均每4艘就有1艘被击沉。为击败德国潜艇，维护海上交通线，英国海军采取了"舰队护航体系"的积极措施。把商船编成船队，由驱逐舰或巡洋舰护送。一战期间，德国潜艇共击沉协约国商船6000艘，击沉军舰150艘，自己损失潜艇178艘。

一战中坦克开过堑壕。

## 康布雷战役
**诸兵种协同作战的成功尝试**

1917年11月20日，英军向部署在康布雷地区的德军发起进攻，英军坦克部队在步兵的配合下，快速突破德军防线。德军迅即调集兵力，以火炮对付英军坦克。22~23日，德军以车载野炮并出动飞机用磷弹对付英军坦克。至29日，英军停止进攻。德军收复大部阵地。此役是现代条件下诸兵种协同作战的成功尝试。

一战中使用的装有机枪的飞机

## 新式武器的演练场

第一次世界大战揭开了现代战争的序幕。毒气、坦克开始登上战争舞台—显身手。潜艇开始在海战中起关键作用，用以攻击敌方舰只。航空母舰已经建造出来只不过实战效果非常有限。飞机在战争后期，已经用于执行远距离轰炸任务，并作为战斗机直接参加战斗。

二战中德军潜艇鱼雷兵在做发射前的准备。

## 敦刻尔克撤退
**二战期间创造奇迹的战略大撤退**

1940年5月20日,德军进抵英吉利海峡,约40万英、法联军陆续退缩到敦刻尔克地区。26日晚,英国政府共派出各种舰船861艘执行代号为"发电机"的撤退计划。德军在进行轰炸的同时,还派出潜艇和鱼雷艇攻击英、法军的运输船队。英、法联军经9昼夜的奋战,将33.8万人撤至英国本土,创造了世界战争史上的奇迹。

## 克里特岛战役
**世界第一次大规模空降战**

1941年5月20日晨,德军空降师在希腊克里特岛实施空降。由于空降后兵力分散,又遭守军顽强抗击,德军伤亡惨重。23日夜,由海上输送人员和物资的德军舰队遭英舰队阻击,受创返回。而后,德空军突击英舰队。英舰队撤往埃及。27~29日,德军空降部队相继占领克里特岛的苏达湾等地。英国守军向克里特岛南部退却,从海上撤往埃及。

德军在克里特岛空投伞兵。

一辆德军坦克轧过苏军的战壕。

## 莫斯科会战
**宣告德军"闪击战"破产的战争**

1941年10月下旬,德军突破苏军防线,其先头部队距莫斯科仅65千米。苏军以战略预备队实施有力的反突击,终于遏止住德军的攻势,迫其转入防御,12月5日~6日,苏军相继发起反攻,给德军以大量杀伤。1942年1月8日苏军发起总攻,相继收复莫斯科附近要地,取得胜利。苏军的胜利宣告了希特勒"闪击战"的彻底破产。

消防队员奋力扑灭伦敦因空袭引起的大火。

## 不列颠之战
**抗击德国空中进攻的战争**

1940年8月8日,德空军飞机大规模轰炸英国本土。英军击落大量德机。9月7日起,德空军重点轰炸伦敦。轰炸持续了8天,伦敦遭到严重破坏,居民伤亡惨重。英军同时也给德轰炸机以重大杀伤,使德军夺取英吉利海峡制空权的计划未能实现。

## 偷袭珍珠港
**经典的战略突袭战**

1941年12月7日,日军对美国海军太平洋舰队基地珍珠港进行突袭。7时左右,美军尽管发现大批飞机临近,但误认是己方飞机,未加防范。7时15分,日军从瓦胡岛东部进入,8时55分开始攻击。日军的袭击持续约两小时,击毁击伤美国太平洋舰队停泊在港内的全部8艘战列舰和10余艘其他舰只,击毁美机约180架,毙伤美军3500余人。

日机袭击瓦胡岛上的美军机场。

## 中途岛海战
**扭转太平洋战局的战役**

1942年6月4日凌晨4时30分,日军的第1批飞机108架从航空母舰起飞,攻击中途岛。美舰队于7时02分开始接连派出飞机200多架,乘日军的第1批战机飞返舰船,第2批飞机卸下炸弹改挂鱼雷的混乱时机,对日军航空母舰实施连续的攻击。日军损失惨重,从而在太平洋战场逐步丧失了战略主动权。

战火中的斯大林格勒街头雕塑

## 斯大林格勒会战
**第二次世界大战的转折点**

1942年7月17日,德军进攻斯大林格勒。8月19日德军向斯大林格勒发起突击。9月13日攻入市区。苏德军队在市内开展巷战。双方逐街逐楼逐屋反复争夺,其中对火车站的反复争夺竟达13次之多。11月19日苏军转入反攻,于23日合围德军。1943年1月10日苏军发起总攻,德军投降。此战是二战的转折点。

参加过中途岛海战的美军"企业"号航空母舰

北非沙漠战的场景

## 阿拉曼战役
**北非战争的转折点**

1942年7、8月间,德、意军与英军在阿拉曼地区形成对峙。10月23日,英军对由隆美尔指挥的德国非洲军和意军发起突然进攻。由于炮兵未能有效地压制对方,英军进展缓慢。11月2日,英军凭借优势兵力和制空权再度发起进攻,终于在德、意军结合部打开突破口,坦克部队乘胜突入纵深,对德军形成围歼之势,4日,德军急速西撤,因英军未及时追击而免遭全歼。阿拉曼战役是第二次世界大战中非洲战局的转折点,从此英军获得战争的主动权。

## 北非登陆战役
**首次由舰到岸渡海登陆战**

第二次世界大战期间,美、英联军在法属阿尔及利亚和摩洛哥进行代号为"火炬"的登陆战役。1942年11月7日夜,艾森豪威尔指挥美英盟军13个师、450艘舰船和1700架飞机在阿尔及尔等地登陆。美英盟军迅速巩固登陆场并立即东进,插向由隆美尔指挥的德军背后。德军虽紧急部署实施反击,但没有奏效。25日,盟军在比塞大附近进攻受阻,战役结束。此役是战争史上第一次使用登陆舰艇进行"由舰到岸"的大规模渡海登陆战役。

盟军在阿尔及尔登陆后汇合。

## 突尼斯战役
**北非战局结束之战**

1943年3月底,盟军突破意军马雷特防线,进抵塞拉特角至昂菲达维尔一线。5月6日,盟军经炮火准备后再次发起攻击,取得胜利。7日,盟军占领比塞大和突尼斯城。5月31日德、意军队投降,北非战役结束。

正在北非战场侦测的德国炮兵观察兵

表现盟军登陆作战的海报

## 西西里岛登陆战役
**攻占西西里岛的盟军登陆战**

1943年7月10日,盟军出动兵力47.8万人,各种舰艇2600艘,飞机约3680架,以夜色和风暴为掩护,在意大利西西里岛南部和东南部实施空降和登陆。德、意守军进行反击,但由于组织不力,又遭到盟军舰炮火力大量的杀伤,未能组织有效防御。7月10日~13日,盟军登陆部队达16万人左右,夺取了两个港口和一些机场。随后盟军从西、北两个方向发展进攻,至18日占领该岛南部。8月17日盟军占领全岛,战役至此结束。

## 诺曼底登陆战役
**规模空前的登陆作战**

1944年6月6日晨,盟军在诺曼底突击上陆,随即对德军发起进攻。盟军部队实施伞降,抢占海滩堤坝和桥梁,占领登陆地。当日,盟军登陆部队突破德军滩头阵地,建立了稳固立足点;7月8日盟军抵达卡昂、科蒙一线,形成正面150千米、纵深13~35千米的战略登陆场。7月24日,诺曼底登陆战役胜利结束。诺曼底登陆战役对美英盟军在西欧展开大规模进攻,加速德国崩溃起了重大作用。

诺曼底登陆中,美国部队登陆奥马哈滩。

## 阿纳姆战役
**二战中规模最大的空降战役**

1944年9月17日，盟军在荷兰艾恩德霍芬至阿纳姆之间狭长地带空降，以图占领阿纳姆附近地域。美军空降后分别夺取马斯河大桥和运河大桥，出色地配合了英军的地面进攻。英军第一空降师在阿纳姆地区空降后，遭德军装甲兵和步兵猛烈反击，未能按计划夺取附近的下莱茵河大桥，该师大部被俘。此战是第二次世界大战中规模最大的空降战役。

*美军伞兵实施空降。*

## 硫磺岛战役
**太平洋战争中最惨烈的登陆战**

1945年2月19日，美军为建立进攻日本本土的前进航空基地，在硫磺岛登陆。日军采取以纵深防御为主，岸滩防御为辅的抗登陆作战方针，给美军以大量杀伤。使美军预计5天攻占该岛的计划经36天激战才告完成。此战，美军以伤亡2.8万人的代价占领硫磺岛。

*美军占领冲绳岛。*

## 冲绳岛战役
**太平洋战争中规模最大的一次战役**

1945年4月1日，美军在冲绳岛西海岸登陆，向日军守岛部队发起进攻。当日，美军有6万人及大批坦克、火炮登陆，建立了正面14千米、纵深5千米并包括两个机场在内的登陆场。4日，美军占领中部地区，将该岛拦腰切断，开始向北部和南部主阵地发起攻击。21日占领北半部。5月4日，日军发起了总反攻，被美军优势兵力粉碎。22日，美军突破日军南部防线占领全岛。此战是美、日在太平洋岛屿作战中规模最大、时间最长、损失最重的一次战役。

*美军攻占硫磺岛。*

## 美国对日本核突击
**原子弹被首度用于实战的战争**

1945年7月，美国原子弹研制成功。1945年8月6日8时15分，美军飞机在广岛上空1万米高度投下一颗原子弹。爆心周围12平方千米内的建筑物被完全摧毁，全市房屋被毁62.8%，炸死7.8万人，炸伤3.7万人，死

*原子弹爆炸后，广岛一片废墟。*

伤人数占广岛当时实际人数（24万人）的48%。9日，美国在长崎投下第二颗原子弹，造成2.37万人死亡，4.3万人受伤以及大量建筑物倒塌。15日，日本宣布无条件投降。美国对日本的核突击，虽对早日结束战争起了一定作用，但却给日本平民造成了重大伤亡。

## 第一次中东战争
**以色列扩大领土的战争**

1948年5月15日,埃及、伊拉克等阿拉伯国家出兵向以色列进攻,占领耶路撒冷东城区等大片领土。以色列紧急扩军,然后发动反攻。阿拉伯国家由于内部矛盾,缺乏统一指挥,结果战败。以色列占领了大片阿拉伯领土,近百万巴勒斯坦阿拉伯人被逐出家园。

*越南战争中美军大量使用直升机作战。*

## 越南抗美战争
**越南实现国家统一的战争**

1961年5月,美国在越南南方发动"特种战争"。1964年8月,美国制造北部湾事件轰炸北越。1969年以后,美国推行"战争越南化"政策,使战争扩大到整个印度支那。在此期间,越南人民给美军和西贡伪军以巨大杀伤。1971年春季,越军取得了九号公路战役的胜利,使美国的"战争越南化"政策彻底破产。1972年,越南南方军民在各战场发起全面战略反攻,迫使美军撤出越南南方。越南于1975年解放整个南方,战争至此结束。

*"十月战争"中的以军炮兵*

*在朝鲜战场上美军拥有强大的火力优势。*

## 仁川登陆战役
**美军对朝鲜半岛的登陆作战**

美军为解除朝鲜人民军对釜山的包围,决定在朝鲜半岛中部西海岸仁川地区实施登陆,1950年9月15日,美军投入第10军主力约7万人,在260余艘舰艇和500余架飞机的配合下,突击上陆之后经两周激战,美军以伤亡1.2万人的代价于28日占领汉城,随后越过"三八线"向中朝边境进犯。

## 第四次中东战争
**阿以"十月战争"**

1973年10月6日,埃及、叙利亚突然向以色列开战。叙军突破戈兰高地以军防线;埃军强渡苏伊士运河,占领运河东岸滩头阵地。以军先遏制叙军进攻并实施局部反击,集中空军主力向叙军地面部队和防空导

*"十月战争"中死在沙漠中的埃及士兵*

弹阵地展开攻击,同时空袭叙后方大城市。11日,以军转入反攻,构成威胁叙首都大马士革之势,从而夺取了北线战场主动权。15日以军构成对苏伊士城和埃军第3集团军合围态势,最后夺得西线战场主动权。24日,埃、以双方停战。次年,阿以签订停战协议。

## 苏联入侵阿富汗战争
**招来强烈反对的侵略战争**

　　1979年12月24日，苏军对阿富汗发起突然攻击。1980年2月以后，苏军将进攻矛头指向反政府武装的阿富汗游击队。游击队利用熟悉地形等有利条件，开展山地游击战，使苏军的摩托化部队无法发挥兵力和兵器优势，被迫变全面扫荡为重点清剿。阿富汗游击队采取灵活机动的作战方法，粉碎了苏军的一次次清剿。1988年苏军被迫撤出阿富汗。

苏军坦克在阿富汗山地无用武之地。

## 两伊战争
**两败俱伤的战争**

　　1980年9月22日，伊拉克军队进攻伊朗。伊朗军队进行了顽强抗击，于1981年起发动反攻。1982年7月伊朗发动"斋月"战役，在此战役中，伊朗占领了巴士拉地区。1988年4月，伊拉克趁伊朗国内面临危机开始全面反攻，在3个月时间内收复全部失地并占领伊朗2000多平方千米土地。1988年8月20日，伊朗和伊拉克在联合国监督下实现停火。

美军坦克在伊拉克沙漠行进。

## 英阿马岛战争
**海空军较量的现代化局部战争**

　　1982年4月2日，阿根廷军队在马尔维纳斯群岛（简称马岛）登陆，守岛英军投降。5日，英军特混舰队开往大西洋，4月30日完成了对马岛的海空封锁。随后，双方围绕着封锁与反封锁展开激烈战斗，最后阿军未能突破英军封锁，处于不利态势。5月21日英军在马岛登陆。5月14日阿军投降，战役结束。战争中阿军被击沉舰船11艘，损失飞机百余架。

两伊战争中伊朗妇女用手枪练习射击。

## 海湾战争
**现代高技术条件下的战争**

　　1991年1月17日，以美国为首的多国部队航空兵空袭伊拉克，海湾战争爆发。1月17日至2月23日，多国部队共出动飞机约11万架次，发射巡航导弹，多方向、多波次、高强度的持续空袭，使科威特境内伊军损失近50%。1991年2月24日至28日，多国部队实施"左勾拳"计划，将伊拉克共和国卫队合围于巴士拉以南，伊军崩溃。2月26日战争结束。

## 科索沃战争
**远程和高空打击的非接触性战争**

　　1999年3月24日，以美国为首的北约绕开联合国，对南联盟发动了一场历时78天的空袭战。北约共出动

在科索沃战争中美军战机起飞实施空袭任务。

各型飞机34850架次，使用各种型号的导弹23000余枚，对南联盟40多个城市的496个军事和民用目标进行了多波次、多批次的空中打击。战争双方的地面部队从未进行面对面的直接交火，是一次以远程和高空打击为主的"非接触性战争"。

# 军事人物

# 中国著名军事家

• 像军事家一样思考

在中国数千年的文明史中,战争连绵不断,产生了许许多多出类拔萃的军事统帅和将领。孙武、诸葛亮、岳飞、郑成功等军事家的名字可说是家喻户晓,妇孺皆知。他们用自己的智谋和胆略,导演出一幕幕波澜壮阔、异彩纷呈而又充满智慧的战争史诗剧,同时也留下了极为丰富的军事著作,为中国乃至世界军事史增添了无尽的光彩。

**想一想** 中国军事家在军事谋略和战术思想上各有什么特点?

## 孙武
**以兵法闻名于世的军事家**

春秋末期著名军事家、军事理论家。齐景公时,因齐国内乱,孙武出奔吴国,被吴王阖闾重用为将。周敬王十四年(公元前506年),吴王接受孙武等建议,乘楚兵疲惫松懈之机,迂回奇袭楚国东北部,一举攻克楚都郢,从而使吴国称霸于诸侯。其著作《孙子兵法》总结了春秋时代的战争经验,在世界军事史上第一次系统地阐述了战争和军事问题,被誉为"世界第一兵书"。

孙武

## 吴起
**爱民如子的统帅**

吴起

战国初期军事家、政治改革家。周威烈王十八年(公元前408年)起,吴起任魏国西河郡守20余年,其间与诸侯交战数十次,战功显著。吴起能征善战,治军严明,爱兵如子,与士卒同吃同住。后辅助楚王实行变法,夺旧贵族政治、经济特权,裁减冗员冗费,用于选练军队,使楚国富强。后被旧贵族杀害。

## 田忌
**南征北战的齐国名将**

战国时大败魏军的齐国将领。周显王十五年(公元前354年),为了救援盟国赵国,率部攻打魏国,采用军师孙膑提出的"避实击虚、攻其必救"的对策,在桂陵大败魏军;周显王二十七年,为救韩国再次亲率大军攻打魏国,采用每天减灶的方法引诱魏军追击,在马陵全歼魏军。

## 孙膑
**"围魏救赵"的兵法大家**

战国时著名军事家。周显王十五年(公元前354年)孙膑任齐国军师,随田忌率军救赵。孙膑运用"避实击虚、攻其必救"战法,直趋魏都。魏军撤围回救途中,齐军在桂陵截击,大败魏军。后在马陵之战中,孙膑再次使用此法,打败魏军。孙膑及其弟子所著《孙膑兵法》总结了战国中期以前的战争经验,主张慎选将帅,作战应"备而后动",审时度势,为后世留下了宝贵的军事理论遗产。

孙膑

## 白起

**功勋卓著的秦国将领**

战国时期秦国大将，秦统一六国的功臣。周赧王二十二年（公元前293年）白起采用避实击虚、各个击破的战法，在伊阙全歼韩国、魏国联军。三十六年率军大败楚军，克楚都郢。长平之战中，针对赵军统帅赵括骄躁轻敌、缺乏实战经验等弱点，诱其脱离有利地形，予以分割包围，大败赵军。后因触怒昭王自杀。

白起

## 廉颇

**"负荆请罪"的赵国名将**

战国时期赵国杰出将领。周赧王三十二年（公元前283年），率军击败齐军，被封为上卿。居功自傲，对出身寒微、资历不丰的蔺相如为相不服，当知其确有才干时，尚能自责，终使两人结成莫逆之交。五十五年，率兵在长平与秦军交战，构筑堡垒坚守，阻止了秦军的进攻。曾率赵军打败燕军的进攻。后客死楚国。

## 田单

**巧用"火牛阵"破敌的齐国将领**

战国后期的齐国名将。燕将乐毅破齐后，齐将田单率领军民退至即墨继续抵御燕军。周赧王三十六年（公元前279年），为攻燕使用火牛阵，集中千余头牛，角上缚刀，尾扎浸油芦苇，入夜燃牛尾芦苇，使牛狂奔燕营，齐军紧随其后突入燕营，而后又乘胜追击，收复失地70多城。田单功升相国，被封为安平君。后入赵国为相。

田单运用火牛阵大败燕军。

## 赵奢

**善用反间计的赵国大将**

战国后期赵国抗击秦军的名将。周赧王四十六年（公元前269年），秦军围困阏与。赵奢率援军西出邯郸三十里便安营扎寨。秦军派间谍来侦察。赵奢假装不知。但间谍一走，便令轻装强行军，迅速到达距阏与五十里处扎营。秦将听了报告，以为赵仍在原地未动，因而十分麻痹。赵军占领有利地形，击败秦军。赵王因功封他为马服君。

这两匹战马是赵王陵的随葬品，是目前仅见的战国时期的战马形象。

## 李牧

**待机破敌的戍边名将**

"胡服骑射"蜡像

战国末年抗击匈奴的赵国将领。赵孝成王时期（公元前265年～公元前245年），李牧在雁门一带戍边。李牧采用加强骑射训练，多设烽火、多派侦察人员的方针，以待时机。有些人以为他惧敌怯战，赵王便另派一将替换了他，但每战必败。后李牧复出。匈奴大举入侵。李牧派一支部队佯败，诱其深入，然后乘其无备，侧击其两翼，匈奴败逃。后被赵王所杀。

## 王翦
**老成持重的秦国名将**

秦国出色的军事家，在秦统一六国中起了极大作用。秦王嬴政十一年（公元前236年），王翦率军攻赵。至十九年，灭赵。二十三年，王翦率部攻楚。王翦见楚士气正旺，而己方经长途跋涉，将士疲惫，便采取坚守不出，以待时机的方针，任凭楚军骂阵挑战，秦军不动声色。后楚军撤退。王翦挥军追击，大败楚军，次年灭楚并南定百越。

*王翦*

*项羽在垓下之战中，兵败自刎。*

## 蒙恬
**建功北疆的秦国名将**

秦朝大将，组织修建了万里长城。秦始皇二十六年（公元前221年）蒙恬因率兵参加灭齐有功，被任命为内史。始皇三十二年，蒙恬受命率大军北击匈奴。为抵御匈奴，蒙恬从榆中沿黄河至阴山构筑城塞，连接秦、燕、赵旧长城，修建为万里长城，同时修筑北起九原南至甘泉的直道，构成了秦朝北方漫长的防御线。匈奴慑于蒙恬之兵威，数年不敢进犯中原。三十七年，被权奸赵高诬陷，自杀。

## 项羽
**慷慨悲歌的西楚霸王**

秦末反秦起义领袖之一，军事统帅。秦二世元年（公元前209年）起兵反秦。三年率楚军主力援救赵国，在渡过漳河后，命令毁坏所有渡河船只，焚烧营帐，每人只带三日粮食，誓与秦军决一死战。经九次恶战，大败秦军。秦朝灭亡后，自封为西楚霸王。与刘邦争夺天下。项羽由于不善用人，谋略不当，致使优势丧失，刘邦却得以转败为胜。项羽最后于公元前202年被汉军围困于垓下，突围至乌江后自刎。

## 四面楚歌

楚汉战争中，项羽被汉军包围在垓下。为瓦解楚军军心，韩信让人在汉军营中教兵士唱楚地的歌曲，在战场上高唱。一时间，楚军四面楚歌。歌声引起楚军的思乡之情，无心打仗。这时汉军杀来，项羽力战乌江边上，最后拔剑自刎而死。后人常用来比喻处在四面受敌，孤立无援的绝境。

*埙，楚地乐器，其音质低沉哀婉。*

## 韩信
**用兵如神的西汉开国名将**

楚汉战争中汉大将，指挥过许多重大战役。汉二年（公元前205年）秋韩信率兵攻魏，先以疑兵佯渡临晋，主力则出其不意以木盆等器材偷渡黄河，直捣魏军后方，大败魏军。三年，韩信领兵攻赵，先以轻骑偷袭赵营，而以主力背水为阵，汉军两面夹击，大破赵军。四年冬，韩信率兵奇袭齐军，夺取临淄。而后与楚、齐联军对阵于潍水两岸，借助河水分割联军，将其各个击破。次年，在垓下围歼楚军，迫项羽乌江自刎。后被吕后、萧何杀害。

*韩信*

## 李广
### 匈奴惧怕的"飞将军"

西汉抗击匈奴的名将。元光六年（公元前129年），李广领骑兵万余出雁门，抗击匈奴，因兵力悬殊负伤被俘，在押送途中装死迷惑匈奴军，乘隙夺马逃回。后任右北平郡太守。匈奴人惧服，称其为"飞将军"，数年不敢来犯。元狩四年（公元前119年），李广随大将军卫青出塞攻击匈奴，因迷失道路，未能参战，愤愧自杀。

*李广*

### 汉代骑兵

*汉代骑兵像*

在同匈奴的连年战争中，汉代骑兵逐渐成为一个强大的独立兵种。西汉骑兵有中央骑兵和郡国骑兵两部分。在兵种上已有轻骑兵和重骑兵之分。轻骑兵无铠，持弓弩，背负矢，马匹矮小，机动灵活，适于长途奔袭；重骑兵部带甲，用长矛类武器，马匹高大有力，适合冲锋陷阵。西汉骑兵的发展和养马制的健全标志着中国军事史上骑兵时代的到来。

## 卫青
### 威震匈奴的汉军统帅

西汉军事家，西汉反击匈奴的主要将领。元朔二年（公元前127年）春，卫青率军抗击匈奴，他采用灵活战法击败匈奴，收复河南地。五年春，率军奔袭匈奴右贤王部，歼敌1.5万人。后又两次出击漠南单于本部，迫使单于迁至漠北。元狩四年（前119年）夏，与霍去病各率5万骑兵越过大漠再次突袭匈奴，获全胜。战后封大司马。

*卫青*

## 霍去病
### 屡败匈奴的青年将帅

与卫青一起征讨匈奴的西汉名将。元朔六年（公元前123年）18岁的霍去病即随卫青在漠南抗击匈奴。他率800轻骑奔袭匈奴，歼敌2000，功盖全军，被封为冠军侯。元狩二年（公元前121年）任骠骑将军，两次率兵出击河西地区匈奴部，歼敌4万余人。四年夏，打败匈奴左贤王部后，乘胜追击，深入2000余里，歼敌7万余人。战后与卫青同任大司马。霍去病用兵灵活，作战勇猛果断，深得武帝信任。元狩六年病卒，年仅23岁。

## 马援
### "马革裹尸"的东汉名将

第一个制造沙盘的东汉将领。建武八年（32年），光武帝亲征隗嚣，熟悉地形的马援堆米为山谷河流，制造出世界上第一个沙盘，为剪除隗嚣集团做出了贡献。十六年，马援被拜为伏波将军，于十七年率军南下，经海路，入红河，平定交趾郡征侧、征贰叛乱。二十年，匈奴、乌桓侵扰北疆，他对人说："男儿当死于边野，以马革裹尸还葬耳！"要求出征，得到光武帝的批准。他率军到达扶风，乌桓兵逃走。二十三年，在征讨武陵部族叛乱时病亡。

### 马援与沙盘

32年，马援随刘秀西征隗嚣。出征前，军中多人反对西征，刘秀犹豫不决。马援认为隗嚣内部已瓦解，汉军西征必将势如破竹。为帮助刘秀了解战局，马援用米堆制成凉州一带的示意地形。指画双方形势和各路兵马进军的道路，简明易懂，刘秀边看边听，豁然开朗，终于决定率兵出征。

*马援用米堆地形模型分析敌情、研究作战计划。*

# 曹操
**深谋远虑的一代枭雄**

魏武帝，杰出的军事家。建安元年（196年），曹操迫使汉献帝迁都于许，总揽军政大权。五年，采用声东击西、以逸待劳等战法，在官渡之战中，偷袭乌巢，火烧袁绍粮草，大败袁军。建安十三年，在赤壁之战中败于孙权、刘备联军，退回北方，形成魏、蜀、吴三国鼎立局面。曹操治军严整，长于选才。他精通《孙子兵法》，是历史上为该书作注的第一人。

曹操

# 张辽
**被誉为"国之爪牙"的名将**

三国初期曹魏名将。张辽少时任郡吏，先随董卓、吕布，后归顺曹操任中郎将。东汉建安十二年(207年)，在曹操攻乌桓之战中，大获全胜，斩单于蹋顿。二十年，张辽领兵7000驻守战略要地合肥，孙权拥兵10万围攻合肥。张辽乘其围城未合，选壮士800于天将晓时冲入吴营，逼至孙权帐前，而后杀出重围回到城内。吴军士气大挫，被迫撤军。张辽乘胜追击，吴军惨败。张辽智勇双全，谋略周密，深得曹操赏识，誉之为"国之爪牙"。

# 诸葛亮
**运筹帷幄的蜀国良相**

三国时期杰出的军事家、政治家。建安十三年(208年)秋，刘备兵败长坂的危急关头，诸葛亮说服孙权联手抗曹，取得败曹操于赤壁的大胜。后诸葛亮任蜀国丞相，总理军政。刘备病亡后，诸葛亮辅佐后主刘禅。他平息南中动乱，稳定了蜀汉后方。建兴五年春，诸葛亮统军进驻汉中。次年伐魏。在祁山与魏军进行了7年的战争，但因国力不支、地形不利等原因而失败。十二年八月，因积劳成疾卒于军中。

张辽

版画《诸葛亮陇上破魏兵》

## 七擒孟获

孟获是南中地区少数民族首领。他乘蜀国对吴国作战失败，刘备刚死之机，发动叛乱。225年，诸葛亮率军平定南中。诸葛亮采用攻心为上的策略。开战不久，孟获便中蜀军埋伏，被生擒。诸葛亮让他观看蜀军营寨，孟获不以为然。诸葛亮将他放回后，孟获继续和蜀军作战，连续几次被生擒。第七次，诸葛亮把孟获引到山谷中，截断他的归路，然后放火烧山。孟获再次被俘。诸葛亮对孟获擒而复放，使他心悦诚服归降。

*诸葛亮七擒孟获，平定南中叛乱。*

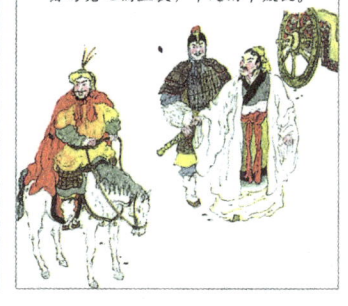

## 关羽
**被神化的"关帝"**

三国时期蜀国名将。关羽早年随刘备起兵,曾参与镇压黄巾起义。后被曹操擒获,授偏将军。官渡之战中,为曹军先锋,斩杀袁绍大将颜良,封汉寿亭侯。不久再归刘备。汉建安十三年(208年),关羽率万余水军作为刘备军主力,联合孙权,大败曹军于赤壁。二十四年秋,出兵襄阳、樊城,迫降曹将于禁,杀庞德,围曹仁、吕常,威胁中原。后曹兵增援,关羽败走麦城。十二月,被吴军擒杀。关羽作战果敢勇猛,但过于自负。为后世神化,被尊奉为"关帝"。

关羽擒将图

## 周瑜
**文武兼备的军事家**

三国时期吴国军事家。最初周瑜起兵助孙策占据江东,后转战江淮,为开拓东吴疆域建立了巨大战功。孙策死后,以中护军职辅佐孙权。后曹操责令孙权送子为质称臣,唯周瑜力主抗曹,并建议孙权占据江南,拥兵观变。建安十三年(208年)秋,曹操率军南下,并迫孙权投降。周瑜等分析形势,坚定了孙权与刘备结盟抗曹的决心,并自请为将,大败曹军于赤壁,奠定了三分天下的基础。

周瑜

## 吕蒙
**有胆有识的吴国将领**

三国时期孙吴名将。吕蒙少时有胆有识,为将后好学,文武兼备。曾随周瑜、程普等大破曹操于赤壁,迫曹仁离南郡,升偏将军。建安十九年(214年),建议攻皖城,破坏曹魏屯田,并速决取胜,俘数万人。次年,率兵两万拒蜀将关羽,夺回长沙、桂阳郡,又智降零陵郡守郝普,率军赴益阳助鲁肃,迫刘备求和撤军。二十二年,奉命为督,以强弩击退曹操。二十四年,吕蒙乘关羽离江陵北围襄阳、樊城之机,率军袭击江陵,于十二月遣将追斩关羽。后病卒。

## 司马懿
**智勇兼备的魏国名将**

三国时期著名军事家。建安二十四年(219年),司马懿向曹操献巧计,诱使东吴出兵袭击江陵,解襄阳、樊城之围。魏太和元年,奉命率军八天疾奔千余里,平息新城叛乱。后统兵抗蜀,据险坚守,以逸待劳,使诸葛亮劳师而无功,国力大耗。景初二年,他奉命率军征讨叛魏的辽东太守公孙渊。司马懿派一部兵力多张旗帜,佯攻辽隧,自率主力突然向北,渡辽河,直指辽东郡治襄平。司马懿命士兵推土山、架云梯,昼夜进攻,矢石如雨。公孙渊粮尽兵疲,城破被斩。嘉平元年,司马懿谋杀大将军曹爽,独揽朝政。后击败与司马氏为敌的太尉王凌,为以晋代魏奠定了基础。司马懿智勇兼备,其用兵有"兵动若神,谋无再计"之誉。

## 李靖

**才兼文武的唐朝统帅**

唐代军事家。贞观三年(629年),李靖奉命统兵出击东突厥。四年初,李靖率骁骑夜袭定襄,突厥颉利可汗未料到唐军会深入此地,十分惊讶,率众北去。后颉利可汗向唐谢罪,请求内附。李靖趁唐使臣来突厥抚慰,颉利不备之机,率军突袭,消灭了突厥主力,俘颉利。不久吐谷浑扰唐,李靖统五总管兵西攻吐谷浑。次年,取得胜利。他善于用兵,时人称其"才兼文武,出将入相"。

## 李勣

**被誉为"长城"的唐初名将**

唐代著名将领,在讨伐突厥的战争中立有大功。贞观三年(629年),李勣率军在白道大败突厥汗军。随后与李靖乘颉利可汗不备,对其发动突然袭击,俘敌兵5万人。战后,驻守并州16年,令行禁止,社会安定,被唐太宗誉为"长城"。十五年,率6000精骑大破薛延陀骑兵于青山。曾两次参与唐朝进攻高丽的战争。

## 郭子仪

**平定"安史之乱"的唐朝名将**

唐代著名大将。在平定"安史之乱"中功勋卓著。唐天宝十四年(755年),安禄山叛乱,郭子仪出兵击败安禄山部将商秀岩。至德元年(756年),率军大败史思明。安禄山派出援兵。郭子仪与李光弼驻军恒阳,筑深沟高垒以对敌,采取"贼来则守,贼退则追,白昼耀兵扬威,夜间偷袭贼营,使贼不得休息"的战术,打败叛军。永泰元年(765年)十月,在吐蕃与回纥大军压境之际,郭子仪利用矛盾,说服回纥反戈,大败吐蕃军。郭子仪精于谋略,用兵持重,治军宽严得当,深为部下敬服。

## 李光弼

**巧用地道破敌的唐朝将领**

唐契丹族著名将领,与郭子仪一同平定"安史之乱"。至德二年(757年)史思明率众进攻北都太原,李光弼率兵抵御。他命令士兵用大炮抛巨石打击敌人,迫使他们后退。李光弼又命士兵挖地道至叛军大营底下,用木头支撑,不使其坍塌,然后派人向叛军提出假投降。叛军毫无防备,都在营内外看热闹。李光弼突然命令抽掉地道内的支撑木,叛军营地突陷,唐军乘势掩杀,大败叛军,守住了太原。乾元二年(759年)七月,史思明率军进攻洛阳。李光弼因兵力悬殊,乃弃洛阳,守河阳。随后伺机出战,挫败了叛军对河阳三城的进攻,歼敌2万。后率军收复洛阳。最后因受到朝廷猜忌,李光弼抑郁而死。

## 宗泽
**取得东京保卫战胜利的宋代将领**

宋代抗金的著名将领。靖康元年（1126年），金军包围东京。宗泽为断金军退路，率兵进攻黄河渡口李固渡，以轻兵夜袭，破金营30余座。随即就任宋军兵马副元帅。后反对康王赵构东逃，率兵南下救援东京，沿途屡破金军。后陷入重围，他率部死战，击退金军。建炎元年（1127年），升任东京留守，任用岳飞等一批将领，联合、招纳河东与河北义军等武装，多次打退金军。宗泽多次上书高宗赵构，力主还都东京，并制定了收复中原的方略，未被采纳，他因壮志未酬，忧愤疾卒。

*岳飞*

## 韩世忠
**威震黄天荡的南宋名将**

南宋著名的抗金将领。建炎四年（1130年），金完颜宗弼率军渡江南侵，在金兵北归到镇江时，韩世忠指挥士兵与金军激战。其妻梁红玉亲自在金山妙高台擂鼓助威，宋军士气大震，奋击金兵，将金军赶入黄天荡。金军屡次突围都没有成功。在被围困48天后，金军开渠数十里，才得以逃回江北。绍兴四年（1134年），韩世忠伏兵大仪镇，击败金军。此后，韩世忠移屯淮东地区积极发展生产，联合山东义军，以不足3万人的兵力，使淮东成为保卫东南的重要屏障。

## 岳飞
**精忠报国的抗金名将**

南宋名将。统帅"岳家军"抗击金兵侵略。绍兴十年（1140年），金军大举南侵。在郾城之战中，金军用"铁浮图"装甲骑兵和三马相连、便于冲锋陷阵的"拐子马"冲击宋军。岳飞命令步兵提麻扎刀、大斧等上砍敌兵，下砍马腿，大败金军。由于宋高宗和秦桧一心求和，下令退兵。岳飞被解除兵权。不久被诬谋反，以"莫须有"的罪名惨遭杀害。岳家军纪律严明，能征善战，使金军闻风丧胆。

*韩世忠*

## 成吉思汗
**横扫四方的一代天骄**

古代蒙古领袖，杰出的军事家、政治家。成吉思汗利用蒙古各部间的矛盾，联此击彼，经10多年征战，统一漠北，于1206年建立蒙古汗国，被尊为成吉思汗。1211年率大军南下攻金，在野狐岭大破金兵。1215年，蒙古军占领中都。1219年，西征灭花剌子模国，其前锋达克里米亚半岛。1226年率军攻西夏，歼西夏军主力，随后南下攻金，于次年七月病卒。成吉思汗雄才大略，善于治军。他注重发挥骑兵作战的优势，创造了震撼世界的军事业绩。

*"一代天骄"成吉思汗*

## 徐达
**明朝的开国功臣**

明初大将。元至正十三年（1353年），参加朱元璋的起义军，跟随朱取和州、滁州。次年渡江，配合主力攻取集庆、镇江，授统军元帅。二十四年，朱元璋称吴王，徐达为左相国，率部平定湖湘和淮河南北。后为大将军，率兵击败张士诚，随即北取中原，平定山东。后又大败元将扩廓铁木儿，平定山西。次年，徐达率军西渡黄河，平定陕西。后来他多次出征大漠南北，戍守边疆，被朱元璋誉为"万里长城"。

徐达

## 俞大猷
**明朝的抗倭名将**

明朝抗倭将领，民族英雄。嘉靖二十八年（1549年），任参将。后转战今江、浙、闽、粤诸省，屡次打败倭寇。三十五年，任浙江总兵，先平定浙西倭患，又攻克盘踞舟山的倭巢。四十三年，改任广东总兵，大败侵扰广东潮州、惠州的倭寇两万余。他与戚继光等部配合作战，至四十四年，东南沿海倭患基本消除。俞大猷从军50载，严于治军，先计后战，不贪近功，功勋卓著。

## 戚继光
**抗击倭寇的明朝将领**

明朝军事家。嘉靖三十六年（1557年）戚继光镇守台州、金华、严州三府，抵御倭寇。他组建新军，按身材高矮发给长短不同的兵器，教以不同的击刺法。新军纪律好，武艺精，在同倭寇的作战中，屡打胜仗，被誉为"戚家军"。四十年，倭寇袭台州，戚继光率军迎战，亲手杀死倭寇首领，先后九战皆捷。四十四年，戚继光率兵剿平盘踞在广东南澳岛的倭寇。东南沿海的倭患基本平定。后戚继光北上镇守蓟门。著有《练兵实记》等兵书。

戚继光

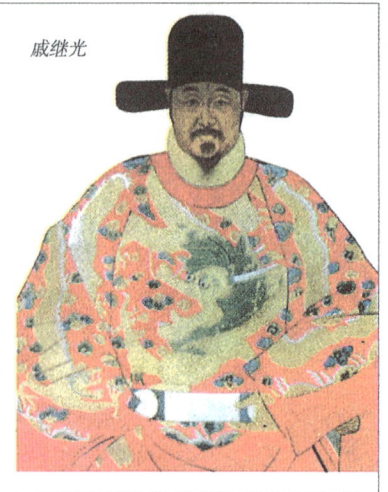

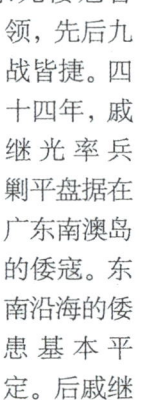

## 袁崇焕
**取得"宁远大捷"的明朝大将**

明末著名将领。天启六年（1626年），努尔哈赤率军围攻宁远。袁崇焕采取坚壁清野的策略，将各种火器搬上城头。同时带领军民浴血奋战，负伤仍坚持指挥战斗。明军民用大炮和火器给后金军以重创。后金兵被迫撤围。此战史称"宁远大捷"。崇祯元年(1628年)督师蓟辽。次年，皇太极率军进逼京师，袁崇焕率军重创后金军。袁崇焕后被崇祯帝杀害。

袁崇焕之墓

## 努尔哈赤
**建立八旗制度的后金首领**

满族著名军事家。统一女真建立后金。明万历四十三年（1615年），努尔哈赤建立八旗制度。后统一了女真各部，建立大金。四十七年二月明军兵分四路企图合击赫图阿拉。努尔哈赤集中兵力攻击明军西路。三月初一，明西路军孤军冒进，过萨尔浒谷地，后队遭后金军袭击。努尔哈赤率兵猛攻萨尔浒明军大营，明军全军覆没。天启六年（1626年），努尔哈赤在宁远之战中被明军炮火所伤，后病卒。

努尔哈赤

## 郑成功
**收复台湾的民族英雄**

明末清初军事家。清顺治十八年（1661年），郑成功为取得稳固的抗清基地，决心渡海东征，驱逐荷兰殖民者收复台湾。三月二十三日，郑成功率军出发。郑军主力在禾寮港登陆，攻取赤嵌城。同时郑军打败了荷兰援军。荷兰殖民者最终投降。台湾回到了祖国的怀抱。

郑成功

## 曾国藩
**建立湘军的清朝重臣**

清代晚期重臣，湘军创立者和镇压太平天国的主帅。咸丰二年（1852年），曾国藩奉旨镇压太平天国起义。十年，清军江南大营彻底败溃后，被委以重任，督办江南军务，掌握了兵权和地方大权。同治三年，攻破天京，完成对太平天国的镇压。后镇压捻军。曾国藩主张师夷智以造炮制船，设立安庆军械所，制造洋枪洋炮，后又试制小火轮船。与李鸿章在上海创办江南制造总局，派遣学童赴美留学，为清末洋务运动的发起者。

曾国藩

## 石达开
**太平天国的著名统帅**

清末太平天国军事统帅之一。咸丰元年（1851年），石达开与洪秀全、冯云山等在金田起义，被封为翼王。在太平军进军金陵途中，任开路先锋，屡建战功。太平天国建都金陵后，协助洪秀全、杨秀清处理军政要务。咸丰四年，西征军在湖南为湘军所败。他奉命援助，扭转了西征战局。六年春，奉命回援天京，摧毁清军江南大营，化解天京之围。七年夏，因受洪秀全疑忌，辅政的石达开率10万余众脱离根据地，在大渡河为清军围困，陷入绝境，后被俘遇害。

# 世界古代与近代著名军事家

## 像军事家一样思考

在人类几千年的军事斗争史上，世界范围内发生了一次又一次的战争，涌现出以亚历山大、华盛顿、拿破仑、玻利瓦尔等为代表的统兵作战的统帅。他们有的机智英勇、指挥有方；有的振国兴邦、扶危救难；有的外御敌寇、内安黎民。他们创造的无数经典的战役，对人类社会的发展产生了或多或少的影响。

**想一想** 西方军事家在战场上的战略战术有何特点？

## 汉穆拉比
### 开创巴比伦鼎盛期的国王

古巴比伦王国第一王朝的第六代国王。公元前1792年汉穆拉比继承王位。公元前1785年，他率军灭亡了伊新王国；公元前1762年，他率军迎击来犯的埃兰大军，取得大胜。公元前1761年，他率军南征，灭亡拉尔萨王国，把统治范围扩大到波斯湾。公元前1759年，他率军到达玛里城下，玛里国王齐姆里利姆被迫投降，称臣纳贡。但在两年之后，齐姆里利姆率大军反抗，被汉穆拉比打败。公元前1753年，他又率军北上，最后完全征服了亚述地区。

汉穆拉比

## 拉美西斯二世
### 古埃及统治时间最长的法老

古埃及新王国第十九王朝法老，是古埃及历史上统治时间最长、影响最大的法老。为恢复埃及对叙利亚的统治权，公元前1299年拉美西斯二世率军征讨赫梯。两军激战于卡迭石地区。埃军遭到惨败，被迫退回。公元前1297年，他又率军与赫梯交战，赫梯战败，但埃及对叙利亚的统治并未能完全恢复。约公元前1283年，他与赫梯新王哈图西利斯签订和约，结束战事。

拉美西斯二世

## 居鲁士二世
### 波斯帝国的缔造者

古代波斯帝国的创立者，军事统帅。公元前550年，居鲁士二世推翻米底王，建立阿契美尼德王朝。后在米底帝国基础上，建立起波斯帝国。公元前546年，他灭小亚细亚强国吕底亚，并采取分化收买和武力征服相结合的政策，使小亚细亚沿海各希腊城邦臣服。公元前539年，进军两河流域，攻占巴比伦城，灭巴比伦王国。公元前529年，为巩固帝国的东北边境，居鲁士率军深入到马萨格泰游牧民族境内，不久阵亡。

居鲁士二世

## 大流士一世
### 建立强大波斯帝国的国王

古波斯帝国第3代国王。公元前522年大流士一世继位后，建立起以波斯人为核心的步兵和骑兵，以腓尼基水手为骨干的舰队，积极扩张。公元前518年，他派兵征服印度西北地区。公元前513年率军占领色雷斯，尔后侵入西徐亚境内，遭西徐亚人顽强抗击后被迫撤军。公元前490年远征希腊，在马拉松之战中被雅典军击败。公元前486去世。

## 亚历山大
**马其顿年轻而杰出的战略家**

古代马其顿国王，著名的军事统帅。公元前334年春，亚历山大率兵远征波斯。5月在格拉尼库斯河粉碎3万波斯军的阻击，首战告捷。公元前333年10月，在伊苏斯之战中击败波斯国王大流士三世大军。次年占领埃及，在尼罗河口兴建亚历山大城。公元前331年10月，在高加米拉之战中歼灭波斯军主力，继而南下夺占巴比伦和波斯都城苏萨。公元前327年夏进军至印度河上游。次年，打败波鲁斯王国军后，停止东侵。公元前323年病逝。

亚历山大

## 斯巴达克
**古罗马奴隶起义的领袖**

古罗马最大一次奴隶起义的统帅。公元前82年斯巴达克在抵抗罗马人的战斗中被俘成为奴隶。公元前73年夏天，密谋暴动。因叛徒告密，斯巴达克被迫提前起事，带领78名角斗士逃往附近的维苏威山，举起奴隶起义大旗。斯巴达作战勇敢、带兵有方，率领起义军多次突破罗马军的堵击。公元前71年春，起义军与罗马军在阿普利亚境内展开决战。由于叛徒出卖，起义军战败。激战中，他腿部负重伤，最后壮烈牺牲。

斯巴达克

## 汉尼拔
**迦太基的著名统帅**

古迦太基著名军事家。出身将门。被西方军事家称为"战略之父"。公元前218年4月，汉尼拔军翻越天险阿尔卑斯山，进攻罗马。公元前217年6月，在特拉西梅诺湖附近山口利用大雾设伏，一举歼灭罗马。公元前216年8月，在坎尼之战中几乎全歼罗马军。公元前204年，罗马军在北非登陆。次年秋，汉尼拔奉命回国救援。公元前202年在扎马之战中被西庇阿指挥的罗马军打败。后在罗马人的追捕下服毒自杀。

汉尼拔

## 庞培
**古罗马军功卓著的统帅**

功盖罗马的军事将领。生于贵族家庭。公元前75年～公元前71年，庞培率军赴西班牙镇压反罗马运动，并协助克拉苏镇压了斯巴达克起义。公元前66年～公元前65年率军征服本都，结束米特拉达梯战争，继而吞并叙利亚和巴勒斯坦。公元前50年庞培联合元老院反对恺撒。翌年1月恺撒进军罗马，庞培率军退守希腊。公元前48年在法塞拉斯之战中被恺撒劣势兵力所败。后逃到埃及被杀。

庞培

## 恺撒
**最受欧洲人崇拜的罗马统帅**

古罗马著名军事家。恺撒毕生征战，用兵有方，成为后人崇拜的偶像。公元前58年，任山南高卢总督，率军侵入山北高卢，使高卢全境成为罗马行省。公元前48年率军进军希腊，在法萨罗之战中击败庞培军。此后恺撒率军转战小亚细亚，击溃本都国王的军队。公元前46年进军北非，再征西班牙，肃清庞培余党，于次年凯旋罗马。公元前45年，被元老院推为终身独裁官。公元前44年被共和派谋杀。

恺撒

## 奥托一世
**欧洲最有实力的"罗马皇帝"**

德意志境内萨克森王朝的第二代国王，"罗马帝国"的第一任皇帝。936年，奥托一世继位。随后开始对外扩张。951年，率军侵犯意大利，加冕为意大利国王。955年8月10日进行的奥格斯堡之战中，他的军队打败了匈牙利骑兵，从此彻底阻止了匈牙利人的西进。961年，奥托一世应罗马教皇约翰十二世的邀请，率军进入意大利，平息当地叛乱，协助教皇慑服了罗马贵族的抵制与反抗。约翰为了对他表示答谢，于962年2月在罗马给奥托加冕，尊他为"罗马皇帝"，并把德意志称之为"罗马帝国"。

## 安东尼
**古罗马名将**

古罗马统帅。出身于名门望族。青年从军。公元前44年安东尼任执政官，与屋大维发生权力之争，后言和结成"后三头同盟"。公元前42年秋，安东尼与共和派军决战，消灭了共和派军主力，为罗马走向帝制扫清了道路。公元前32年与屋大维公开决裂，被元老院和公民大会宣布为"公敌"。公元前31年9月，安东尼和埃及女王率军在亚克兴附近海域与屋大维军决战，遭惨败，逃回埃及后，于次年绝望自杀。

铸有安东尼肖像的硬币

## 屋大维
**古罗马终身统帅**

古罗马帝国的开国皇帝，元首政制创始人。公元前42年秋，屋大维与安东尼率军渡海挺进马其顿，在菲利皮之战中，歼灭主谋杀害恺撒的共和派布鲁图和喀西约所率的军队。公元前32年与安东尼决裂，并向埃及女王宣战。次年渡海东征，在亚克兴海战中打败安东尼与埃及女王。公元前30年率军进占埃及。内战结束，屋大维成为罗马唯一统治者。公元前28年，屋大维任"元首"，从此首创了元首政制。公元前14年病逝。

屋大维

## 威廉一世
**英国的"征服者"**

法兰西的诺曼底公爵，英国国王。1035年威廉继承爵位。1066年英国国王爱德华去世。威廉以爱德华生前答应他为英王继承人为由，于1066年9月28日进军英国。10月14日在黑斯廷斯之战中打败英军，后乘胜占领伦敦。同年圣诞节加冕为英国国王，建诺曼底王朝。1071年，威廉率军严厉镇压英国各地起义，巩固了在英国的统治地位，被称为"征服者威廉"。1087年7月在与法王腓力一世争夺领地的战斗中负伤，不久去世。

## 源赖朝
**镰仓幕府的创立者**

日本历史上第一个武士政权——镰仓幕府的创立者和第一代将军。源赖朝出生于地方武士世家。父亲发动平治政变被平氏集团杀害，源赖朝伺机重振源氏势力。1180年，源氏军队在富川之战中打败平氏军队，建立政权，称"镰仓殿"。1185年，在一谷之战中打败进行反扑的平氏军队，随后尾追残敌，彻底歼灭了平氏势力。1189年，确立全国武士政治体制。1192年任征夷大将军，建立日本历史上第一个武士政权镰仓幕府。

## 萨拉丁
**收复圣城的埃及国王**

埃及阿尤布王朝的创建者，著名统帅。1171年萨拉丁创建阿尤布王朝。1174年进军叙利亚，占领大马士革和叙利亚中部地区，随后集中力量抗击十字军侵略。1185年占领摩苏尔，完成了从东、南、北三面包围十字军的战略部署。1187年，萨拉丁进军耶路撒冷王国。7月初，埃军围攻太巴列，俘虏耶路撒冷国王，并于10月2日攻克被十字军占领88年的圣城耶路撒冷。1192年指挥军民保卫圣城耶路撒冷，多次打退英王理查一世的进攻，迫使其撤军。次年病逝于大马士革。

## 穆拉德一世
**奥斯曼土耳其的伟大苏丹**

奥斯曼土耳其帝国的统治者，军事统帅。1360年继位，大力推行领土扩张政策。1362年夺取阿德里安堡，并将首都迁移至此。1371年，粉碎南塞尔维亚君主的联盟，并在萨马科地区击败保加利亚——塞尔维亚联军。1386年夺取尼什，迫使塞尔维亚称臣。1389年6月，在科索沃会战中，彻底击败塞尔维亚、保加利亚和匈牙利联军，塞尔维亚从此沦为奥斯曼帝国的附庸。就在这次决战中，穆拉德一世被刺杀。

## 贞德

**解除"奥尔良之围"的法国女英雄**

法国女民族英雄。贞德生于农民家庭。1429年初，贞德率法军解救被英军围困的奥尔良城。4月29日，贞德率援军一举冲进奥尔良城，在5月7日夺取托里斯堡关键一战中，贞德率军击败了英军，解了奥尔良之围。1430年率军援救贡比涅的战争中，贞德被俘。最后被教会法庭以"女巫"罪判处火刑，英勇就义。

## 苏莱曼一世

**奥斯曼土耳其的苏莱曼大帝**

奥斯曼土耳其的苏丹、军事家。1520年9月，26岁苏莱曼的继承皇位。继位后，对内实行军事改革，对外实行扩张政策。1521年，苏莱曼攻占贝尔格莱德。1526年，在莫哈赤战役中，打败匈牙利和神圣同盟军，侵占了巴尔干半岛西部及多瑙河下游地区。1533年~1555年间，数次率军远征伊朗，占领伊拉克、库尔德斯坦大部和亚美尼亚西部，并派兵夺取亚丁和也门等地。1538年，击败威尼斯和西班牙舰队，称雄地中海。1566年9月，出征匈牙利时病死。

土耳其步兵

## 丰臣秀吉

**统一全国的日本武将**

日本战国末期的封建领主，统一全国的武将。1577年~1581年，作为著名武将织田信长的一员武将，丰臣秀吉率军相继攻克5个国家的领地。1582年，信长家臣明智光发动叛乱，信长被迫自焚。他率兵平定了叛乱。1584年，挥师平定了四国。后任关白兼太政大臣，掌握军政大权。1587年平定了九州。1590年消灭北条氏势力，平定关东6国，统一了全国。1598年因两次侵朝失败，积忧而死。

丰臣秀吉

## 穆罕默德二世

**以"征服者"著称的奥斯曼土耳其帝国苏丹**

奥斯曼土耳其帝国军事统帅。在统治期间以"征服者"著称。1451年穆罕默德二世继位。1453年，他率兵攻占拜占庭首都君士坦丁堡，灭拜占庭帝国。经过长期征战，他创建了横跨欧亚大陆的奥斯曼帝国。1481年5月初，被长子巴耶济特毒死。

穆罕默德二世

## 德川家康
**日本江户幕府的创建者**

日本江户幕府第一代将军、封建大领主。1562年德川家康与织田信长结盟,势力大增。1582年,信长被部将明智光杀害后,家康拥立信长子信雄,与丰臣秀吉对立,后言和。在协助秀吉攻灭北条氏过程中,家康成了控制关东八州的最大领主,移驻江户城。1598年丰臣秀吉死后,德川家康成为五老大中首席老大。1600年,执掌全国政权。1603年,建立江户幕府。

## 李舜臣
**朝鲜壬辰卫国战争中的抗日英雄**

朝鲜海军将领。1592年壬辰战争爆发后,李舜臣率部打败日本海军,夺取了制海权。1597年在鸣梁海峡大败日军。后同中国水军组成联合舰队,对日军实行海上封锁。1598年在露梁海战中牺牲。

克伦威尔

## 克伦威尔
**英国资产阶级革命的领导者**

英国资产阶级革命的主要领导人,内战时期的军事统帅。1642年,英国第一次内战中克伦威尔组建骑兵队参加了埃奇丘陵之战。1644年,参与指挥马斯顿荒原之战,击败王党军。1645年,在内斯比战役中,率领新模范军歼灭了王党军主力。1648年第二次内战爆发后,在普雷斯顿战役中歼灭苏格兰军队主力。共和国成立后,率军镇压了平等派起义和掘地派运动,并远征爱尔兰。1650年,征服苏格兰。1653年12月,被任为"护国公",从此独揽大权。

全副武装的日本武士

"龟船"——世界最早的"装甲战舰"。李舜臣在对日海战中,曾用此船击败了日军。

## 彼得一世
**振兴沙俄的"大帝"**

俄国沙皇,俄罗斯帝国皇帝,著名军事统帅。10岁时与异母兄伊凡并立为沙皇,由伊凡的姐姐索菲娅摄政。1689年,彼得推翻索菲娅摄政之权。为夺取黑海出海口,1695年~1696年,两次进攻土耳其,占领亚速。1697年彼得化名赴西欧各国考察。1699年,彼得先后同萨克森、丹麦签订反瑞典的同盟条约。1700年,彼得向瑞典宣战,开始了长达21年之久的北方战争。1721年,俄瑞两国签定《尼什塔特和约》,俄国获得波罗的海出海口。1725年病死。

彼得一世

## 纳尔逊

**获得特拉法尔加角海战胜利的英军统帅**

英国海军统帅。12岁纳尔逊参加海军。1798年，升任地中海分舰队司令，在阿布基尔海战中歼灭了法国舰队。1801年4月在哥本哈根海战中战胜丹麦舰队。1803年出任地中海舰队司令，封锁法国土伦港达两年之久。1805年10月，指挥地中海舰队同法国西班牙联合舰队作战，在著名的特拉法尔加角海战中，取得了彻底摧垮敌舰队的决定性胜利，纳尔逊在海战中中弹身亡。

## 华盛顿

**美利坚合众国的奠基人**

美国独立战争统帅，美国第一任总统。1759年~1774年华盛顿任弗吉尼亚议会议员，从事北美独立运动。1774年作为弗吉尼亚议会代表参加第一届大陆会议。1775年美国独立战争爆发后，华盛顿任大陆军总司令，组建革命武装，在敌强我弱的条件下，坚持斗争。后来，经过普林斯顿、萨拉托加、约克镇等战役，取得了独立战争的胜利。1799年死于喉炎。

## 拿破仑

**被誉为"战争之神"的法国皇帝**

近代著名统帅、军事家。16岁拿破仑到部队服役，任炮兵少尉。1798年，拿破仑率军远征埃及。次年回国，发动雾月政变，推翻督政府，任第一任执政。1804年建立法兰西第一帝国，称拿破仑一世，先后打败第三、第四、第五次反法联盟的军队，称霸欧洲大陆。1814年，被第六次反法联盟军打垮，4月退位，被放逐到厄尔巴岛。1815年3月重回巴黎，恢复短期统治，后又在滑铁卢会战中战败，再次退位，1821年病逝。

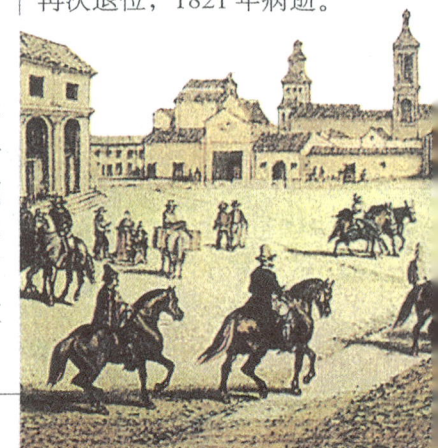

## 威灵顿

**击败拿破仑的英军统帅**

英国陆军元帅。1787年威灵顿加入英军。1807年伊比利半岛战争爆发，威灵顿率军多次击败法军。1814年率军攻占图卢兹，结束战争。1815年在滑铁卢会战中打败了拿破仑。1852年病逝。

## 库图佐夫
**反攻决胜的俄军元帅**

著名的俄军将领和军事家。出身将门。1759年库图佐夫从炮兵学院毕业。1805年,他率军前往奥地利迎击拿破仑一世统率的法军。鉴于奥军在乌尔姆被歼,指挥俄军主力后撤400余千米,从而保存实力。1806~1812年的俄土战争爆发后,他采取退避三舍、伺机反击的策略,在鲁什丘克之战中以少胜多击败土军主力,迫使土耳其签订和约。1812年法俄战争中库图佐夫采取积极防御的战略战术,打败法军。1813年病逝。

## 圣马丁
**被誉为"自由的缔造者"的统帅**

19世纪初南美洲西班牙殖民地独立战争的军事领袖之一,军事家。1817年,圣马丁率军攀越安第斯山,打败西班牙殖民军,次年解放智利。1821年,解放秘鲁。他被公推为新的国家元首。1822年引退。后在法国病逝。

## 玻利瓦尔
**南美人民的"解放者"**

19世纪初南美西班牙殖民地独立战争的领袖,军事家。1807年玻利瓦尔投身民族解放斗争。1816年率远征军在委内瑞拉东部登陆成功,宣布解放奴隶,建立了以安戈斯图拉城为中心的基地。1819年建立大哥伦比亚共和国,他被选为总统。1821年6月在卡拉沃沃战役中,击败西殖民军,解放了加拉加斯。1824年,先后取得了胡宁之战和阿亚库乔之战的重大胜利,解放了秘鲁。1826年,驻卡亚俄要塞的西殖民军残部投降。1830年,他辞去总统职务。同年12月病逝。

玻利瓦尔

## 苏克雷
**南美独立战争的著名将领**

玻利维亚共和国第一任总统。1810年苏克雷在委内瑞拉参加反对西班牙的独立战争。1822年5月,在皮钦查之战中,以奇袭战术歼灭凭险据守的西班牙殖民军,解放基多,被誉为"厄瓜多尔的解放者"。1824年12月,在阿亚库乔之战中,指挥哥伦比亚—秘鲁联军大败西军,被玻利瓦尔授予"阿亚库乔大元帅"称号。1825年2月继续挥师东进,解放上秘鲁;8月建立玻利维亚共和国。1826年就任总统。1828年8月,因国内分歧辞去总统职务,回到大哥伦比亚波哥大。1830年初,出任大哥伦比亚议会主席。同年遭政敌暗杀。

智利圣地亚哥独立广场

# 二战时期著名军事家

**像军事家一样思考**

第二次世界大战是人类有史以来规模最大、最惨烈、最具毁灭性的战争。但同时也涌现出丘吉尔、斯大林、罗斯福这样对整个战争起决定作用的政治家、战略家,还出现了如艾森豪威尔、蒙哥马利等威名赫赫的军事家,他们运用自己的智慧,创造了许多经典战例。

**想一想** 二战期间产生了哪些著名的军事家,他们在指挥作战上各有什么样的特点?

*在日本投降书上签字的麦克阿瑟将军*

## 金
**美国太平洋作战的设计师**

美国海军五星上将。1901年从印第安那波利斯美国海军学院毕业后,被派到海军舰艇部队服役。1941年12月太平洋战争爆发后,金被任命为美国舰队总司令兼海军作战部部长。他提出在太平洋展开"防御性进攻"的战略方针,从而取得了瓜达尔卡纳尔岛争夺战的决定性胜利。随后,他又提出并实施了在太平洋展开有限反攻和全面反攻的战略方针,加速了日本的崩溃。

*太平洋战争中的美国"埃塞克斯"号航空母舰*

## 斯大林
**苏联卫国战争的统帅**

苏联共产党和国家主要领导人,武装力量最高统帅,苏联大元帅。

斯大林15岁开始参加革命运动。1912年当选为俄共(布)中央委员。1922年当选为党中央总书记。1924年列宁逝世后,全面担负起领导党和国家的重任。苏德战争中,组织和指挥全国人民浴血奋战,与同盟国一起取得反法西斯战争的胜利,显示出卓越的军事才能。战后,担任党中央总书记、苏联部长会议主席和苏联武装力量部部长。

## 麦克阿瑟
**攻占日本本土的美军将领**

美国陆军五星上将。1899年麦克阿瑟考入西点军校。1942年出任西南太平洋盟军总司令,指挥盟军取得巴布亚战役的胜利。同年10月开始领导菲律宾战役,占领整个菲律宾群岛。后被任命为盟军最高统帅,执行对日占领任务。曾代表盟国接受日本投降。朝鲜战争爆发后,任"联合国军"总司令,后被解职。

## 马歇尔
**参与战略决策的美国将军**

美国陆军五星上将。1901年马歇尔毕业于弗吉尼亚军事学院。参加过第一次世界大战。1939~1945年任美国陆军参谋长。他是罗斯福总统的主要军事助手,为美国参谋长联席会议和英美联合参谋部的主要成员之一,参与美国军事战略决策,主张采取"先欧后亚"战略。1945年作为美国总统特使参与中国国共两党谈判。后任国务卿,提出欧洲经济复兴计划。

## 伏罗希洛夫
**组织游击战的苏军将领**

苏联元帅、军事家。1903年加入俄国社会民主工党。苏联伟大卫国战争时期，伏罗希洛夫直接参加了抗击德军侵略的组织领导工作。1942年任游击运动总司令，积极参加了苏联人民游击斗争的组织工作，亲自训练游击队指挥员，使游击队密切配合正规部队作战。1943年1月，作为最高统帅部大本营代表，在突破德军对列宁格勒封锁的作战中，协调了列宁格勒方面军和沃尔霍夫方面军的战役行动。同年12月，伏罗希洛夫被派往滨海集团军参加拟制解放克里木半岛的战役计划，协调乌克兰第4方面军、独立滨海集团军与黑海舰队和亚速海区舰队的作战行动，为解放克里木作出重大贡献。

苏联红军战士整装待发。

## 哈尔西
**莱特湾重创日军的美国将军**

美国海军五星上将。1904年哈尔西毕业于海军军官学校。第一次世界大战期间，曾指挥驱逐舰执行巡逻护航任务。后历任航空母舰舰长、航空母舰特混大队司令等职。太平洋战争初期，率部袭击日军占领的马绍尔群岛、吉尔伯特群岛，1942年4月率特混舰队首次空袭日本首都东京。同年10月任南太平洋盟军司令后，指挥瓜达尔卡纳尔争夺战、新乔治亚群岛战役等战役。1944年6月任第3舰队司令，从加罗林群岛一直打到菲律宾。10月率部参加莱特湾海战，取得击沉日军4艘航母的重大战果。战争后期，对台湾、东京等地实施空袭，并指挥冲绳岛周围的海战直至日本投降。

## 尼米兹
**指挥太平洋海战的美军将领**

美国海军五星上将。1905年尼米兹毕业于安纳波利斯海军军官学校。1942年任太平洋战区总司令。5月在珊瑚海海战中，首次挫败日本海军。6月在中途岛海战中，重创日本联合舰队。1944年在马里亚纳海战中再次重创日本联合舰队。随后在莱特湾海战中使日本联合舰队陷于瘫痪。1945年9月2日代表美国接受日本投降。1947年退役。

## 巴顿
**被誉为"血胆老将"的美军将领**

美国陆军上将。生于军人世家。1909年巴顿从西点军校毕业后在骑兵部队服役。1944年率部在诺曼底登陆。在法莱斯战役中重创德军。1945年率军突破"齐格菲防线"，强渡莱茵河，突入德国腹地，占领捷克斯洛伐克西部，进抵捷奥边境。德国投降后任巴伐利亚军事长官。后因车祸丧生。他作战勇猛顽强，被部下称为"血胆老将"。

## 蒙哥马利
**阿拉曼战役大败德军的英军统帅**

英国陆军元帅，军事家。蒙哥马利毕业于桑德赫斯特皇家陆军军官学校。1942年指挥英军发起阿拉曼战役，将德意军队逐出埃及，扭转北非战局。1943年率部实施西西里岛登陆战役。1944年参与指挥盟军在诺曼底登陆，解放法国北部等地。1945年率部向德国本土推进。后接受德军北部集团投降。

## 曼施泰因
**善于使用装甲部队的德军将领**

德国元帅。1906年曼施泰因从柏林军官学校毕业后在步兵团服役。1938年任第18师师长，参加占领苏台德地区的行动。1940年任第38军军长，率部入侵法国。苏德战争期间，参加克里木、列宁格勒、库尔斯克等会战。善于集中使用装甲部队，强调速战速决、出奇制胜。1944年3月被解职。1945年被英军俘获。1953年获释。

## 古德里安
**德国坦克兵的创建者**

德国陆军上将。1914年古德里安毕业于军事学院。1934年倡议组建坦克师。1938年指挥坦克部队占领维也纳。这次行动奠定了他在德国坦克兵中的首创地位。1939年他指挥坦克部队采用猛打猛冲的闪击战术，击败了波兰。他成为远近闻名的"闪击"英雄。在苏德战争中先后参加莫斯科、斯大林格勒等会战都以失败告终。特别是在库尔斯克坦克大会战中，德军又遭到惨败。他所创造的德国坦克闪击战术，终于彻底破产。

*战场上的古德里安*

## 艾森豪威尔
**指挥诺曼底登陆战的美军将军**

美国第34任总统，陆军五星上将。1915年艾森豪威尔毕业于西点军校。1933年任陆军参谋长麦克阿瑟的副官。1942年11月作为北非远征军总司令，指挥实施北非登陆战役。1943年组织实施突尼斯战役，结束北非战事。随后指挥西西里岛登陆战役和意大利南部战役，迫使意大利投降并对德宣战。1944年6月组织实施诺曼底登陆战役。1945年7月任美国驻德国占领军总司令。1952年11月当选为美国第34任总统。

*艾森豪威尔*

*1940年5月，德国坦克和步兵进入法国境内。*

## 隆美尔

**被誉为"沙漠之狐"的德军将领**

德国元帅。隆美尔1910年从军。翌年毕业于但泽候补军官学校。第一次世界大战期间，历任排长、先遣队长等职，转战法国、罗马尼亚和意大利战场。1940年任德军第7装甲师师长，率部入侵法国。1941年任德军北非军司令，在北非大败英军，因其部队行动迅速，善于机动穿插，被誉为"沙漠之狐"。后在阿拉曼战役中被蒙哥马利指挥的英军击败。1943年7月出任"B"集团军群司令。墨索里尼垮台后，率军进驻意大利。9月意大利向盟军投降后，隆美尔指挥德军解除防区内的意军武装。1944年在诺曼底指挥所部抗击盟军登陆。后被盟军飞机炸伤。曾数次要求希特勒与西方盟国媾和，遭拒绝。因涉嫌暗杀希特勒事件，被迫自杀。隆美尔在军事上重实战，轻理论，惯于机断行事，常能出奇制胜。

## 布莱德利

**法莱斯战役重创德军的美国将军**

美国陆军五星上将。布莱德利毕业于西点军校。1943年率部参加突尼斯战役和西西里岛登陆战役。1943年9月率部参加诺曼底登陆战役，屡建战功。1944年任第12集团军群司令，在法莱斯战役中重创德军。同年12月至次年1月在阿登战役中击败德军进攻。1945年率部渡过莱茵河，歼灭鲁尔德军重兵集团。

## 铁木辛哥

**首次战胜德军的苏联将军**

苏联元帅，军事家。1918年铁木辛哥参加红军，1919年加入俄共(布)。苏德战争爆发后，先后参与指挥过明斯克战役、斯摩棱斯克战役、斯大林格勒会战等。1941年指挥罗斯托夫战役，重创德军，稳定了苏德战场南翼战线，取得苏军抗击法西斯德军的首次胜利。战后任国防部总监组总监等职。

## 朱可夫

**指挥攻克柏林的苏联将领**

苏联元帅，军事家。1918年参加红军。1919年加入俄共(布)。国内战争时期参加平息白卫军叛乱的战斗。1941年指导实施叶利尼亚战役，击溃德军突击集团。1942年8月起任第一副国防人民委员和最高统帅部副最高统帅，先后指挥实施斯大林格勒、列宁格勒、库尔斯克、第聂伯河等战略性战役。1945年胜利实施柏林战役，攻克柏林。5月8日夜代表苏军最高统帅部接受法西斯德国投降。战后任国防部部长。

# 中国学生学习百科系列

## 站在世界前沿，与各国青少年同步成长

中国学生宇宙学习百科
层层揭示太阳系、外太阳系以及整个宇宙的奥秘
160 页　定价：26.00 元

中国学生地球学习百科
全面介绍我们生存的星球
160 页　定价：26.00 元

中国学生生物学习百科
生动解释微生物学、动物学、植物学、生态学
160 页　定价：26.00 元

中国学生艺术学习百科
系统介绍各大艺术门类特点
160 页　定价：26.00 元

中国学生军事学习百科
系统介绍武器装备、作战方式等军事知识
160 页　定价：26.00 元

中国学生历史学习百科
生动介绍人类社会发展历程
160 页　定价：26.00 元